청소년지도자론

김윤나 김광래 김지민 조민식 공저

신정

머리말

청소년기본법에 따르면 “청소년지도자”란 청소년지도사, 청소년상담사, 청소년시설, 청소년단체 및 청소년 관련 기관에서 청소년육성에 필요한 업무에 종사하는 사람 등을 의미한다. 청소년지도자론은 현재 청소년지도사 1급에 해당하는 과목으로서 청소년지도자에 관한 학문적 체계를 살펴보면 청소년지도자의 개념, 자격, 역할, 양성체계, 직무, 리더십, 지도방법, 전문성 등으로 구성되어 있다. 본 저서는 기존의 청소년지도자론과 차별성을 두고 현장에 유용한 실제적인 내용을 담기 위해 노력하였다. 특히 청소년수련시설평가를 다니면서 현장에서 부족하다고 생각되는 슈퍼비전에 관한 내용에 역점을 두었다. 따라서 각 장이 다음과 같이 구성되었다.

1장 청소년지도자

1. 청소년지도자의 개념(김광래)
2. 청소년지도자의 유형(김광래)
3. 청소년지도사(김광래)
4. 청소년상담사(김지민)

2장 청소년지도자의 국가직무능력표준(NCS)

1. 국가직무능력표준 도입배경 및 추진현황(김광래)
2. 국가직무능력표준화의 개념 및 구성요소(김광래)
3. 청소년지도자 국가직무능력표준(NCS)(김광래)
4. 국가직무능력표준에 따른 청소년활동(김광래)

3장 청소년지도자의 직무

1. 청소년지도자의 직무몰입(김광래)
2. 청소년지도자의 직무역량(김광래)
3. 청소년지도자의 직무만족(김광래, 김윤나)
4. 청소년지도자의 자기효능감(김윤나)
5. 청소년지도자의 정치적 효능감(김윤나)
6. 청소년지도자의 옹호활동(김윤나)

4장 청소년지도자의 슈퍼비전

1. 슈퍼비전의 개요(김윤나)
2. 청소년지도(활동) 영역에서의 슈퍼비전(김광래)
3. 청소년상담 및 복지영역에서의 슈퍼비전(김지민)
4. 보호영역에서 청소년지도자로 일하기(조민식)
5. 실습에서의 슈퍼비전(김윤나)

그럼에도 불구하고 외국의 학문적 체계 분석 및 이론의 제시, 본 저자들의 연구한 결과에 기반한 내용 소개 등은 시간상의 한계이자 본 저자들의 역량 부족으로 다소 아쉬움을 남긴 채 마무리하게 되었다.

본 저서가 향후 청소년지도자론의 학문적 체계의 지평을 확장하고 기본틀을 제시하는데 기여하기를 희망한다. 또한 휴먼서비스를 제공하는 청소년실천현장과의 간극을 좁히고 현장의 역량 또한 이끌어낼 수 있기를 기대해본다.

마지막으로 출판을 맡아주신 신정출판사 관계자 분들의 노고에 감사드리며 본 저서가 현장의 기관장, 슈퍼바이저, 실습담당자, 청소년지도자, 교수자, 학생, 독자 등에 활용가치가 높은 유용한 자료로서 널리 활용될 수 있기를 간절히 소망해 본다.

2023년 1월

저자를 대표하여 김윤나 올림

차례

Chapter 03 청소년지도자의 직무

Chapter 04 청소년지도자의 슈퍼비전

Chapter

01

청소년지도자

Y·o·u·t·h·W·o·r·k·e·r·T·h·e·o·r·y

1. 청소년지도자의 개념
2. 청소년지도자의 유형
3. 청소년지도사
4. 청소년상담사

1 청소년지도자의 개념

청소년지도자는 청소년들의 귀감이 되어야 하는 선구자적 역할을 지니고 있다. 그리고 4차 산업혁명에 들어서면서 이러한 분위기가 더욱 조성되고 있으며 불안한 미래에 방황하는 청소년들에게 좋은 안내자가 필요한 것도 한몫 한다.

청소년지도자에게는 다양한 기능적 역할들이 있는데 이와 비슷한 기능으로는 부모, 형제, 선배, 교사 등이 있다. 다시 말해, 부모, 형제, 선배, 교사와 같이 청소년들에게 직·간접적으로 영향을 주는 존재들도 넓은 의미로 청소년지도자에 해당될 수 있다. 하지만 이들은 청소년들에게 전문적으로 영향을 주는 청소년지도자에 대입하기에는 다소 무리는 있다.

청소년지도자는 청소년들을 대상으로 청소년육성, 지도와 같은 공익적 성격을 띤 사업들을 진행하며 청소년들이 미래에 대한민국 시민으로 잘 기능할 수 있도록 도와주는 역할을 지니고 있다. 이는 청소년지도자의 고유한 성격이기도 하며 다른 직업과 차별성을 띤 기능이기도 하다. 그래서 다양한 학자들이 청소년지도자에 대해 정의한 내용들이 있는데 다음과 같다(권일남 외, 2018).

한상철 외(2001)는 “청소년지도사는 청소년지도사 자격증소지자 혹은 다양한 청소년 관련 기관이나 단체에서 전문적으로 청소년을 교육, 육성, 지도, 보호, 선도하는 활동에 종사하는 사람이고, 청소년지도자는 청소년에 관심을 갖고 그들을 교육, 육성, 지도, 보호, 선도하는 활동에 종사하는 모든 이들을 의미하며, 청소년지도자는 청소년지도사를 포함하는 개념”으로 정의하고 있다.

한준상(1992)은 "일반적으로 청소년들 속에서 청소년들과 더불어 청소년을 위해 청소년활동을 전개하는 지도자"로 정의하고 있다.

2008 아동 청소년백서에서는 "청소년지도자라 함은 청소년기본법에 의한 청소년지도사 및 상담사와 청소년시설, 청소년단체, 청소년 관련 기관 등에서 청소년육성 및 지도업무에 종사하는 자를 총칭한다"라고 정의하고 있다.

김정주(1999)는 "협의의 개념으로 국가에서 부여하는 청소년지도사 자격소지자로 한정하여 볼 수 있고, 광의의 개념으로는 청소년 조직에 정규직으로 종사하면서 청소년지도활동에 종사하는 사람"으로 정의하고 있다.

함병수(1996)는 "청소년활동조직이나 단체의 목적을 효과적으로 달성하기 위하여 청소년의 행동을 이끌고 도와주면서 청소년 개개인의 욕구에 관심을 가지고 계획 및 절차를 구체화하여 실행하고 그 결과를 평가하여 집단의 유지, 강화에 힘쓰는 사람"으로 정의하고 있다.

오치선(1999)은 "광의적으로는 국가나 사회가 기대하는 청소년을 지도하는데 종사하는 모든 사람을 칭하고, 협의적으로는 청소년 관계 전문지식을 가진 전문 직업인으로서 청소년을 주 대상으로 그들을 교육, 지도, 보호, 선도하는 활동에 종사하는 사람"으로 정의하고 있다.

청소년기본법 제3조 제7항에 의하면 "청소년지도자"라 함은 제21조의 규정에 의한 청소년지도사 및 제22조의 규정에 의한 청소년상담사와 청소년시설·청소년단체·청소년관련기관 등에서 청소년육성 및 지도업무에 종사하는 자를 말한다.

외국에서는 청소년지도자가 youth leader, youth educator, youth worker, volunteer leader, critical educational leader 등의 다양한 용어로 사용되고 있다(한국청소년학회, 1999).

이상으로 청소년지도자의 정의를 정리해 보자면 청소년지도자는 주로 청소년들의 균형 잡힌 성장을 위한 일에 종사하는 사람들을 가리키고 있으며 이는 광의의 의미와 협의의 의미로 나눠질 수 있다. 즉 '청소년지도사'를 포함하여 청소년시설·청소년단체·청소년관련기관 등의 실천현장에서 청소년들을 직·간접적으로 교육·육성·지도·보호·선도·상담하는 활동에 종사하는 모든 이로 정의할 수 있다. 그래서 다양한 학자들이 정의한 청소년지도자들을 구분하면 다음과 같다.

1) 일반 청소년지도자

청소년은 아동기와 성인기 중간에 위치한 과도기적 시기이다. 다시 말해, 급격한 신체적 성장을 동반하고 고유한 호르몬의 분비가 촉진되며 아동기에 비해 여러 가지 사회적 역할들을 수행해나가는 시기이다(김신일, 1990). 그래서 성인기 때 수행해야 하는 역할들을 직·간접적으로 수행하면서 다양한 감정들을 수반하게 되고 그로 인해 과격하고 급진적인 행동들을 표출해 내는 시기이기도 하다. 그래서 이러한 청소년들이 대한민국 시민으로 올바른 행동을 할 수 있도록 바람직한 영향을 주는 대상은 청소년지도자적 성격을 띤다고 볼 수 있다(권일남 외, 2018).

지도자의 사전적 의미는 '남을 이끌어 가르치는 사람'이다. 이를 구체적으로 설명하면, 인간은 생애 전 과정을 통해 수많은 사람들과의 관계와 접촉을 통해서 삶의 다양한 상황에 직면하게 된다. 삶의 다양한 상황과 과정 속에 긍정적 변화와 성장을 이끌어 주는 대상을 중요한 타자로서 인식하게 되며, 그들의 유언, 무언의 행동과 가르침이 삶의 지표가 되어 큰 영향을 미치게 되고, 긍정적 변화로 이끌어 주는 대상을 지도자라고 표현할 수 있다(이교봉 2008).

정리하자면, 청소년들을 대상으로 청소년육성, 청소년보호, 청소년복지, 청소년활동 등에 포함되는 활동들을 수행하면서 청소년들의 균형 잡힌 성장을 유도하고 바람직한 시민으로 활동할 수 있도록 이끌어주는 존재가 일반적 의미의 청소년지도자라고 할 수 있다.

2) 전문 청소년지도자

좁은 의미의 청소년지도자는 청소년에 대해 다양한 지식과 태도들을 갖추고 실질적으로 청소년들이 성장하는 데 도움을 줄 수 있는 방법과 역할들을 숙지하고 이를 적절히 수행하는 존재들을 일컬어 좁은 의미의 청소년지도자라고 할 수 있다(권일남 외, 2018).

이를 수행하기 위해 이들은 국가자격증, 즉 청소년지도사와 청소년상담사와 같은 국가에서 지정한 자격증을 취득하고 청소년수련시설과 같은 공익적 성격을 띤 시설에서 근무하면서 청소년들의 활동, 보호, 복지, 상담 등의 발전을 위해 헌신하는 자세를 지닌다. 그러나 청소년지도사, 청소년상담사와 같은 자격증을 보유하면서 청소년현장에 근무하지 않으면 잠재적 전문지도자라고 볼 수는 있으나 전문 청소년지도자라고 보기는 힘들다.

2 청소년지도자의 유형

청소년의 성장과 발달 과정은 단순한 한 가지 영역에 국한되어 영향을 받는 것이 아니라 매우 복잡하고 다양한 영역과 환경의 영향을 받으며 이루어지고 있다. 특히 앎의 영역인 지성 부분은 형식화와 체계화를 유지한 학교에서 교사에 의해 상대적으로 단순히 이루어지는 반면, 학교 밖에서 학교 청소년뿐만 아니라 전체 청소년을 대상으로 청소년활동, 청소년복지 및 상담, 청소년선도 및 보호 등 광범위하고 다양한 영역에서 다양한 수단과 방법으로 이루어지고 있으며, 각 영역별로 수행하는 기능과 내용도 매우 상이하다.

청소년은 아동기와 성인기 사이에 있는 과도기적 시기이다. 그래서 아동기에 비해 다양한 사회적 역할들을 수행하게 되며 이에 따라 여러 가지 감정들을 수반하고 이는 급진적 및 과격한 행동들을 불러일으키는 원인이 되기도 한다. 그래서 이러한 특색을 갖춘 시기에 있는 청소년들은 이들이 올바른 방향으로 나아갈 수 있도록 도와주는 존재를 필요로 하며 이를 수행하기 위해 활동, 복지, 상담, 선도 및 보호 등과 같은 분야에서 청소년들을 잘 지도하는 청소년지도자라는 청소년전문가가 있다. 그래서 이들은 수행하는 역할도 다양해 이를 분류해 설명하자면 크게 일반적인 분류와 기능별 분류로 나눌 수 있다(권일남 외, 2018).

1) 일반적 분류

청소년기본법 제3조 제7호에 명시된 청소년지도자는 "청소년기본법에 명시된 청소년지도사 및 청소년상담사와 청소년시설, 청소년단체, 청소년 관련 기관 등에서 청소년 육성에 필요한 업무를 종사하는 자를 말한다"라고 규정하고 있다. 이와 같이 법적 기준에 의한 청소년지도자를 분류해 보면 먼저, 1급, 2급, 3급 청소년지도사와 1급, 2급, 3급 청소년상담사, 그리고 청소년시설, 청소년단체, 청소년 관련 기관 종사자로서 청소년일반지도자와 청소년자원지도자로 분류하고 있다. 이러한 법적 기준을 토대로 개념적 접근에 의한 청소년지도자를 분류하자면 큰 틀에서 일반 청소년지도자와 전문 청소년지도자로 구분하여 분류할 수 있다. 여기서 일반 청소년지도자는 전문 청소년지도자를 포괄하는 내용으로서 법적 기준에 의한 분류를 그대로 수용하고 전문 청소년지도자는 1급, 2급, 3급 청소년지도사와 1급, 2급, 3급 청소년상담사로서 청소년시설, 청소년단체, 청소년 관련 기관 종사자를 한정하여 분류할 수 있다(권일남 외, 2018).

2) 기능적 분류

기능적 분류의 청소년지도자는 청소년현장에서 청소년들을 대상으로 사업을 진행하며 청소년들의 인격적 성장과 다양한 사회적 능력들을 증진시키는 데 이바지한다. 먼저 기능을 분류하면 다음과 같다.

첫째, 활동에서의 청소년지도자는 청소년수련시설에서 진행되는 숲 체험이나 야외활동 등에서 청소년들의 발전과 잠재력을 계발해 올바른 시민으로 육성될 수 있도록 도와주며 스카우트 연맹과 같은 청소년단체에서도 이를 수행한다.

둘째, 복지에서의 청소년지도자는 청소년수련시설 중 청소년특화시설이나 청소년자립지원관과 같은 청소년들의 자립, 자활에 힘쓰는 자들을 말하며 다른 시설로는 무지개청소년센터, 청소년쉼터 등이 있다.

셋째, 상담에서의 청소년지도자는 청소년들이 자신들의 문제에 직면하고 이를 해결해 나가면서 인격적 성숙과 성장을 이끌어주는 역할을 수행한다. 대표적인 기관으로 한국청소년상담복지개발원, 지방청소년상담센터 등이 있다.

넷째, 보호에서의 청소년지도자는 청소년 성장에 유해한 시설이나 유해한 물질, 물건 등에 오염되지 않도록 예방 또는 보호활동을 수행하며 청소년단체나 시설에서 청소년유해활동 감시운영기관으로 지정된 기관에서 활동들을 한다.

다섯째, 교정에서의 청소년지도자는 청소년들의 비행예방과 교정업무를 다룬다. 대표적인 기관으로 법무부 소속 소년원, 보호관찰소 등이 있다.

여섯째, 청소년정책, 행정담당지도자는 청소년에 관련된 정책이나 행정사무에 종사하는 자로서 중앙정부의 청소년정책 전담부서에 소속되어 있거나 지방자치단체의 청소년업무를 수행하는 공무원들을 의미한다.

정책, 행정에서의 청소년지도자는 정책과 행정들을 다루면서 청소년 업무를 수행한다. 대표적인 기관으로 한국청소년정책연구원, 여성가족부 등이 있다.

3 청소년지도사

청소년지도사에 대하여는 우리나라 「청소년기본법」의 제3조 제7항에 '청소년지도사란 제21조의 규정에 의한 청소년지도자 및 제22조의 규정에 의한 청소년상담사와 청소년시설, 청소년단체, 청소년 관련 기관 등에서 청소년육성 및 지도업무에 종사하는 자를 말하다'라고 규정되어 있다. 이 규정은 청소년지도사의 역할을 포괄적으로 청소년육성 및 지도업무에서 일정한 역할을 담당하는 자로 해석할 수 있을 것이다. 여기에서 청소년육성이란 「청소년기본법」 제3조 제2항에서 보는 바와 같이 '청소년활동을 지원하고 청소년의 복지를 증진하며, 사회여건과 환경을 청소년에게 유익하도록 개선하고 청소년을 보호하여 청소년에 대한 교육을 보완함으로써 성장을 돕는 것을 말한다'라고 규정되어 있다. 이러한 정의에서 볼 때, 청소년지도자의 역할은 ① 청소년 사업가로서의 역할, ② 청소년 수련활동 지원자로서의 역할, ③ 청소년 교류 촉진자로서의 역할, ④ 청소년 유익환경 조성자로서의 역할, ⑤ 청소년의 잠재능력 개발을 위한 교육자로서의 역할 등으로 해석할 수 있을 것이다(권일남 외, 2018).

한병수는 청소년지도사의 역할을 조직자로서의 역할, 정형자로서의 역할, 교사로서의 역할, 활동모델로서의 역할, 동반자로서의 역할, 정신적 지주자로서의 역할, 환경조성자로서의 역할, 가정 하교 사회와의 교량역할 등으로 제시하였다.

권일남은 청소년지도의 기본원리, 즉 개별성, 자율성, 창의성, 다양성에 기초하여 지도자의 역할을 전문가로서의 역할, 촉진자로서의 역할, 비판적 분석가로서의 역할, 예술가로서의 역할, 교육자로서의 역할, 변화촉진자로서의 역할, 취업 및 사호생활의 적응을 위한 상담자로서의 역할 등으로 제시하였다. 그리고 한상철은 전문가로서의 역할, 프로그램 설계자 및 운영자로서의 역할, 촉진자로서의 역할, 지역사회 지도자로서의 역할, 고학자 및 예술가로서의 역할 등으로 제시하였다. 제프는 청소년지도자의 역할을 지도업무 내용과 관련하여 사회사업가로서의 역할, 교육자로서의 역할, 지역사회 지도자로서의 역할, 그리고 사업가로서의 역할로 규정하였다. 위슨과 라이랜드도 청소년지도 업무 영역과 관련하여 청소년 봉사업무를 담당하는 역할, 기관 간의 조정 업무와 관련된 역할을 제안하였다.

4 청소년상담사[1)]

청소년상담사는 한국청소년상담원(현재 명칭: 한국청소년상담복지개발원)이 수행한 국가자격제도이다. 청소년상담사는 국내 유일의 국가자격증으로 2003년에 자격검정이 시행된 이후 2022년까지 21회의 국가자격검정이 실시되었으며, 2021년 기준으로 양성된 청소년상담사는 약 3만여 명이다. 한국청소년상담복지개발원에서 2019년에 실시한 청소년상담사 취업현황을 살펴보면, 약 3,000명의 조사 대상자들 중 82.1%가 취업한 것으로 나타나 높은 취업률을 나타내고 있음을 알 수 있다. 이들은 청소년상담사자격증을 취득한 후 청소년상담기관인 한국청소년상담복지개발원, 시·도 청소년상담복지센터, 시·군·구 청소년상담복지센터에서 중추적인 역할을 수행하고 있다. 그 밖에도 청소년상담사는 청소년수련관, 청소년문화의 집, 사회복지관, 청소년쉼터 등의 청소년관련 복지시설 등에서 활약하고 있다.

청소년 기본법(제22조 1항)에 의거하여 실시되는 청소년상담사는 '청소년상담사 자격검정에 합격하고 청소년상담사 연수기관에서 실시하는 연수과정을 마친 사람을 청소년상담사 자격을 갖춘 자'라고 정의하고 있다.

청소년상담사 국가자격제도의 목적은 첫째, 청소년문제를 전문적으로 개입하고 대처할 수 있는 전문상담자를 양성하는 것이다. 둘째, 효과적으로 청소년상담을 실시하고 청소년상담에 대한 체계를 확립하는 것이다. 전문적인 청소년상담사 양성을 위한 교육과정이 없는 실정으로 청소년상담 교육을 위한 구심점을 마련하여 청소년상담을 위한 제도적 장치 마련이 필요하다. 셋

1) 한국청소년상담복지개발원 청소년상담사 웹페이지(https://www.youthcounselor.or.kr)를 토대로 작성함.

째, 높은 자질을 지닌 인력선발을 목적으로 하고 있다. 청소년상담을 전문적으로 실시할 수 있는 청소년상담사 인력을 확보함으로써 청소년에게 높은 상담 서비스를 제공할 필요가 있다.

청소년상담사 자격증을 취득하게 되면 다양한 분야에서 활동할 수 있는데 크게 교육차원의 청소년상담, 국가정책차원의 청소년상담, 그리고 민간차원의 청소년상담으로 구분해 볼 수 있다. 교육차원에서 활동할 수 있는 분야는 학교청소년상담사, 초·중·고등학교 상담교사, 그리고 대학의 학생상담센터가 있다. 그리고 국가정책차원에서 가능한 청소년상담 활동 분야는 한국청소년상담복지개발원, 시·도 및 시·군·구 청소년상담복지센터, 경찰청, 법무부, 군, 사회복지기관, 청소년수련관, 청소년문화센터, 청소년쉼터, 그리고 청소년관련 복지시설이 있다. 마지막으로 민간차원에서는 민간 상담센터·연구소, 기업상담실, 사회복지기관, 아동·청소년 대상 시설, 기타가 있다.

청소년상담사는 각 등급별 자격 기준과 역할이 법으로 명시화되어 있다. 청소년상담사는 총 3등급으로 나누어져 있으며 1급 청소년상담사는 슈퍼바이저로서 2급과 3급 청소년상담사에게 필요한 슈퍼비전을 제공한다. 청소년상담사의 발달단계에 따른 특징을 살펴보면 다음과 같다.

1) 1급 청소년상담사

1급 청소년상담사는 청소년상담에서 지도자로서 역할을 수행하며 청소년상담을 주도하는 전문가이다. 다음 〈표 1-1〉은 1급 청소년상담사의 자격검정 응시자격에 대한 내용이다.

표 1-1 1급 청소년상담사 응시자격

1. 대학원에서 청소년(지도)학 · 교육학 · 심리학 · 사회사업(복지)학 · 정신의학 · 아동(복지)학 · 상담학 분야 또는 그 밖에 여성가족부령으로 정하는 상담 관련 분야(이하 "상담관련분야"라 한다)의 박사학위를 취득한 사람 2. 대학원에서 상담관련분야의 석사학위를 취득한 후 상담 실무경력이 4년 이상인 사람 3. 2급 청소년상담사로서 상담 실무경력이 3년 이상인 사람 4. 제1호 및 제2호에 규정된 사람과 같은 수준 이상의 자격이 있다고 여성가족부령으로 정하는 사람

1급 청소년상담사는 청소년상담 정책 개발을 하고 청소년상담기관의 행정업무를 총괄한다. 이뿐만 아니라 상담기관을 설립하고 운영할 수 있는 전문가로 활동할 수 있으며, 청소년의 문제에 대한 전문적인 개입을 할 수 있다. 청소년상담사 2급과 3급을 대상으로 하여 교육하고 훈련하는 역할을 맡으며 청소년상담자의 전문가로서의 중추적인 역할을 수행한다.

2) 2급 청소년상담사

2급 청소년상담사는 청소년상담에서 실제적인 상담업무를 본격적으로 가장 많이 담당하게 된다. 다음 〈표 1-2〉는 2급 청소년상담사의 자격검정 응시자격에 대한 내용이다.

표 1-2 2급 청소년상담사 응시자격

1. 대학원에서청소년(지도)학 · 교육학 · 심리학 · 사회사업(복지)학 · 정신의학 · 아동(복지)학 · 상담학 분야 또는 그 밖에 여성가족부령으로 정하는 상담 관련 분야(이하 "상담관련분야"라 한다)의 석사학위를 취득한 사람 2. 대학 또는 다른 법령에 따라 이와 동등한 학력을 인정받는 기관에서 상담관련분야 학사학위를 취득한 후 상담 실무경력이 3년 이상인 사람 3. 3급 청소년상담사로서 상담 실무경력이 2년 이상인 사람 4. 제1호부터 제3호까지에 규정된 사람과 같은 수준 이상의 자격이 있다고 여성가족부령으로 정하는 사람

2급 청소년상담사가 담당할 수 있는 상담업무는 청소년상담과 관련된 연구설계 및 수행, 개인상담, 집단상담, 가족상담과 같은 청소년상담과 관련된 전반적 업무, 특정 청소년문제영역에 대한 전문적인 개입과 심리검사를 해석하고 활용하는 업무가 가능하다.

2급 청소년상담사는 상담실의 업무를 본격적으로 시작하게 된다. 해당 단계의 상담단계는 상담자 발달단계 이론에 적용시키면 조건적 자율성단계 혹은 탐색단계에 해당한다. 이들은 개별적인 상담 경력 및 지속 교육의 정도에 따라 다양한 수준의 단계에 걸쳐 있을 수 있다.

해당 급수의 상담사는 어떠한 요건으로 2급 자격증을 취득하였는지에 따라 다르다. 대학원에서 상담관련 전공을 이수하고 필요한 상담실습과 인턴교육을 마친 경우에 해당하는 발달과업은 다음과 같다.

첫째, 상담이론과 상담기법에 대하여 체계적으로 훈련이 되어 있다. 그러나 우리나라 대학원에서 행해지는 상담교육은 대부분 성인상담에 국한되어 있고 실습하는 곳도 대부분 대학교 내 학생상담센터이므로 청소년상담에 대한 이론적이고 실제적 이해는 매우 부족한 실정이다. 청소년 내담자의 특성을 이해하고 상담에서 경험하는 것이 필요하다. 주로 청소년내담자는 비자발적으로 상담실에 내방하며, 청소년상담을 진행함에 있어 부모상담이 병행되어야 상담에서 효과를 거둘 가능성이 높아진다. 청소년상담에서 보편적으로 맞이하게 되는 어려움이나 이에 대한 지식과 경험은 매우 부족하다. 그러므로 이 단계의 상담자들에게 필요한 중요한 핵심교육 내용은 일반상담 이론과 상담기법을 청소년상담에 적용할 수 있는 집중적인 교육이 필요하다. 청소년상담사 연수과목에 청소년상담에 대한 입문에 초점이 맞추어져 있지만 실제적으로 청소년내담자를 만나 체득하면서 전문성을 함양시키는 일이 필요하다.

둘째, 개인상담과 부모상담, 그리고 집단상담 등 상담을 하는 것 이외에 필요한 능력들이 있다. 이를테면 청소년상담 프로그램 개발, 청소년상담 관련 연구설계 및 연구수행, 출장상담 등과 관련하여 업무수행을 위한 교육이 필요한 경우가 많다. 대학원에서 교육받은 것과 청소년상담 현장의 간극을 메우기 위해서는 지속적으로 교육하고 자문을 받을 필요가 있다.

다음으로 3급 청소년상담사 자격증을 취득한 후 실무경력이 2년이 지나 2급 청소년상담사를 취득한 경우는 현장경험과 감각은 많이 축적되어 있지만 체계적인 상담 훈련이 부족한 경우가 많다. 이러한 경우 교육 분석, 전문 워크숍 등으로 교육을 받아 전문적 이론과 실제 현장에서 활용되는 기법과의 차이를 줄이고 통합하는 과정이 필요하다.

3) 3급 청소년상담사

3급 청소년상담사는 청소년상담의 준전문가에 해당한다. 3급 청소년상담사는 상담의 기본과정과 이론적 배경을 바탕으로 1급과 2급 청소년상담사의 지도를 받고 상담업무를 수행할 수 있다. 다음 〈표 1-3〉은 3급 청소년상담사의 자격검정 응시자격에 대한 내용이다.

표 1-3 3급 청소년상담사 응시자격

1. 대학 및 「평생교육법」에 따른 학력이 인정되는 평생교육시설의 청소년(지도)학 · 교육학 · 심리학 · 사회사업(복지)학 · 정신의학 · 아동(복지)학 · 상담학 분야 또는 그 밖에 여성가족부령으로 정하는 상담 관련 분야(이하 "상담관련분야"라 한다)의 학사학위를 취득한 사람
2. 전문대학 또는 다른 법령에 따라 이와 동등한 학력을 인정받는 기관에서 상담관련 분야 전문학사를 취득한 사람으로서 상담 실무경력이 2년 이상인 사람
3. 대학 또는 다른 법령에 따라 이와 동등한 학력을 인정받는 기관에서 학사학위를 취득한 후 상담 실무경력이 2년 이상인 사람
4. 전문대학 또는 다른 법령에 따라 이와 동등한 학력을 인정받는 기관에서 전문 학사학위

를 취득한 후 상담 실무경력이 4년 이상인 사람
5. 고등학교를 졸업하고 상담 실무경력이 5년 이상인 사람
6. 제1호부터 제4호까지에 규정된 사람과 같은 수준 이상의 자격이 있다고 여성가족부령으로 정하는 사람

3급 청소년상담사가 상담담당업무는 상담이론에 근거하여 청소년상담을 이해하고 1급과 2급 청소년상담사의 지도를 받으며 전화상담, 심리검사 실시 및 채점, 청소년상담 관련 행정적 실무 등과 같은 청소년 상담업무를 수행한다.

이들의 상담자 발달단계는 인습적 단계에서 전문적 훈련기로 이행하는 단계로 모방단계에 해당한다. 3급 청소년상담사들은 상담 관련한 전문 이론과 기법을 본격적으로 습득하지 않은 상태이며 상담 보조업무를 담당한다. 상급 상담자들을 관찰하고, 청소년상담실 업무에 대한 전체적인 방향을 체험하며 학습한다. 3급 청소년상담자들이 전문가로 성장하기 위한 발달과제는 다음과 같다.

첫째, 다른 사람의 문제를 이해하기 위한 틀로 자신의 주관적 경험과 가치관 및 상식에서 벗어나서 인간의 복잡함을 이해하는 다양한 방식이 있고 이를 이해하기 위하여 많은 수련과 학습을 하는 노력이 필요하다는 것을 자각하는 것이 필요하다. 이들은 내담자를 직접적으로 상담하는 경우는 드물고 집단상담 보조역할을 통하여 전문상담자가 상담하는 것을 관찰하여 학습할 수 있는 기회를 가진다. 따라서 3급 청소년상담사는 관찰이 주된 학습 방법이 된다. 이때 슈퍼바이저는 3급 청소년상담사가 상담장면에서 무엇을 관찰하고 배워야 하는지에 대한 구체적인 내용을 안내할 필요가 있다.

둘째, 3급 청소년상담사가 하는 주요 업무 중 하나는 상담실의 제반 행정업무를 담당하고 본격적인 상담이 원활하게 진행될 수 있도록 조력하는 역할을 맡는 것이다. 이러한 업무가 종종 허드렛일로 지각되고 기피하고자 하는

영역이기도 하다. 그러나 이러한 행정업무에 대한 학습은 학교에서 배우기 어려운 내용으로 청소년상담자가 갖추어야 할 기본적이고 필수적인 역할이므로 이 시기에 교육받는 것이 현장에서 유능한 청소년상담자가 되기 위한 필수적인 단계라고 할 수 있다.

셋째, 3급 청소년상담사가 할 수 있는 가장 전문적인 활동은 전화상담이 될 수 있다. 전화상담은 개인상담과 같은 면접상담과 상호작용의 형태나 내담자의 특성, 호소문제가 다르기 때문에 전화상담을 위한 슈퍼비전은 별도로 실시되는 것이 바람직하다. 많은 경우 전화상담은 일회성이므로 슈퍼비전의 비중을 덜 두어 단시간의 교육으로 실시하는 경우가 많다. 하지만 전화상담의 경우 위기개입을 필요로 하거나 심각한 수준의 문제를 호소하는 경우가 종종 발생한다. 따라서 전화상담자는 어려움에 처한 내담자를 적합한 상담자나 기관으로 의뢰하기 위해서 내담자의 평가와 의뢰 체계에 대한 명확한 숙지를 해야 할 필요가 있다. 즉, 슈퍼바이저는 3급 청소년상담사가 전화상담을 수행할 때 내담자 문제의 복잡함과 다양함으로 이해할 수 있도록 조력하며, 위기 개입이 필요한 경우나 지속적인 개인상담으로 연결해야 할 상황에 대한 임상적 판단을 정확하게 내려 대응할 수 있는 교육을 제공해야 한다. 이를 위하여 전화상담 슈퍼비전과 공개사례 발표를 수시로 진행하여 전화상담 또한 하나의 매체를 이용한 전문적인 상담영역으로 기능할 수 있도록 하는 것이 바람직 할 것이다.

넷째, 이들은 심리검사를 실시하고 채점 업무를 수행할 수 있다. 심리검사를 해석하기 전에 심리검사를 직접 실시하고 내담자의 반응을 살피고 채점 업무를 익숙하도록 하는 것은 청소년상담현장에서 필수적인 업무인 만큼 유용한 현장 학습이 될 수 있다. 한 가지 주의할 점은 심리검사를 채점할 때 기계적으로 채점만 하는 것을 넘어서서 검사에 대한 보다 전문적인 교육과 훈련을 받을 필요가 있다. 올바른 심리검사 사용과 적용을 워크숍을 통하여 숙지하게 되면 이후 임상현장에서 심리검사 해석을 할 때보다 더 효과적으로 개입을 할 수 있는 역량이 개발될 것이다.

Chapter

02

청소년지도자의 국가직무능력표준(NCS)

Y·o·u·t·h·W·o·r·k·e·r·T·h·e·o·r·y

1. 국가직무능력표준 도입배경 및 추진현황
2. 국가직무능력표준화의 개념 및 구성요소
3. 청소년지도자 국가직무능력표준(NCS)

1 국가직무능력표준 도입배경 및 추진현황

국내 산업화시기, 공급자 중심이라는 인재양성의 근본적인 문제가 지속적으로 제기되는 상황 속에서 산업계와 학계는 국가차원에서 인적자원개발체계를 정립해 줄 것을 요구하였다. 이전까지의 인력 채용에서 기업은 신입사원을 업무에 투입시키기 위하여 입사교육에 많은 비용을 투자하였고, 개인은 교육·훈련 및 자격의 일부가 직업능력 향상이 아닌 불필요한 스펙임에도 불구하고 자신의 직업능력 향상을 위해 선택할 수밖에 없는 상황이 발생하였다. 이에 다양한 직업에서의 직무체계를 국가적으로 수립하고 인정하는 국가직무능력표준화의 필요성이 크게 대두되었다(정혜원, 2016). 그리하여 정부는 인재들이 스펙 기반 채용에서 벗어나 꿈과 끼를 마음껏 발휘할 수 있도록 도모하고 직업훈련과 자격제도의 상호 연계 및 강화를 지원하는 국가직무능력표준화를 적극적으로 추진하게 되었다.

국가직무능력표준(National Competency Standard: NCS)은 처음 고용노동부의 국가직업능력표준(National Occupational Standards: NOS)과 교육부의 국가직무능력표준(Korean Skill Standards: KSS)으로 두 개의 부서에서 시범적으로 추진되었으나 이후 사업 효율화를 위한 국가정책조정회의를 통하여 그 명칭이 통합되고, 두 개의 부서 중 고용노동부가 이를 담당하게 되었다. 이후 직무와 관련 부처와 학계, 연구기관을 중심으로 다양한 직무표준개발이 이루어졌다.

2 국가직무능력표준화의 개념 및 구성요소

국가직무능력표준화란 산업현장에서 직무를 수행하기 위해 요구되는 지식, 기술, 소양 등을 국가가 산업부문별·수준별로 체계화한 것이다. 즉, 산업 현장의 직무를 성공적으로 수행하기 위해 필요한 능력을 국가적 차원에서 표준화한 것을 의미한다(고용노동부 외, 2014).

국가직무능력표준화에서 어떤 표준직무를 찾기 위해서는 그 직무가 속해 있는 분류체계를 확인해야 하며, 분류체계는 한국고용직업분류(Korean Employment Classification of Occupations: KECO)에 토대를 두고 있다. 표준직무는 세분류 단위에서 개발하는 것을 원칙으로 하며 하나의 표준직무는 능력단위의 집합으로 이루어져 있다. 능력단위는 국가직무능력표준화에 의하여 교육훈련과 평가가 가능한 기능 단위라 정의되며 능력단위의 구성요소로는 능력단위요소, 적용범위 및 작업상황, 평가지침, 직업기초능력이 있으며, 그 중에서도 핵심은 능력단위요소라 할 수 있다. 능력단위요소란 해당 능력단위를 구성하는 핵심 하위요소를 뜻하며, 직업인이 수행해야 할 구체적인 준거 및 지식·기술·태도를 제시한다(정혜원, 2016).

한편, 국가직무능력표준의 수준체계는 산업현장 직무의 수준을 체계화하여 1~8단계까지 제시한 것으로 능력단위 및 하위요소별로 그 수준이 평정되어 있다(교육부·한국연구재단, 2015). 1수준은 문자이해, 계산능력 등의 기초지식을 사용하여 단순·반복적인 작업을 수행할 수 있는 수준이다. 2수준은 일반적인 지식으로 절차화되어 있고 일상적인 과업을 수행하는 수준이고, 3수준은 해당 분야의 기초이론 및 일반지식을 활용하여 다소 복잡한 과업을 수행할 수 있는 수준이다. 4수준은 해당 분야의 이론 및 지식을 제한적으로 사용하고, 복잡하지만 다양한 과업을 수행할 수 있는 차원을 뜻한다. 5수준은 해당 분야의 이론 및 지식을 제한 없이 사용가능하고, 4수준보다 더 복잡하고 비일상적인 과업을 수행할 수 있는 수준이다. 6수준은 일반적인 숙련정도로 다양한 과업을 수행하고 타인에게 해당 분야의 지식 및 노하우를 전달할 수 있는 정도이고, 7수준은 고도의 숙련도를 가지고 타인이 낳은 결과에 대하여 의무와 책임이 필요하다. 마지막으로 8수준은 해당 분야에 대한 최고도의 숙련정도로, 조직 및 업무 전반에 대한 권한과 책임이 부여된다(정혜원, 2016).

3 청소년지도자 국가직무능력표준(NCS)

청소년지도자 표준직무는 청소년시설 종사자, 청소년관련학과 교수 등의 청소년전문가와 한국직업상담협회의 협업을 통하여 개발되었고, 2013년도 개발 당시 세분류로 지정된 이름은 '청소년지도'였다(고용노동부·한국산업인력공단 외, 2013). 이후 소분류와 세분류에 대한 직무 구성과 내용이 서로 이질적이라는 의견을 반영하여 청소년지도 분류체계는 '대분류-사회복지·종교', '중분류-상담', '소분류-청소년지도'의 '세분류-청소년활동'으로 확정되었다(정혜원, 2016).

송민경(2014)은 청소년지도와 청소년활동이 각각 소분류와 세분류로 분리된 것은 청소년활동이 사회 속에서 독립적인 전공 및 전문분야이며 자체적인 직업으로서 전문성 함양을 위한 경력개발경로를 가진다고 평가하였다. 이는 청소년활동이 자신만의 가치를 충분히 가질 수 있는 것으로 해석할 수 있다.

국가직무능력표준에 의하면 청소년활동은 청소년사업을 기획하고 홍보하며, 청소년프로그램을 개발 · 적용 · 평가하는 일련의 과정을 말한다. 또한 자원관리, 인증관리, 행정관리, 네트워크관리, 정보관리 등을 통하여 이를 효율적으로 지원하는 일로 정의된다(정혜원, 2016). 즉, 기존의 청소년활동지도자가 청소년활동현장에서 수행해 온 전문 직무라 할 수 있다. 이러한 청소년활동 표준직무는 능력단위 16개와 하위요소 74개로 구성되어 있으며, 각 능력단위마다 직능수준이 규정되어 있다.

4 국가직무능력표준에 따른 청소년활동

이공계 분야를 중심으로 개발되어 있던 표준직무가 2013년부터 인문 사회과학 및 서비스 분야까지 확장되면서, 청소년시설에 종사하는 청소년지도사와 청소년관련학과 교수 등 청소년전문가와 한국직업상담협회와 협업하여 청소년활동 표준직무를 개발하였다(김누리, 2020).

<2013년>

대분류	중분류	소분류	세분류
7. 사회복지·종교	1. 사회복지	1. 사회복지정책	
		2. 사회복지	
		3. 사회복지서비스	1. 직업상담
			2. 보육
			3. 청소년지도

〈2019년〉

대분류	중분류	소분류	세분류
7. 사회복지·종교	1. 사회복지	1. 사회복지정책	
		2. 사회복지서비스	
		1. 직업상담서비스	
		2. 청소년지도	1. 청소년활동
			2. 청소년상담복지
			3. 진로지원
	2. 상담	3. 심리상담	

NCS에 의하면 청소년활동 표준직무는 18개의 능력단위와 최소 3개부터 최대 5개의 능력단위별 하위요소로 구성되어 총 78개의 능력단위요소가 있다. 그리고 청소년활동은 청소년사업을 기획하고 이를 홍보하며, 청소년프로그램을 개발하고 적용하며 평가하는 전체 과정을 말하며, 정보관리, 행정관리, 자원관리, 인증관리, 협업체계관리 등을 통하여 이를 효율적으로 지원하는 일이다(김누리, 2020).

현재 청소년현장에서 적용되는 국가직무능력표준(NCS)는 관련 법령과 거리가 있다. 청소년활동은 청소년복지, 청소년보호와 함께 청소년육성의 하위개념으로서 청소년기본법 제3조에 근거하여 이루어지는데, 국가직무능력표준(NCS)에서의 청소년활동은 사회복지 · 종교-상담-청소년지도로 분류된다. 따라서 국가직무능력표준(NCS)의 청소년활동은 관련 법령과 불일치되는 부분이 있음을 알 수 있다.

두 번째로, 국가직무능력표준(NCS)은 현장의 능력단위에 대한 중요도와 숙련도를 평가한 것에 기반하여 이루어져야 할 필요가 있다. 예를 들어, 청소년현장에서 청소년프로그램 관련 능력단위에 대해 중요도와 숙련도를 높게 평가하고 있지만, 국가직무능력표준(NCS)는 청소년프로그램 기획 및 설계, 청소년프로그램 실행을 가장 낮은 직무수준으로 보고 있다. 이는 직무수준을 책정하는 기준과 능력단위에 대한 인식이 현장의 특성을 반영하지 않았다(김누리, 2020). 따라서 청소년현장에 적합한 직무수준 책정 기준을 재설계해야 한다.

세 번째로는, 시설유형별 기능의 차이를 반영한 국가직무능력표준(NCS)가 설계되어야 한다. 예를 들어, '청소년자치활동 운영'은 생활권에 위치한 청소년수련관과 청소년문화의 집에 종사하는 청소년지도사로서는 핵심 직무능력으로 인지하고 있으나 자연권 청소년수련원에서 종사하는 청소년지도사들은 열등 직무능력으로 인지하고 있었다(김누리, 2020).

네 번째로는, 청소년이용시설에서 근무하는 청소년지도자들의 국가직무능력표준(NCS)도 설계되어야 한다. 청소년이용시설 또한 청소년활동시설에 해당되므로 청소년수련시설에서 적용되는 국가직무능력표준(NCS)뿐만 아니라 청소년이용시설에서 적용되는 국가직무능력표준(NCS)도 만들어져야 한다.

Chapter

03

청소년지도자의 직무

Y·o·u·t·h·W·o·r·k·e·r·T·h·e·o·r·y

1. 청소년지도자의 직무몰입
2. 청소년지도자의 직무역량
3. 청소년지도자의 직무만족
4. 청소년지도자의 자기효능감
5. 청소년지도자의 정치적 효능감
6. 청소년지도자의 옹호활동

1 청소년지도자의 직무몰입

몰입이란 사람들이 경외감, 경이로움, 활동감과 같은 강렬한 감정을 느끼는 심리적 상태이다(Csikszentmihalyi, 1990). 또한 몰입상태에 있는 사람은 자기 자신을 일과 밀접하게 연계시키고 동일시하게 만들 뿐만 아니라 자신이 맡고 있는 일에 많은 노력을 하게 된다고 밝혀졌다(Khan, 1990). Muchinsky (2009)에 따르면 직무몰입이란 개인이 자신의 직무에 대하여 심리적으로 일체감을 가지고 있는 정도를 말한다. 또한 현재의 직무와 관련된 몰입으로, 직무에 대해 개인이 심리적으로 동일시하는 정도라고 정의할 수 있다(한창훈, 2017).

직무몰입(job commitment)은 조직몰입(organizational commitment) 및 경력몰입(career commitment)과는 구분되는 개념으로 몰입대상에 따라 차이가 있다. 조직몰입은 조직에 대해 느끼는 충성심 정도를 나타내는 개념으로 조직몰입이 높은 사람은 조직에 대한 충성심, 조직 목표 달성을 위한 자발적 노력, 조직의 목표나 가치에 대한 강한 신뢰를 보인다(Morrow, 1993). 경력몰입은 자신의 전 생애를 통한 직업에 대한 몰입으로(Colarelli & Bishop, 1990) 경력몰입이 높은 사람은 개인의 입장에서 개인의 일생에 걸친 경력을 발전시키려는 노력을 많이 한다. 반면에 직무몰입이 높은 사람은 자신의 직무를 삶에서 매우 중요하게 인식하고 현재의 직무에 몰두하는 경향이 있어서, 직무몰입은 현실적인 직무와 과업에 대한 수행과 관련이 있다. 이렇게 조직몰입, 직무몰입, 경력몰입은 개념에 따른 차이는 있지만 사실 실제적인 차이는 불명확하다(한창훈, 2017).

김현정 등(2011)은 청소년상담자는 내담자의 문제에 대해 공감하며 지속적으로 보살핌을 제공해야 하는 특성으로 인해 쉽게 심리적 소진을 경험하게 되는데, 몰입이 높을수록 상담에 대한 만족감과 개인의 행복감이 높아져 소진이 낮아진다고 밝혔다. 김진호(2016)는 청소년지도자가 자신의 직무에 대한 몰입을 많이 하면 자신이 하고 있는 일을 열심히 노력하게 되어 직무수행 향상, 창의력 발휘, 조직성과의 극대화, 이직감소, 근무지속의지가 높아진다고 하였다. 청소년지도자뿐만 아니라 다른 전문직을 대상으로 한 연구들에서도 이와 유사한 결과를 알아볼 수 있다. Garmeli와 Gefen(2005)은 이스라엘 직업인을 대상으로 연구하였는데, 직무몰입이 높을수록 이직의도 및 자신의 직업에 대한 전환의도가 감소된다고 밝혔다(한창훈, 2017).

2 청소년지도자의 직무역량

직무역량(職務力量, Job Competency)은 직무를 효과적으로 수행하여 탁월한 성과를 얻는데 필요한 업무종사자의 내재적 특질을 의미한다. 예를 들어 직무수행에 필요한 지식, 전문성, 특정한 스킬, 태도 등이 포함된다(한정수, 2016).

역량 개념을 가장 먼저 체계화한 사람은 미국 하버드대 심리학자인 맥클란드(McClelland)로, 그는 역량을 '삶을 통해 나타나는 결과물의 묶음들(clusters of life outcomes)'로 개인성과를 예측하거나 설명할 수 있는 다양한 심리적, 행동적 특성으로 정의하였다(한정수, 2016).

길버트(Thomas Gilbert)에 의하면 "역량이란 조직의 목표들을 가장 능률적으로 달성하는 능력이며, 가치 있는 성과(worthy performance)를 지속적으로 산출하는 능력이다. 인간의 역량은 가치 있는 성과의 함수로, 가치 있는 성과가 높으면 높을수록 인간의 역량은 높게 된다"는 것이다(한창훈, 2017). 역량은 눈에 보이는 요소들보다 눈에 보이지 않는 숨어있고 잠재되어 있는 요소들이 전체 역량에서 더 많은 부분을 차지하고 있음을 알 수 있다. 이들이 모두 결합하여 한 개인 또는 조직의 역량을 형성하고 발휘하게 된다(한정수, 2017). 정찬동(2013)이 다양한 학자들의 견해를 모아 종합적으로 정리한 역량의 개념은 다음과 같다.

- 지속해서 관찰과 측정을 할 수 있는 형태로 표현
- 업무수행을 잘하는 사람들의 차별화된 행동 양식
- 특정한 상황이나 직무에서 효과적이며 뛰어난 수행의 기준

Sparrow(1996)는 역량을 세 가지로 구분하여 조직역량, 관리역량, 개인역량을 정의 내렸다. 조직역량은 모든 구성원들이 공유해야 하는 역량이며, 관리역량은 다른 조직에서도 활용될 수 있는 일반적인 특질을 가지고 있다고 하였다. 특정 조직에서 개인들이 담당하고 있는 특정한 과업, 역할, 책임 등에 관련된 역량은 개인역량 또는 직무역량이라고 하는데, 보통 인적자원관리에서 중점적으로 분석되고 적용되는 역량의 개념은 개인역량 개념이다(한정수, 2016).

미국 아이오와(Iowa) 주정부 행정서비스부의 인적자원사업국은 "역량(competency)이란 조직의 목표들과 일치하는 결과들을 성취하는 데 필요한 관찰 가능하고 측정 가능한 지식, 능력, 기술, 행동"이라고 정의했다. 한편 역량은 모든 조직에 동일하게 적용되는 고정된 것이 아니고 각 조직의 목적, 특성, 역사, 상황, 환경의 변화 등에 따라 달라진다. 시간의 흐름, 환경의 변화에 따라 어떤 조직은 갈등관리, 기획, 조직화 역량들이 조직의 경영진뿐만 아니라,

관리자와 실무자 모두에게 중요한 역량이 되기도 한다(한정수, 2016).

3 청소년지도자의 직무만족

청소년분야의 발전을 위해서는 청소년조직의 안정성을 시급히 개선하고 청소년지도자들이 자신의 직무에 몰입할 수 있는 여건을 갖추는 것이 매우 중요하며 필요하다(김정주, 1999). 이러한 직무만족(job satisfaction)은 '직무를 행함에 있어 정신적, 육체적으로 기대하는 것과 실제로 경험하게 되는 유쾌하고 즐거운 긍정적인 감정상태'라고 정의할 수 있다(Locke, 1976), 직무만족은 조직구성원 개인의 삶의 질에 영향을 미칠 뿐만 아니라(Iris & Barett, 1977) 전문직 종사자의 경우 전문가로서의 역할 수행이나 서비스의 질에도 영향을 미치며(송정욱, 2006), 조직의 유효성 및 운영과도 관련되어 있다(이인제, 1993; Kreiter & Kinicki, 2001).

직무만족에 관한 연구는 1940년대 이래로 최근까지 조직의 원활한 운영을 평가하는 중요한 기준이 되어오고 있으며, 가장 오랜 연구의 역사를 지니고 있는 사회과학 연구분야 중 하나이다(백현경, 2012). 그러나 이러한 수십 년간의 연구축적에도 불구하고 직무만족 연구의 가장 기초라고 할 수 있는 직무만족에 관한 정의조차 학자들 사이에 차이가 있어, 오늘날까지 직무만족에 관한 정의가 일반화되어 있지 않다(김남정, 2006).

직무만족에 관한 최초의 연구자인 Hoppock(1935)은 직무만족을 '사람이 자신은 직무에 만족한다'라고 말하게 하는 원인이 심리적·생리적·환경적·상황의 조화라고 정의하였다. Smith는 직무만족이란 각 개인이 자신의 직무와 관련하여 경험하는 모든 감정의 총화 또는 이러한 모든 감정의 균형상태에서 기인되는 일련의 태도라고 정의하였고, Lawer는 직무를 통해서 얻게 되는 전체적 직무와 관련된 단면 혹은 요인별 만족으로 구분하여 직무만족을 개념화하려는 시도를 하였다. 전체적 직무만족이란 조직 구성원이 직무상의 역할에 대해 지니고 있는 총체적인 감정적 반응을 말하며 이에 반해 직무의 단면에 대한 만족은 직무와 관련되어 여러 방면에서 경험을 통하여 얻게 되는 정서적 반응을 말한다. 예를 들면 봉급, 감독, 승진 기회 등이 요인별 만족으로 연구된 측면이다(백현경, 2012).

McCormick는 "직무만족은 조직체 내 성원들에 의해 유지되는 태도의 특정 subset"으로 직무에 대한 성원들이 갖는 감정적 반응으로서 이것은 개개인의 가치나 욕구와 관련되어 있다고 보고 있다. 또한 Locke는 "만족이란 감정적 반응이기 때문에 그 개념 정의는 내관(introspection)의 과정에 의해서만 발견되고 파악되므로 직무만족이란 종사자가 자신의 직무에 대한 평가에서 결정되는 유쾌한 또는 긍정적 감정상태"라고 정의를 내리기도 하였다(백현경, 2012). Ilgen(1980)은 직무만족의 강도나 일관성의 정도가 상황에 따라 변할 수 있고 다양한 원천으로부터 형성될 수 있다고 하여 직무만족의 개인적 요인보다는 환경적 요인을 강조하고 있다(남선이 외, 2006 재인용).

권승기(2003)의 연구에서는 대학 졸업 직후의 20대 청소년지도사들은 복지후생 및 보수 측면에서 가장 만족도가 낮은 것으로 나타났는데, 이러한 사실은 청소년지도사의 사기를 저하시키는 요인으로 작용하여 전문 청소년지도사들의 이직과 전직을 초래하고 결국 청소년지도 활동의 질적 수월성을 저해할 수 있음을 지적하고 있다. 이에 청소년 관련 분야에서도 직무만족은 개인적인 측면에서는 성취감과 보람을 갖게 함으로써 삶의 질을 높이고, 조직적인 측면에서는 조직의 효율성을 높여 원활한 운영은 물론 조직을 성공으로

견인하는 밑바탕이 되기 때문에 매우 중요하다고 할 수 있다. 이러한 중요성에 따라 직무만족도에 대한 기존의 연구들이 진행되어 개인적 성향이나 특성과 관련되어 결정되는 경향이 있음을 지적하고는 있으나, 보다 제도적인 차원에서 청소년지도자의 직무만족도에 대한 연구는 많이 부족한 상태이다.

표 3-1 직무만족에 관한 국내학자들의 주요 개념 정의

연구자	주요 개념
최인섭·초의수(2001)	조직 구성원들이 자신의 작업에 대해 긍정적인 감정적 지향을 갖고 있는 정도
정광호·김태일(2003)	개인의 태도와 가치, 신념 및 욕구 등의 수준이나 차원에 따라 종업원이 직무와 관련시켜서 갖게 되는 감정적 상태
김구(2002)	개인의 태도와 가치, 신념과 욕구 등의 충족 수준이나 정도에 따라 개개인이 직무와 관련하여 갖는 좋은 감정적·심리적 상태
김영훈(1999)	조직에 속해있는 직업인이 자신의 직무와 관련하여 느끼는 개인적인 정서 상태 또는 태도의 총체적 만족 정도
김정주(1999)	크게 임금, 작업환경, 복지후생 등과 관련된 외적 직무만족과 자아실현, 직무의 가치 및 중요성과 관련된 내적 직무만족으로 구분하는 것이 일반적임
김종성(2005)	어떠한 객관적인 지표에 의해서 형성되는 것이 아니라 기대나 비교 등 개인의 주관적인 가치나 신념에 따라서 지각되는 것이라 할 수 있겠는데, 이러한 개인의 주관성에서 기인한 직무만족은 개인이 취하고 있는 다양한 외부적 환경에 의해서 영향을 받고 있음
신태송(2002)	직무를 행함에 있어 정신적 육체적으로 기대하는 것과 실제로 경험하게 되는 유쾌하고 즐거운 긍정적인 감정적 상태
이상희(2003)	조직 구성원 각 개인의 태도와 가치, 신념 및 욕구 등의 수준이나 차원에 따라 자기 직무와 관련하여 경험하게 되는 감정적인 상태
최재열(1991)	종업원이 자신의 직무와 관련하여 경험하는 유쾌한 감정적 상태 내지 만족의 정도
이희필(2008)	직무에 대한 개인의 직무나 직무 경험 시 발생하는 유쾌한 정서적 상태로 태도, 가치, 신념, 욕구 등과 관련되어 있음
남선이·남승규·남미애(2006)	직무자체, 임금, 감독, 승진, 동료 등이 중요하게 다루어짐
김태진·박영준(2003)	개인이 자신이 수행하고 있는 직무에 대해 가지는 만족의 정도

이상 여러 학자들의 직무 만족에 대한 개념을 종합해 볼 때, 직무만족은 한 개인이 자신의 직무에 대한 기대치에서 오는 경험적 만족으로 설명할 수 있다. 이는 각 개인이 자신의 직무에 대하여 가지는 일종의 태도로 볼 수 있는데 직무만족은 지극히 주관적인 개념이며 어떠한 명확한 원인에 기인하는 것이 아니라 자신의 직무에 대해서 느끼는 주관적 판단인 것이다(김종성, 2005). 즉 '현재 수행하고 있는 직무와 관련하여 직무, 감독, 보수, 승진, 동료관계, 기관, 이직의도, 전문성, 교육, 후생복지 등과 같은 직무만족요인에 대하여 얼마나 만족하는가 하는 심리적 상태'라고 할 수 있다.

김남정(2006)은 2006년 5월 12일부터 5월 26일까지 서울시 내 청소년수련시설 및 청소년단체의 청소년지도자를 유의표집하여(purposive sampling) 123명의 청소년지도자의 직무만족 실태를 연구하였는데, 그의 연구에 따르면 청소년지도자가 가장 만족하는 직무요인은 동료관계인 것으로 나타났다. 다음으로 직무수행, 감독, 전문성·교육, 기관의 순이었다. 반면에 보수, 승진, 후생복지는 다른 요인에 비해 불만족스러운 상태를 나타냈다. 따라서 청소년지도자들은 직원과의 관계나 업무에 있어서는 긍정적으로 만족하고 있으나, 일할 수 있는 제반 여건에 대해서는 다소 불만족하고 있음을 알 수 있다. 그리고 청소년지도자들의 전반적 직무만족은 직무수행과 가장 높은 상관관계를 나타내고 있었다. 그 다음은 상사의 인정 및 도움 등의 감독, 동료관계, 전문성, 승진, 보수, 후생복지인 것으로 나타났다. 반면 이직의도와는 부적 상관을 나타내고 있어 감독이 잘 이루어지고 동료관계가 좋고 직무수행을 잘 할 수 있으며 보수가 좋고 승진이 잘 되면 청소년지도자들이 이직을 할 경향성이 낮다는 것을 알 수 있었다. 또한 전문성이 잘 확보되고 후생복지가 잘 마련되면 이직의도가 낮음을 알 수 있었다.

청소년지도자들이 자신의 직무에 대해 어떻게 생각하고 있는지를 파악하고 직무만족에 영향을 미치는 요인에 대한 과학적 분석을 통해 청소년현장에서의 만족도와 비전 그리고 한계를 파악하는 것은 중요하다. 직무만족에 영향을 미치는 영향 요인에 관한 연구는 연구자마다 의견을 달리하고 있는데, Locke(1976)는 직무만족으로 직무자체, 임금, 승진, 인정, 복리후생, 근무환경, 감독, 동료, 경영방침 등을 제시하였고, Gilmer(1966)는 직무만족의 결정요인을 안전, 승진, 임금, 직무의 본질적 측면, 감독, 직무의 사회적 측면, 의사소통, 작업환경, 복리후생 등으로 분류하였다(김구, 2002).

Ash(1954)는 직무만족에 영향을 미치는 요인으로 경영의 효율성, 직속감독자의 적절성, 동료들의 배려 등을 제시하였고 Myers(1964)는 직무 불만족에 미치는 요인으로 작업규칙, 조명, 휴식시간, 직위, 선임권, 임금 등을 들었으며, Vroom(1964)은 감독, 작업집단, 직무내용, 임금, 승진의 기회, 작업시간 등으로 설명하였다. Jurgenson(1978)은 직무만족 요인으로 발전, 부가급여, 자신감을 느끼는 회사, 마음에 맞는 동료, 시간, 임금, 안전, 감독, 작업유형, 작업조건 등 10가지 요인을 제시하면서 이러한 10가지 요인은 성별, 시간, 연령, 교육수준 등 개인적인 요인에 따라서 순위가 달라진다고 하였다(김종성, 2005).

Ginzberg(1951)는 직무만족의 영향요인으로 경제적 보수와 명예, 특별한 활동과 목적 달성에서 오는 기쁨의 본질적 만족, 사회적·환경적인 부수적 만족을 들었으며, Fournet(1966)은 조직과 관리, 직속상사와의 감독, 사회적 환경, 의사소통, 안정성, 단조성, 임금 등을 Smith(1969)는 작업, 감독, 임금, 승진에 대한 기회, 동료 등으로 설명하였다.

Hackmen(1971)은 새로운 학습의 기회성, 직무자체의 창조성, 다양성, 난이도, 작업량, 책임감, 성과에 대한 압력, 작업방법이나 자율성에 대한 통제, 직무충실, 복합성을 들었으며, Haynes(1979)는 직무상황에 대한 만족, 직무의 종류, 급여, 명백한 직무역할, 기관운영, 동료관계, 개인적 성장과 발전 가능성, 슈퍼바이저, 근무조건 등으로 분류하였다.

Porter(1983)는 조직전체요인과 작업환경요인으로 세부적으로 구분하였는데, 조직전체요인으로는 급여, 승진기회, 정책과 절차, 조직구조 등이 포함되며, 작업환경요인으로는 감독스타일, 참여적 의사결정, 작업집단규모, 동료작업자와의 관계, 작업조건, 직무범위, 역할모호성, 역할 갈등이 포함된다. 조기전(2008)의 연구에서는 전반적 직무만족에 유의미한 영향요인으로 임금, 승진, 복리후생 순으로 나타났다. 또한 직무만족은 이직 및 결근과도 밀접한 관련이 있는데, 직무불만족이 이직을 예측하게 하며, 임금, 승진의 불공정성, 감독자의 감독유형, 동료와의 관계와 밀접하게 관련되어 있다 (Porter & Steers, 1973).

이와 같이 연구자들이 구분하는 직무만족의 영향요인에 따라 직무만족의 정도가 달라지는 것을 알 수 있다. 직무만족에 영향을 미치는 요인은 크게 내적요인과 외적요인으로 구분할 수 있는데 내적요인은 직무자체, 승진, 책임감 등이며, 외적요인으로는 임금, 직장 내 상급자 및 동료 등의 인간관계, 조직, 직장 내 복지 등이라 할 수 있다.

4 청소년지도자의 자기효능감

자기효능감(self-efficacy, 自己效能感)이란 특정한 문제를 자신의 능력으로 성공적으로 해결할 수 있다는 자기 자신에 대한 신념이나 기대감으로, 높은 자기효능감은 과제에 대한 집중과 지속성을 통하여 성취 수준을 높일 수 있다. 그 결과 긍정적인 자아상(self-image)을 형성하는 데 도움이 되며 자기효능감이 높은 사람은 어려운 일을 맡았을 때도 기꺼이 자신을 개입시키고 헌신하려는 경향이 높은 특징이 있다. 자기효능감의 부족 및 결여는 자신들이 가진 권한에 대해 확인을 못하는 심리적 장애로 작용한다(조휘일, 2003).

김윤나(2010)의 연구에서는 청소년지도자의 자기효능감 정도는 5점 만점에 평균 3.51점으로 보통 이상 수준임을 확인해 볼 수 있다. 하위영역별로 살펴보면, 전문지식 영역은 평균 3.46점으로 실천기술 영역(평균 3.57점)보다 근소한 차이로 더 낮았다. 사회복지사를 대상으로 한 구선영의 연구에서는 전문적 지식이 평균 3.50점, 실천기술이 3.65점으로 김윤나(2010)의 연구결과 보다 약간 높았다. 청소년지도자들이 가장 높게 응답한 자기효능감 문항은 '나는 청소년에게 정서적인 지지를 제공할 수 있다.'로 평균 3.94점, 그 다음 '나는 청소년이 나를 신뢰할 수 있다고 느끼도록 돕기 위한 감정이입 능력을 발휘할 수 있다.' 평균 3.90점으로 실천기술 영역에 해당되는 문항들이었다. 가장 평균점수가 낮은 문항은 '나는 취약한 청소년 집단에 미치는 주요 사회정책의 영향을 규명할 수 있다.' 평균 3.01점, 그 다음 낮은 문항은 '나는 중요한 청소년법령을 분석할 수 있다.' 평균 3.12점이었다. 이러한 연구결과는 청소년지도자들이 전문지식 측면에서의 자기효능감이 실천기술 측면보다 취약하고 청소년을 지도하는 데 있어 감정적인 부분이나 정서적인 부분의 미시적 접근은 잘 할 수 있겠으나, 정책이라든지 법령, 가족대상의 중범위 및 거시적인 측면의 전문지식은 많이 부족하다는 것을 나타내주는 결과이다.

5 청소년지도자의 정치적 효능감

정치효능감은 시민들이 스스로 자신이 정치적 주체로서의 자격과 능력에 있어서 자신의 의사를 정치에 반영할 수 있거나 자신이 의도한 대로 정치체제의 반응을 이끌어 낼 수도 있다는 믿음으로 정의되고 있다(Finkel, 1987; 김병년, 2008: 38 재인용). 이러한 정치효능감은 1970년대 들어서면서부터 크게 내재적 정치효능감과 외재적 정치효능감으로 구분하여 연구되고 있다.

내재적 정치효능감은 스스로가 정치적 주체로서 어느 정도 자격과 능력이 있으며, 정치에 영향을 끼칠 수 있다는 인식을 의미한다(박가나, 2001). 반면 외재적 정치효능감은 외부 정치체제의 반응성에 대한 인식으로 자신의 요구에 대하여 정부나 정치 및 정책가, 공무원 등이 반응을 할 것이라는 인식의 정도이다(안병만, 1987; 강흥수, 1998; 박영신·김의철, 2001; 박상호, 2005).

김윤나(2010)의 연구에서는 청소년지도자들의 정치적 효능감의 평균점수 3.42점(내재적 정치효능감은 평균 3.09점, 외재적 정치효능감은 평균 3.82점)이었다. 사회복지사들을 대상으로 한 김병년(2008)의 연구에서는 내재적 정치효능감은 평균 2.83점, 외재적 정치효능감은 평균 1.85점으로 총 정치효능감은 2.38점이었다. 조사대상 청소년지도자들이 가장 높은 평균점수를 나타낸 문항은 '정치인들과 공무원들은 국민의 하인이 될 사람이지만 대부분 주인이라고 생각한다'와 '대부분 정치인들은 당선된 후에는 유권자들에게 관심이 없어진다.'의 외재적 정치효능감으로 평균점수는 동일하게 4.22점이었다. 가장 낮은 정치효능감 응답 문항은 내재적 정치효능감 영역의 '현 정부하에서 국민들은 국가운영에 관한 결정적인 발언권을 가지고 있다.'로 평균 2.81점이었다.

6 청소년지도자의 옹호활동

옹호(Adovacy)란 직접적 개입 또는 역량강화(Empowerment)를 통해서 개인 또는 지역사회의 권리를 옹호해주기 위해 투쟁하는 것이다. 옹호자는 단독 또는 다른 사람들과 협력하여 중요한 의사결정 권한을 가진 어떤 개인 또는 집단으로 하여금 제3의 당사자의 복지 또는 이익에 관련된 의사결정을 하도록 영향을 가하는 노력을 하게 된다(Sosin & Caulum, 1989).

청소년 옹호활동의 목적은 일정한 혜택 또는 서비스를 받을 자격은 있으나, 이를 획득하지 못하는 청소년을 위해 해당 이득 또는 서비스를 획득하도록 도와주는 데 있다. 옹호활동은 청소년들이 자신들에게 이미 부여된 기존의 권리와 자격에의 접근을 확실하게 만들어 주는 것이며, 다른 한편으로는 새로운 권리를 확보하도록 만들어 주는 사회행동(Social Action)에 관여하는 것으로 옹호활동이 포함하고 있는 두 가지 측면의 목적을 충족시키는 것이 중요하다(Sheafor et al., 1994).

기본적으로 옹호자의 역할은 청소년들이 자신들이 바람직한 것이라고 규정해 온 목적 및 목표에 도달할 수 있도록 도와주기 위해 일하는 것이다. 이때 청소년지도자는 청소년의 권리에 대해 알고 청소년들에게 가용한 보상의 수단 및 통로를 알아야 하며, 청소년들을 위해 동원될 수 있는 자원에 대한 지식과 옹호활동에 가장 효과적으로 적용될 수 있는 전략 및 전술을 습득해야 한다(Schneider & Lester, 2001). 또한 청소년지도자는 청소년들의 이익을 위해 이전에 실시한 의사결정을 바꾸거나, 규칙을 새롭게 재해석하거나 또는 절차를 수정하도록 조력해 주며 다른 한편으로는 조직으로 하여금 기존 규칙 또는 규정들을 반드시 준수하거나 실행하도록 강요할 수 있는 것이다. 그러므로 청소년지도에서 옹호활동의 수행은 청소년지도자의 가치를 정립하는 것이며 효과적인 개입 및 실천의 방향을 제시해 주는 것이다.

김윤나(2010)는 청소년지도자들의 옹호활동의 실태 및 특성을 파악하기 위해 2009년 6월~7월 전국의 청소년관련 기관, 단체에서 근무하는 159명의 실천현장가들을 대상으로 연구를 실시하였다. 연구결과 청소년지도자들은 옹호활동의 필요성에 대해서는 평균 3.91점으로 수행정도에 비해(평균 3.03점) 높은 것을 알 수 있었다. 즉 청소년지도자들이 업무와 관련해서 옹호활동에 대한 필요성을 인식하고 있으나, 실제로 업무수행에 있어서는 청소년들을 위한 옹호활동을 전개하지 못하고 있는 실정인 것이었다.

청소년지도자들이 가장 높게 필요성을 인식하고 있는 문항은 '청소년이 받을 권리가 있는 특정 서비스나 혜택을 획득할 수 있도록 도움을 준다'였으며(평균 4.25점) 가장 낮게 필요성을 인식하고 있는 문항은 '청소년의 욕구를 위해 공무원들과 사적인 접촉을 통하여 의사소통을 한다'였다(평균 3.25점). 청소년지도자들이 가장 높게 옹호활동을 수행하고 있는 문항은 필요성 인식과 마찬가지로 '청소년이 받을 권리가 있는 특정 서비스나 혜택을 획득할 수 있도록 도움을 준다'(평균 3.64점)이었으며 가장 낮게 필요성을 인식하고 있는 문항은 '청소년의 이익을 위해서 정부의 주요 정책결정이나 입법과정에 정치적 영향력을 행사한다'였다. 현재 청소년지도자들은 옹호활동에 있어 청소년이 받을 권리가 있는 특정 서비스나 혜택을 획득할 수 있도록 도움을 주는 필요성을 인식하고 있으며, 인식한 대로 실제 가장 많은 수행을 하고 있다. 그러나 계층을 옹호해 주는 활동에 있어서 그 필요성이나 실제 행동수행 정도는 매우 낮음을 알 수 있다.

청소년지도자의 옹호활동에 영향을 미치는 요인을 살펴보면 인구학적 특성으로는 성별, 연령, 업무관련 특성은 전문자격증 보유 여부, 기관근무 경력, 청소년현장의 총근무 경력, 조직적 특성은 기관장 자격증 보유여부와 조직규모였다. 즉 여자보다는 남자 청소년지도자가 그리고 연령이 낮을수록, 전문자격증을 보유하고 있을수록, 근무경력 기간이 짧을수록, 기관장이 자격증을 보유하고 있을수록, 조직의 규모가 작을수록 청소년지도자들의 옹호활동 수행이 증가한다는 것이다. 이 중에서도 특히 연령과 기관근무 기간이 청소년지도자들의 옹호활동 수행에 영향을 미치는 것으로 나타났다. 또한 청소년지도자의 옹호활동 수행에 전문자격증 보유 여부, 근무경력 기관 등의 업무관련 특성 변인들이 중요한 요인임을 알 수 있었다.

청소년지도자들이 실천현장에서 옹호활동을 잘 수행하도록 활성화시키는 방안에는 다음과 같은 방법들이 모색될 수 있다.

첫째, 청소년지도자의 균형 잡힌 옹호활동을 위해 거시적 접근의 활성화 방안을 연구하여야 할 것이다. 청소년지도자들은 옹호활동 하위영역 중에서 계층옹호 및 정책옹호에 비해 사례옹호활동을 보다 많이 수행하고 있다. 즉 청소년지도자들은 옹호활동에 있어 거시적 접근보다 미시적 접근에 더 치중하고 있는 것이다. 따라서 미시적 접근뿐만 아니라 거시적 접근의 옹호활동을 활성화할 수 있도록 격려하고 그 역할을 강화하도록 독려하며 교육훈련과정에 이러한 내용들을 포함시켜야 할 것이다.

둘째, 청소년지도자의 옹호활동 능력 증진을 위한 교육 프로그램 개발 및 연수, 훈련이 이루어져야 할 것이다. 청소년지도자들은 옹호활동의 필요성을 평균 이상의 수준으로 매우 높게 인식하고 있었다. 반면 옹호활동의 실제 수행정도 보통 이하수준이었다. 따라서 청소년지도자의 실천현장에서 많이 활용되고, 중요하게 여겨지는 지식과 기술에 관한 교육 프로그램이 개발되어야 할 것이다. 또한 이를 행동화할 수 있는 교육적 차원의 다양한 실천전략과 방법이 개발되어 연수, 훈련 등에 효과적으로 활용되어 청소년지도자의 옹호활동 능력을 증진시켜야 할 것이다. 뿐만 아니라 고연령자나 경력이 많은 지도자를 대상으로 한 교육, 연수, 훈련도 강화되어야 할 것이다. 청소년지도자의 옹호활동 수행은 청소년 집단에 불리한 영향을 미치는 이슈, 상황, 문제들을 다루거나 정책제안을 하며 그들이 바람직한 서비스를 받을 수 있도록 그들의 욕구와 권익을 대변하고 그들의 갈등을 해결해 준다. 따라서 청소년들과 함께 그들의 권익을 정책화하고 그들이 주체적으로 참여할 수 있도록 조력해줄 수 있는데, 이러한 역할을 보다 잘 수행하기 위해선 청소년지도자 스스로 자기효능감이 높아야 한다. 또한 청소년지도자의 옹호활동을 높이기 위한 전략으로 자기효능감을 높일 수 있는 전문 교육 훈련 및 연수 프로그램도 병행되어 개발 및 보급이 이루어져야 할 것이다.

셋째, 청소년기관조직에서 지역 내 서비스 및 프로그램 제공의 미시적 수준의 실천에서 벗어나 거시적 차원의 옹호활동을 지원하고 특성화하는 적극적인 노력을 제공해야 할 것이다. 선행연구에서 청소년지도자들은 사례옹호의 활동을 많이 실시하고 상대적으로 계층옹호라든지, 정책옹호활동은 많이 전개하지 못하고 있었다. 따라서 좀더 거시적 차원의 옹호활동을 지원하고 특성화할 수 있도록 정부차원의 지침서 제공이라든지, 기관차원의 교육 등이 전개되어야 할 것이다.

넷째, 청소년지도자의 적극적인 옹호활동 수행을 위한 정책적 지침이 제도적으로 마련되어야 할 것이다. 미국의 경우 사회복지 교육에 있어 사회복지 실무와 책임에 대한 법적 위임, 클라이언트에 대한 사회복지사의 법적 역할, 클라이언트의 법적인 권리에 관한 지식 등을 가르치도록 강화되었다(전선영, 2004). 청소년지도자의 경우 정책옹호를 수행할 명분에 대한 인식이 낮고 이러한 인식은 옹호자로서의 역할수행에 많은 한계를 가져다줄 것이다. 따라서 청소년지도자가 청소년들을 위해 적극적인 옹호활동을 전개해 나갈 수 있도록 정책적 지침이 마련되어야 할 것이다.

다섯째, 학계와 실천현장의 파트너십을 형성하여 청소년지도자의 옹호활동에 관한 공론의 장을 마련해야 할 것이다. 청소년을 위한 옹호활동은 청소년에 관한 문제뿐만 아니라 청소년을 둘러싼 다양한 사회의 변화까지 이끌어 내는 것이다. 따라서 청소년학을 공부하는 대학의 학생뿐 아니라, 교수, 실천현장의 실무자, 연구자들이 함께 논의하고 새로운 대안들을 창출해 나가야 할 것이다. 설명회, 토론회, 세미나, 포럼, 연구모임 등의 활발한 모임을 통해 청소년관련 과제와 이슈를 개발하고 이에 따른 실천대안을 제시할 수 있도록 향후 지속적인 노력이 요구된다.

Chapter

04

청소년지도자의 슈퍼비전

Y·o·u·t·h·W·o·r·k·e·r·T·h·e·o·r·y

1. 슈퍼비전의 개요
2. 지도(활동)영역에서의 슈퍼비전
3. 상담 및 복지영역에서의 슈퍼비전
4. 보호영역에서 청소년지도자로 일하기
5. 실습에서의 슈퍼비전

1 슈퍼비전의 개요

청소년지도자가 기능을 수행하는 세팅의 수와 종류는 점점 확대되고 있으며 이 같은 세팅의 확산은 특정 세팅의 특성에 따른 고유한 슈퍼비전을 요구한다. 그러나 청소년실천현장에서 슈퍼비전은 학문과 실천 모든 내용을 포괄하고 있으면서도 독자적 이론이나 뚜렷한 방법론이 아직 개발되지 못하고 있는 실정이다. 슈퍼비전이 제공되어 온 역사는 꽤 긴 편이지만 통일된 정의도 없으며 방법론과 기법과 기술도 발달해 오지 못했다. 그러다 보니 다양한 개념, 원칙, 모델 중심으로 설명되고 있고, 현장 중심으로 이해되고 있는 수준이다. 따라서 실제 현장이 다양한 만큼 슈퍼비전의 적용도 그 특성에 따라 독특성이 강조 되어 오고 있는 것이 현실이다.

청소년실천현장과 유사한 사회복지계에서 슈퍼비전을 지도감독으로 번역해서 「사회복지사업법」에서도 '사회복지지도감독론'을 사회복지사 자격취득을 위한 이수선택과목으로 지정하고 있다. 지도감독과 슈퍼비전 사이에서 아직 공식적 단어선택도 이루어지지 않을 채, 요즘에는 슈퍼비전이라는 원어를 그대로 쓰는 경향이 있다.

슈퍼바이저는 정부와 민간, 도시와 농촌, 대상 및 문제나 시설유형 등에 따라 동일하거나 비슷한 서비스를 제공한다 하더라도 고려할 필요가 있는 고유특성이 있음을 알아야 한다. 뿐만 아니라 동일 세팅에서도 슈퍼바이지의 고유상황에 따라 그 특성에 맞는 슈퍼비전을 제공해야 함을 알아야 한다. 임신을 했거나, 장애가 있거나, 치료를 받고 있는 청소년지도자에게 슈퍼비전을 주어야 하는 상황에 접하게 될 수도 있으며, 가족치료나 협동 치료 상황에서 슈퍼비전을 주어야 하는 등 독특한 상황도 있다. 따라서 청소년실천 각

영역, 즉 활동, 상담, 보호, 실습 등에서의 슈퍼비전의 특성과 차별성을 살펴봐야 한다. 그러기 위해 이 장에서는 슈퍼비전과 관련하여 반드시 청소년지도자들이 알아야 하는 기본적인 개념에 대해 살펴보고자 한다.

1) 슈퍼비전의 개념

슈퍼비전은 라틴어의 'super(over, 위에서)'와 'videre(watch, 지켜보다)'의 합성어에서 유래되었다. 슈퍼비전은 훈련(training)이나 자문(consultation)과 엄격히 구별된다. 이 세 개념 모두 직원의 업무에 관련된 지식과 기술 및 태도를 향상시키기 위해 기관이 사용할 수 있는 절차라는 면에서는 비슷하다. 특히 직원개발(staff development)을 위해 사용되는 방법이라는 면에서 볼 때 이 세 개념은 매우 비슷하다. 그러나 슈퍼비전, 훈련, 자문은 그 성격과 목적에 있어 많이 다르다(Middleman & Rhodes, 1985).

훈련은 매우 직접적이고 통제적인 것으로, 현임교육(in-service training)이나 워크숍(workshop) 등을 통해 직원을 수련시키는 것이다. 직접 교육받는 것이기 때문에 피교육자는 교육자의 지시를 따라 교육받아야 하는 내용을 정확히 학습해야 한다. 이때 훈련자는 기관 내에서 선정될 수도 있고 기관 밖에서 선정될 수도 있다. 경우에 따라서는 슈퍼바이저가 훈련자가 될 수도 있다.

자문은 특정 업무에 대해 제3의 의견이나 조언을 듣고 참조하기 위한 것으로 자문 요청자가 자문 받은 내용의 수용 여부를 결정할 수 있기 때문에 매우 덜 직접적이고 덜 통제적이다. 자문 요청자와 자문제공자는 평등한 지위를 포함하고 있는 수평적 참모관계(staff relationship)의 토대 위에서 비정규적이며, 자발적인 조언을 제공한다. 대부분의 경우 자문은 기관 외부의 전문가로부터 받는다. 그러나 기관 내에서도 동료나 상급자로부터 자문을 받을 수도 있다.

이에 비해 슈퍼비전은 이 둘의 가운데에 위치해 있으면서 중간 정도의 직접성과 통제성을 갖는다. 권력을 쥔 상사 슈퍼바이저와 부하 슈퍼바이지라는 불평등 지위를 포함하고 있는 수직적 집행관계(line relationship)의 토대 위에서 이루어지는 정규적이고 의무적인 것이다. 따라서 슈퍼비전은 기관 내에서 이루어져야 하며, 슈퍼바이지는 슈퍼비전 때 받은 슈퍼바이저의 조언, 의견, 지시를 따라야 한다. 기관 밖에서 제공되는 조언, 의견은 슈퍼비전이 아니라 자문이다.

2) 슈퍼비전의 원칙

슈퍼비전을 효과적으로 제공하기 위해서는 슈퍼비전의 원칙을 세우고 그 원칙에 준하여 슈퍼비전을 제공하는 것이 바람직하다. 카두신과 먼슨이 제시하는 효과적이고 바람직한 슈퍼비전의 요소에 근거한 8가지 슈퍼비전의 기본원칙을 살펴볼 수 있는데 그 내용으로는 공식화, 구조화, 정규화, 개별화, 맥락화, 성장 중심화, 욕구 중심화, 그리고 상호교류 중심화이며, 자세한 내용은 다음과 같다(Kadushin, 1992; Munson, 1983).

(1) 공식화

공식화(formalize)는 슈퍼비전에서 가장 중요한 원칙이다. 슈퍼비전을 기관의 공식 업무로 지정하는 절차로서, 슈퍼비전이 일상의 업무지시로 생각되어서는 안 되며, 관심 있는 몇몇 사람의 개인적 활동으로 여겨져서도 안 된다는 것을 의미한다. 슈퍼비전을 직접 주고받는 슈퍼바이저와 슈퍼바이지뿐 아니라 기관 전체 직원까지도 공식적 슈퍼비전의 제공에 대해 이해하고 있어야 한다. 이것이 기관에서의 슈퍼비전의 공식화이다.

슈퍼비전의 공식화는 슈퍼바이저와 슈퍼바이지 간의 권위의 위계화를 기초로 하여 진행되어야 한다. 공식화 과정에서 슈퍼바이저는 슈퍼바이저로서의 권위를 갖고 또 지켜 나가야 한다. 슈퍼바이지의 적극적이고 건설적인 참여, 양방향 의사소통 등도 중요하지만, 슈퍼비전을 제공하는 자와 제공받는 자의 위계적 관계에 대한 권위를 갖고 유지하기 위한 노력을 보여야 한다.

(2) 구조화

구조화(structurize)는 시간, 장소, 유형, 횟수 등 슈퍼비전의 구조를 갖추어서 제공하는 것을 의미한다. 언제, 어디서, 무엇을, 어떻게 제공할 것인지를 정해야 한다(Hart, 1982). '언제'는 시간적 요소로서, 동시, 즉시, 사후 등 3개 차원으로 이루어질 수 있다. '동시'는 슈퍼바이지의 업무가 진행되는 동안 그 자리에서 동시에 진행되는 것으로 라이브(live) 슈퍼비전이라고도 한다. '즉시'는 슈퍼바이지의 업무가 종료되는 시점에서 즉각 진행되는 것으로 그 자리에서 진행될 수도 있고 사무실로 자리를 옮겨서 진행될 수도 있다. 즉각(instant, immediate) 슈퍼비전으로 설명된다. '사후'는 슈퍼바이지의 업무가 종료된 수 어느 정도 시간이 지난 후에 진행되는 것으로 가장 빈번하게 이루어지는 슈퍼비전의 형태라고 할 수 있다. 대부분의 경우에는 레코딩(recording)을 활용한다.

'어디서'는 장소적 요소로서, 슈퍼바이지의 업무가 진행되는 곳, 슈퍼바이지의 사무실, 슈퍼바이지의 사무실, 슈퍼비전을 제공하는 별도의 장소 등으로 생각해 볼 수 있다. 장소는 어디어도 좋으나, 슈퍼비전을 제공하는 별도의 장소 등으로 생각해 볼 수 있고 슈퍼바이저와 슈퍼바이지가 전화나 방문자 등으로 인해 방해를 받지 않으면서 두 사람 간 대화의 비밀이 보장될 수 있는 장소여야 한다.

'무엇을'은 내용적 요소로서, 슈퍼바이저와 슈퍼바이지 사이에서 주고받는 내용을 의미한다. 교육적·행정적·지지적 요소를 갖춘 것으로서 내용은 기관의 특성과 슈퍼바이지의 업무내용에 따라 다양하다.

'어떻게'는 상황적 요소로서, 슈퍼비전의 단계(step)와 형태(format)를 포함한다. 단계는 기본적으로 3단계를 갖게 되는데, 슈퍼바이저와 슈퍼바이지가 관계를 형성하고 내용과 슈퍼비전 관계를 평가, 정리하는 종결단계이다. 형태 역시 기본적으로 3개 유형을 갖는데, 개별, 집합, 또는 집단이다. 개별슈퍼비전은 슈퍼바이저와 슈퍼바이지의 일대일 미팅을 말하며, 집합슈퍼비전은 슈퍼바이저와 슈퍼바이지의 1대 다수 미팅을 말한다. 집단 슈퍼비전은 슈퍼비전시간에 그룹워크의 기법을 사용하는 것으로서 슈퍼바이저 2인과 슈퍼바이지 6인으로 구성된 팀이 가장 빈번히 보이는 조합이다. 최근 들어 동료 간에 이루어지는 동료 슈퍼비전(peer supervision)도 슈퍼비전 유형의 하나로 인식되어 가고 있는 추세이다.

(3) 정규화

정규화(regularize)는 슈퍼비전을 기관의 정책으로 삼고 정규적 정식 업무로 인정하는 것이다. 슈퍼비전을 일회성으로 어느 한 해에만 진행하는 것이 아니라 기관이 지속적으로 진행할 정규 업무로 정착시키는 것은 매우 중요한다. 또한 매주 혹은 격주 등 정기적으로 시간을 정해 놓고 제공하여야 한다.

(4) 개별화

개별화(individualize)는 슈퍼바이지 각 개인의 학습요구 및 성향에 기초하여 슈퍼비전을 제공하는 것을 의미한다. 슈퍼바이저와 슈퍼바이지는 업무에 있어서의 각자의 성향, 즉 업무스타일이 있게 되며, 그 스타일은 그대로 슈퍼비전에서도 보이게 된다. 슈퍼바이저의 스타일과 슈퍼바이지의 스타일의 상호작용이 순기능적일 때 슈퍼비전의 학습효과는 증진될 것이나, 역기능적일 때에는 학습을 방해하여 슈퍼비전의 학습효과가 저하될 것이다(Handley, 1982). 따라서 슈퍼바이저는 자신의 스타일과 슈퍼바이지의 스타일을 확인하여 개별화된 슈퍼비전을 제공할 필요가 있다.

그러므로 슈퍼바이저는 슈퍼바이저 자신의 스타일이 슈퍼비전 목표달성에 어떤 영향을 주는지 알아야 하며, 슈퍼바이지로 하여금 자기 자신의 스타일을 찾고 그 스타일이 슈퍼비전에서 어떤 영향을 미치게 되는지 이해하도록 도와주어야 한다. 이 같은 스타일의 이해는 자기인식(self-awareness)과 자기사용(use of self)에 있어 매우 중요하다. 이는 가치, 가치판단, 도덕적 질문, 윤리적 원칙에 부여하는 비중과 이에 대한 서로의 차이를 어떻게 어느 정도 인정할 수 있느냐에 관한 것으로 슈퍼비전에 있어서도 매우 중요한 원칙 중의 하나이다.

(5) 맥락화

맥락화(contextualize)는 업무의 전반적 맥락 안에서 슈퍼비전의 내용이 이해되는 것을 의미한다. 사례를 중심으로 슈퍼비전을 주는 것은 맥락화가 잘 지켜지는 것이다. 맥락화는 일관성과도 연관되는데 슈퍼바이지가 다루는 사례를 중심으로 맥락을 잘 잡고 있다면 제공되는 슈퍼비전 역시 일관성을 갖고 제공될 수 있다. 슈퍼바이저는 유추, 설화, 비유 등을 사용하거나 자신의 경험 또는 일반론에 입각하여 슈퍼비전을 주는 것을 가급적 자제하고 슈퍼바이지의 직접적 사례를 통해 구체적으로 슈퍼비전을 주도록 해야 한다.

(6) 성장 중심화

성장 중심화(growth based)는 슈퍼바이지의 성장을 목적으로 슈퍼비전이 진행되는 것을 말한다. 슈퍼비전은 잘못한 것을 지적하여 더 잘할 수 있도록 가르칠 뿐 아니라 잘한 것을 칭찬하고 격려하여 더 잘할 수 있도록 하는 것이다. 즉, 전문직 안에서 전문가로서 성장할 수 있도록 긍정적 자극을 제공해야 한다는 것이다. 이는 평가와도 직접적으로 연계되는데 성장을 위한 평가 결과에 기초하여 슈퍼비전을 주는 것은 매우 바람직하다. 긍정적 발전을 위한 평가를 거쳐야 하고 평가에서 지적된 내용이 반영되어 보완된 변화가 있어야 한다.

(7) 욕구 중심화

욕구 중심화(needs based)는 슈퍼바이지의 욕구에 맞춰 슈퍼비전을 계획하고 제공하는 것이다. 이는 개별화와 맥을 같이하는 것으로서, 학습자인 슈퍼바이지의 욕구의 독특성을 맞춰 슈퍼비전을 제공해야 함을 의미한다. 슈퍼바이지가 슈퍼바이저로부터 슈퍼비전을 통해 받고 싶은 것, 받을 필요가 있는 것 등을 미리 파악하고 그에 맞춰 제공해야 한다.

(8) 상호교류 중심화

상호교류 중심화(interaction based)는 투명하고 명확한 의사소통을 바탕으로 양방향 의사소통하는 것을 의미한다. 비언어적 의사소통에만 의존하지 말고 언어를 잘 사용해야 하며 명확하고 분명하게 교류하는 것이 바람직하다. 투명한 의사소통은 슈퍼바이지와 서로 긍정적이고 적극적으로 주고받는 상호관계에 중심을 둔 슈퍼비전을 제공할 수 있다.

3) 슈퍼비전의 유형

하트(Hart, 1982)에 따르면 '언제'는 슈퍼비전이 제공되는 시기, '어떻게'는 슈퍼비전이 제공되는 구조의 의미이다. 이 장에서는 이에 기반하여 일반적 슈퍼비전의 유형을 소개하고자 한다. 유형구분의 첫째 기준은 슈퍼비전에 참여하는 사람의 범위나 수와 관련한 것이며, 둘째 기준은 슈퍼비전이 이루어지는 시기이다. 셋째는 슈퍼바이저가 기관내부자인지 아닌지와 관련한 구분이다. 각각의 유형의 주요 특징과 장단점, 어떤 상황에 어떤 유형을 선택하는 것이 효과적 슈퍼비전이 될 수 있는지에 대해 알아보자.

(1) 참여범위에 따른 유형

슈퍼비전이 가장 일반적인 유형은 개별슈퍼비전이지만 조직여건이나 슈퍼비전 이슈, 슈퍼바이저의 발달단계 등에 따라 개별 혹은 집단을 다양하게 활용할 수 있다.

① 개별슈퍼비전

개별슈퍼비전은 개인의 전문적 발달을 돕는 핵심방법이라 할 수 있다. 이는 개별슈퍼비전이 슈퍼바이지의 임상실천과 발달에 구체적이고, 좀 더 직접적으로, 많은 관심을 할애한다는 것이다. 개별슈퍼비전은 슈퍼바이저와 슈퍼바이지의 일대일 만남으로 이루어지며, 집단슈퍼비전에서처럼 동시에 다른 슈퍼바이저의 요구에 주의가 분산되지 않을 수 있으며, 슈퍼바이지에게 주의를 좀 더 기울이고 초점화하는 것이 가능하다는 장점을 가지고 있다.

표 4-1 미국사회복지사협회(NASW)의 임상사회복지 슈퍼비전을 위한 지침(1994)

슈퍼비전 수행: 형식과 일정
슈퍼비전 방식은 수행환경, 클라이언트 집단, 활용 가능한 기술적 방법, 슈퍼바이저의 관리 성향, 슈퍼바이지의 능력이나 학습성향에 따라 다양하게 활용한다. 개인 혹은 집단슈퍼비전 모두가 활용될 수 있으나 개별슈퍼비전이 권고되나, 주에 따라 자격증 취득이 목적인 경우 집단 슈퍼비전을 금하거나 제한하는 주도 있다. 개별슈퍼비전에서는 언어적 혹은 비언어적 의사소통방법을 모두 활용할 수 있고, 수행과정에 대한 실제적 모델링이 이루어질 수 있으며, 슈퍼비전 관계가 임상실천에 미치는 영향을 분석하고 상호 피드백을 제공할 수 있다는 점에서 가치가 있다. 또한 개별슈퍼비전은 발표, 피드백, 상호분석, 기법시연 등으로 이루어진다. 한편 집단슈퍼비전은 비밀보장, 피드백 과정, 수행평가에서 집단구성원의 역할이나 역동과 관련한 문제에 특별한 관심이 요구된다.

실제로 많은 슈퍼바이지는 집단슈퍼비전에서 좀 더 편안하게 자신의 전문적 발달에 대해 이야기할 수 있다. 또한 슈퍼바이저와의 관계형성이 요구되는 슈퍼비전의 관계의 초기단계나 슈퍼바이지 집단 간의 관계가 충분히 형성되어 있지 않고, 서로 경쟁적이거나 갈등이 많거나 슈퍼바이지의 개인사가 공유되는 것이 부담스러운 슈퍼바이지가 있는 경우는 개별슈퍼비전이 더욱 적절할 것이다.

② 집단슈퍼비전

집단슈퍼비전은 구성 측면에서는 한 명의 슈퍼바이저와 다수의 슈퍼바이지로 구성되어 진행되는 슈퍼비전 방법이며, 기능적 측면으로는 집단의 역동성을 활용하여 집단자체의 통일된 목표를 갖고 구성원 간 상호작용을 통해 슈퍼비전을 주는 것이다. 즉, 집단과정을 통해 대인관계와 심리적 발달을 촉진하거나 교정하고 슈퍼비전 집단 내부의 결속을 경험하는 기회를 제공한다. 따라서 슈퍼바이지의 수가 너무 많아 충분한 역동을 활용하기 어렵거나 슈퍼바이지가 너무 많아 효과적으로 집단을 통제하지 못할 정도로 많은 경우는 바람직하지 않다.

일반적 소집단 구성기준을 적용하면 2명 이상 8명 이내가 바람직하다. 슈퍼비전 이슈에 따라 좀 더 적은 인원을 대상으로 밀도 있게 이루어질 필요가 있다면, 그 수를 더욱 제한할 수도 있다. 한편 집단슈퍼비전은 단순히 다수를 대상으로 하는 '집합슈퍼비전'과는 다르며, 비슷한 발달단계에 있거나 서로 다른 발달단계에 있는 슈퍼바이지 간의 역동을 활용하여 슈퍼비전의 효과를 극대화하기 위한 방법이다. 즉, 집단의 역동을 활용하는 데 초점을 두지 않고 슈퍼바이저와 슈퍼바이지가 일대일 대응의 형태를 취한다면 이는 집단슈퍼비전이 아닌 집합슈퍼비전이라 할 수 있다.

많은 슈퍼바이저는 시간절약이라는 측면에서 집단슈퍼비전을 선호한다. 그러나 집단슈퍼비전은 개별슈퍼비전의 보충개념이 아니며 개별슈퍼비전 대신 이루어질 수 있다는 측면에서 개별슈퍼비전에 비해 오히려 더 많은 준비가 요구된다. 집단슈퍼비전의 장점은 시간을 단축하고 서로의 의견을 토론하고 생산적 정보를 교환할 수 있다는 점이다. 집단슈퍼비전 내에서 슈퍼바이저는 집단이 그들의 과업을 수행할 수 있도록 도와야 하며, 집단의 리더로서 그들의 경험과 관련된 사례에 대해 구성원에서 묻고 제한된 관점에서 벗어날 수 있도록 지원해야 한다.

집단슈퍼비전에서의 슈퍼바이지는 준슈퍼바이지가 될 가능성이 있으나, 이렇게 되지 않도록 하는 것이 바람직하다. 왜냐하면 슈퍼바이지는 피학습자이지 교수자는 아니며, 학습을 촉진하기 위해 교수자의 역할을 수행할 수 있도록 하는 것과 교수자로서의 정체성을 갖는 것의 균형을 적절히 유지하기가 어렵기 때문이다.

표 4-2 집단 슈퍼비전의 장,단점

집단 슈퍼비전의 장점	집단 슈퍼비전의 단점
• 시간과 노력의 경제성 • 다양한 학습방법의 활용 • 서로 다른 의견공유의 기회 제공 • 긴장감소 및 안정감 제공 • 지지적 효과 • 집단상호작용 학습 효과 • 조직의식 강화 • 실제상황 관찰 효과 • 역할분담 가능 • 변화에 대한 저항 감소 • 독립성과 자율성 강화	• 개별적 욕구에 대해 집단적 접근 • 구성원 간의 라이벌의식 • 집단의 폐쇄성 • 역할분산으로 인한 책임감 둔화 • 실수노출의 위험 • 복잡한 상호작용 • 여러 명의 의사소통문제 • 통제의 어려움 • 집단에 대한 성향과 지식요구 • 집단압력 거스르기의 어려움

한편 먼슨(Munson, 1983)은 집단슈퍼비전을 좀 더 효과적으로 활용하기 위한 준비로서 〈표 4-3〉과 같은 질문을 중심으로 준비할 것을 권고하고 있다.

표 4-3 집단슈퍼비전 준비질문

1) 집단슈퍼비전이 슈퍼비전으로 정의될 것인가 또는 동료자문으로 정의될 것인가?
2) 슈퍼바이지가 집단슈퍼비전에서 노출위험을 감수하게 하기 위해 어떤 방법이 사용될 수 있으며, 그와 같은 위험에 대한 불안은 어떻게 처리할 것인가?
3) 경쟁은 어떻게 다룰 것인가?
4) 지나치게 말이 많거나 말이 적은 성원은 어떻게 다룰 것인가?
5) 슈퍼바이지의 여러 다른 배경과 기술수준을 집단에서 어떻게 다룰 것인가?
6) 사례모니터링은 어떻게 할 것인가?
7) 개별슈퍼비전과 비교해서 집단슈퍼비전의 이점은 무엇인가?
8) 전이와 역전이는 어떻게 다룰 것인가?
9) 슈퍼비전을 성공적으로 시작하기 위해서 어떤 기법을 사용할 수 있는가?
10) 집단을 통해 슈퍼비전을 받을 사람은 누구인가?

11) 집단의 크기는 어떻게 할 것인가?
12) 집단은 몇 날, 몇 시에 만날 것인가?
13) 어떤 제한을 설정할 것이며 어떻게 제시될 것인가?
14) 저항하는 성원은 어떻게 다룰 것인가?
15) 집단은 기관이나 조직의 다른 요소에 어떤 영향을 미칠 것인가?
16) 의제를 설정할 책임이 누구에게 있는가?
17) 몇 명의 슈퍼바이저가 집단에 참석할 것인가?
18) 몇 개의 집단이 사용될 것인가?
19) 집단구성의 주목적이 무엇인가?
20) 집단슈퍼비전의 목표는 개별슈퍼비전의 목표와 어떻게 다를 수 있는가?
21) 슈퍼바이저는 집단슈퍼비전과 개별슈퍼비전에서 어떻게 다른 방법으로 상호작용할 것인가?
22) 슈퍼바이저는 집단을 어떻게 구조화할 것인가?
23) 피드백은 어떻게 전달될 것인가?
24) 집단 헌신성과 정체성은 어떻게 육성될 것인가?
25) 기록의 종류와 양을 어떻게 정할 것인가?
26) 치료가 되지 않도록 해야 한다면 치료를 피하는 방법은 무엇인가?
27) 작업관계(working relationship)증진을 위해 집단을 어떻게 이용할 것인가?
28) 슈퍼바이저도 사례를 발표해야 하는가?
29) 서툰 발표는 어떻게 다루어질 것인가?
30) 집단은 시간제한적이어야 하는가 또는 시간개방적이어야 하는가?

출처: Munson(1983).

(2) 슈퍼비전 제공시기에 따른 유형

슈퍼비전이 언제 제공되는가 혹은 슈퍼비전에서 다루게 되는 이슈는 어느 시점의 자료인가를 중심으로 슈퍼비전의 유형을 구분할 수 있다. 즉각 슈퍼비전은 시간 차이는 있지만 결과적으로 슈퍼바이지의 수행과정이 끝난 뒤에 슈퍼비전이 이루어지며, 슈퍼바이지의 업무수생이 이루어진 후에 피드백이 제공된다는 점에서 간접적 서비스로 구분해 볼 수 있다. 반면 현장슈퍼비전은 슈퍼바이지의 수행과정에 직접적으로 관여한다는 의미에서 직접적 서비스라 할 수 있다.

① 현장슈퍼비전

현장슈퍼비전은 청소년과 만나는 현장에서 혹은 특정 업무를 수행하는 현장에서 슈퍼비전을 주는 것을 의미한다. 현장에서 슈퍼비전을 준다는 것은 슈퍼바이지의 실행에 직접적 영향을 준다는 의미에서 직접적 실천이라 할 수 있다.

현장슈퍼비전을 채택하는 경우는 슈퍼바이지가 직접적·독립적 실천을 할 수 있는 준비가 되어 있지 않거나 슈퍼비전의 효과를 위해 좀 더 직접적인 정보를 토대로 슈퍼비전을 제공할 필요가 있는 경우에 한시적으로 활용되기도 한다. 또는 슈퍼바이지의 개입방법에 대해 청소년 가족구성원 간에 이견이 있는 경우, 이를 조정하는 방법에 대한 직접적 슈퍼비전이 필요하거나 슈퍼바이지의 개입에 좀 더 힘을 실어 줄 필요가 있는 경우 등 다양한 필요에 따라 채택된다. 현장슈퍼비전의 이러한 특성 때문에 슈퍼바이저와의 공동치료와 구분하기 어려운 측면도 있다. 공동치료와의 차이는 그 목적에서 찾을 수 있는데 현장슈퍼비전의 목적은 슈퍼비전을 위한 것이다.

그러나 현장슈퍼비전은 결국 두 명의 청소년지도자가 한 명의 청소년에게 개입한다는 측면에서 상대적으로 많은 인적자원을 투입하는 서비스이다. 또한 청소년에게는 두 명의 청소년지도자가 개입한다는 것은 어느 누구와 신뢰관계를 더욱 발달시킬 것인지에 대한 갈등을 유발할 수 있다. 슈퍼바이지와 주로 작업을 하다가 슈퍼바이저의 등장으로 '자신의 담당선생님'이 조직의 위계에서 상대적으로 낮은 지위임을 확인하고 신뢰관계에 부정적 영향을 줄 수 있는 위험도 있다. 따라서 이런 위험요소를 최소화할 수 있는 전략을 잘 개발해야 하며 이러한 위험을 감수하고라도 현장슈퍼비전을 해야 하는 충분한 근거와 장단점을 검토한 후 선택되어야 한다.

② 즉각 슈퍼비전

즉각 슈퍼비전은 슈퍼바이지의 실행이 끝나자마자 이에 대한 슈퍼비전을 제공하는 것이다. 따라서 슈퍼바이지가 자신의 수행과정에 대해 깊이 고찰할 수 있는 시간을 제공하지 않음으로써 슈퍼바이지의 자기 학습보다는 슈퍼바이저의 좀 더 강력한 피드백이나 리더십이 요청된다. 또한 즉각 슈퍼비전은 관찰이나 기록 등 슈퍼바이지의 수행내용에 대한 객관적 정보를 확보하기 어려운 청소년을 대상으로 하는 실천영역에서의 슈퍼비전으로 적절하다. 즉, 슈퍼바이지의 기억과 자기보고에만 전적으로 의존해야 하는 경우 좀 더 생생한 기억을 토대로 슈퍼비전을 줄 수 있기 때문이다.

(3) 인력활용에 따른 유형

슈퍼비전 관계란 기관의 상급자와 하급자의 관계로 구성되는 것이 일반적이다. 따라서 슈퍼비전 유형을 인력활용 유형으로 구분하는 것은 슈퍼비전의 정의와 배치되는 것처럼 보일 수 있다. 당연히 조직 내부에 슈퍼바이저가 있는 조직이라면 이러한 유형을 채택할 이유는 없을 것이다. 그러나 현재 국내의 다양한 청소년기관에게 내부 슈퍼바이저를 규정하고 이를 충분히 확보하고 있는 기관은 흔치 않다. 이 경우에는 차선책으로 외부 슈퍼바이저를 위촉하여 슈퍼비전을 제공하기도 한다.

① 내부 슈퍼비전

내부 슈퍼비전은 조직 내부 구성원 중에서 슈퍼바이저 직무를 부여함으로써 슈퍼비전을 제공하는 것이다. 내부 슈퍼바이저는 슈퍼바이지에 대한 교육 기능뿐만 아니라 조직의 중간관리자로서의 행정적 슈퍼비전도 효과적으로 제공할 수 있다. 또한 이러한 조직 내부에 대한 영향력을 토대로 슈퍼비전의 기반을 조성하거나 슈퍼바이지의 작업 기반을 조성하기 위한 옹호기능을 수행할 수 있다는 장점이 있다.

그러나 내부 슈퍼바이저가 모두 옹호적 슈퍼비전을 제공하는 것은 아니며, 실제로 내부 슈퍼바이저의 옹호적 노력이 불충분하다고 평가되면 슈퍼바이지의 조직시민행동이 약화되고, 슈퍼비전에 대한 만족도도 낮아진다는 연구결과들이 있다(현정애, 2010; 강은나, 2003). 왜냐하면 외부 슈퍼바이저에게는 이러한 옹호기능에 대한 기대를 하지 않아서 상대적으로 불만족도도 낮지만 내부 슈퍼바이저에게는 상대적으로 슈퍼바이지의 옹호기능에 대한 기대가 더 높을 수 있기 때문이다.

한편 내부 슈퍼바이저는 외부 슈퍼바이저에 비해 지지적 기능 역시 슈퍼바이지의 기대에 충분히 부합되지 않을 수도 있다. 내부 슈퍼바이저는 슈퍼바이저이자 조직의 중간관리자로서 학습을 촉진시키는 역할뿐만 아니라 조직성원에 대한 통제 및 지도감독자로서의 역할도 수행해야 하기 때문이다. 반면 이러한 부담이 없는 외부 슈퍼바이저의 경우는 좀 더 제한 없이 정서적지지 기능을 수행할 수 있다는 장점이 있다. 즉, 내부 슈퍼바이저는 복잡한 역동을 고려하여야 하며 이러한 다양한 위험요소는 최대한 통제하기 위해 슈퍼비전 계획을 구체적으로 수립하고 진행할 필요가 있다.

② 외부 슈퍼비전

외부 슈퍼비전은 내부 슈퍼바이저를 선정하는 것이 적절하지 않거나 내부의 인력이 충분하지 않을 경우 외부 전문가를 위촉하여 슈퍼비전을 제공하는 경우이다. 또한 내부의 인력이 있더라도 특정 영역의 학습을 도모하기 위해 관련 전문가를 위촉하여 슈퍼비전을 제공하기도 한다. 국내에서는 청소년상담, 복지영역에서는 외부의 전문가를 위촉하여 계약을 수립하고 슈퍼비전을 제공하는 형태를 구조화하고 있는 대표적인 예이다.

외부 슈퍼비전은 슈퍼바이저의 전문성을 고려하여 다양한 선택을 할 수 있다는 장점이 있으며, 분명한 계약관계를 기반으로 슈퍼비전 시간이나 빈도, 내용 등에 대해 충분한 보호를 받으며 제공할 수 있다는 장점이 있다. 즉, 조직 내부의 다양한 사안에 의해 슈퍼비전이 방해를 받는 경우가 거의 없으며 슈퍼비전 자체에만 초점을 둘 수 있다는 장점이 있다. 그러나 슈퍼비전의 교육기능 못지않게 행정적 기능도 중요한데, 외부 슈퍼바이저의 경우 사례의 누적된 상황이나 조직 환경에 대한 정보가 제한적이며 조직 환경에 영향력을 미칠 수 있는 권한이 없기 때문에 행정적 슈퍼비전을 효과적으로 제공하거나 필요시 옹호기능을 수행할 수 없어서 실제적 도움을 주지 못할 가능성이 있다. 따라서 슈퍼비전의 초점이 무엇인지, 슈퍼비전을 통해 달성하고자 하는 주요 목표가 무엇인지에 따라 내부 슈퍼비전과 외부 슈퍼비전을 적절히 선택하여 활용하는 것이 중요하다.

4) 슈퍼비전의 구성요소

(1) 슈퍼바이지(supervisee)

슈퍼바이지는 슈퍼비전에서 가장 중요한 사람이다. 슈퍼비전을 받는 사람으로서 청소년사업을 실천하고 교육 및 지도받아야 할 내용을 슈퍼바이저에게 제공하여 그에 대한 슈퍼비전을 받는 사람이다. 슈퍼비전을 통해 더욱 발전된 서비스를 청소년에게 전달할 수 있으며, 이를 위해 슈퍼비전을 성실히 받아야 할 의무도 있다. 슈퍼비전을 위해 진실된 보고 자료를 제공해야 하며, 소속기관의 슈퍼비전 구조에 맞춰 성실하게 슈퍼비전을 받을 의무가 있다.

(2) 슈퍼바이저(supervisor)

슈퍼바이저는 슈퍼비전에서 슈퍼바이지에게 슈퍼비전을 제공하는 사람으로서 청소년지도자 교육에 있어 관리자(manager), 연결자(mediator), 멘토(mentor)로서의 역할을 해낸다(Lewis et al., 2001). 또한 슈퍼바이저는 리더(leader)로서 슈퍼바이지의 성장에 관심을 갖고 서비스와 행정, 정책을 조화롭게 정리하는 역할을 한다. 슈퍼비전에서 슈퍼바이저와 슈퍼바이지의 관계는 서로 믿고 의존하는 관계이다. 슈퍼바이저는 슈퍼바이지가 자신의 업무를 최대한 효율적이고 효과적으로 수행해 낼 수 있도록 도우며, 슈퍼바이지는 슈퍼바이저의 지도내용을 반영하여 수행함으로써 자신의 성장을 도모한다. 슈퍼바이지가 슈퍼바이저를 신뢰할 때만 자신의 한계, 부족함 등을 시인하며 발전할 준비를 보인다. 따라서 슈퍼바이저는 슈퍼바이지가 슈퍼바이저를 신뢰할 수 있도록 관계를 형성해 나가야 한다. 그러나 슈퍼비전 관계가 치료관계는 아니다. 슈퍼바이저는 슈퍼바이지가 개인문제를 상담해 오더라도 그 문제에 대해 청소년에게 상담하는 수준으로 개입해서는 안 된다. 슈퍼비전의 관계는 학습에 기반을 둔 관계이기 때문에 학습에 방해가 되지 않는 한 슈퍼바이지의 개인적 문제는 다루지 않는 것이 원칙이다.

(3) 청소년(client)

청소년은 슈퍼바이지가 슈퍼비전을 받게 하는 이유의 중심에 있는 사람이다. 슈퍼비전을 통해 슈퍼바이지로부터는 간접적 서비스를 제공받기도 하는 대상인 것이다. 직접 서비스 기관에서 청소년은 서비스 욕구를 가진 사람이며, 간접 서비스 기관에서의 클라이언트는 다른 기관, 단체, 정부가 해당되기도 한다.

(4) 조직

슈퍼비전이 조직 내에서 이루어지기 때문에 조직은 매우 중요한 요소가 된다. 슈퍼비전에 있어 조직이 중요한 이유는 슈퍼비전이 조직의 정책적 차원에서 만들어져야 하기 때문이다. 슈퍼비전을 위한 정책, 규정, 지침 등을 마련해야 하기 때문에 슈퍼비전에 대한 기관 차원에서의 정책적 결정은 매우 중요하다. 또한 슈퍼비전이 조직의 특성 및 목적, 비전, 미션과 함께 진행될 때 슈퍼비전이 성공적으로 제공될 수 있기 때문이다.

5) 슈퍼비전의 기능

슈퍼비전은 조직에서 조직의 목적을 달성하기 위해 다양한 기능으로 구성된 특수한 활동이다. 슈퍼비전의 기능은 슈퍼비전의 목적을 달성하기 위한 수단이며, 역할, 과제, 활동으로 분화되고 구체화된다. 슈퍼비전의 기본적이고 대표적인 기능은 행정적(administrative), 교육적(educational), 그리고 지지적(supportive) 기능이다. 이 용어를 최초로 사용한 사람은 도슨(Dawson, 1926)이었으며, 타울(Towle, 1954)을 거쳐, 카두신(Kadushin, 1976)으로 이어지면서 이 세 가지 기능은 슈퍼비전 기능 구분의 대명사처럼 사용되어 왔다.

행정적 슈퍼비전은 슈퍼바이지에게 작업배경을 제공하는 목표를 갖고 조직의 구조와 청소년지도자의 업무를 도울 수 있는 기관자원에 어떻게 접근하는지에 대한 방법을 제공한다. 교육적 슈퍼비전은 슈퍼바이지의 업무능력 개선에 목표를 두고 업무에 필요한 지식과 기술을 제공하며, 지지적 슈퍼비전은 업무만족감 고취를 목표로 하여 효과적 업무수행을 위한 심리적 자원을 제공한다. 슈퍼바이저는 행정적 슈퍼비전을 통해 효율적으로 과제를 수행하는 청소년지도자를 배출하고자 하며, 교육적 슈퍼비전을 통해서는 자질 있고 능력 있는 청소년지도자를, 그리고 지지적 슈퍼비전을 통해서는 공감적 청소년지도자를 배출하는 것을 궁극의 목적으로 삼고 있다. 이를 위해 슈퍼바이지는 각 영역에 맞는 역할과 과제를 수행해야 한다.

(1) 슈퍼비전의 행정적 기능

① 목표

행정적 슈퍼비전의 목표는 조직에서 슈퍼바이지의 작업환경을 조성하고 작업의 배경을 제공하는 것이다. 조직의 구조에서 슈퍼바이지를 도울 수 있는 기관의 자원에 대한 접근법을 제공하는 것으로 슈퍼바이지가 조직 안에서 조직의 구조와 자원을 효율적으로 이용할 수 있도록 돕는 것을 말한다. 이 과정을 거쳐 슈퍼바이저는 효율적으로 과제를 수행할 수 있는 청소년지도자를 배출한다.

② 과업 및 활동

행정적 슈퍼비전의 과업 및 활동은 조직의 특성과 관련되어 있다. 조직의 목표를 달성하기 위해 직접적으로 활용되는 것이 행정적 슈퍼비전이기도 하기 때문이다. 여기서는 카두신이 제시한 11개 과제인 ① 직원모집과 선발, ② 직원배치, ③ 업무계획, ④ 업무할당, ⑤ 업무위임, ⑥ 업무의 모니터링, 검토, 평가, ⑦ 업무조정, ⑧ 의사소통기능, ⑨ 대변인으로서 슈퍼바이저, ⑩ 행정적 완충자로서의 슈퍼바이저, ⑪ 변화매개인과 지역사회 연계인으로서의 슈퍼바이저와 미들맨과 로우즈가 제시한 연결기능의 과제인 ① 행정(업무량 관리, 정보처리), ② 옹호(내적 옹호, 외적 옹호), ③ 변화(절차, 프로그램)를 기초로 하여 살펴보겠다(Kadushin, 1992; Kadushin & Harkness, 2002; Middleman &

Rhodes, 1985). 이에 따라 이 절에서는 행정적 슈퍼비전의 과업 및 활동이 구분을 ① 관리 및 조정, ② 의사소통, ③ 변화, ④ 옹호로 나누어 볼 수 있다.

■ 관리 및 조정

행정적 슈퍼비전에서 관리 및 조정의 기능은 직원을 선발하고 배치하는 것에서부터 업무를 계획하고 위임하며 조절하고 평가하는 기능까지 폭넓게 진행된다. 슈퍼바이지를 지휘하고 조정하며 향상시키고 평가하는 데 초점을 둔 것으로 주로 업무량의 관리(Middleman & Rhodes, 1985) 등이 해당한다.

가. 직원선발 및 배치

조직의 목표를 효과적으로 달성하기 위해서는 그 조직을 구성하는 개인이 그 조직의 성격에 적합해야 한다. 따라서 조직의 입장에서 유능한 직원을 선택하기 위해서는 그 직업에 맞는 여러 가지 특성, 즉 태도, 기술, 지식 등을 숙지하고 있어야 한다. 슈퍼바이저는 이런 본직적인 것을 가장 구체적으로 파악할 수 있는 위치에 있기 때문에 직원을 모집하고 선발하는 데 기여할 수 있다.

일단 직원으로서 청소년지도자가 모집되고 선발되면, 슈퍼바이저는 이들을 배치하고 임명하는 기능을 수행해야 한다. 슈퍼바이저는 신입 청소년지도자와의 미팅에서 그들이 소속되는 부서의 기능을 설명하고 이것이 전체 조직에 어떻게 부합되는지를 설명한다. 이때 슈퍼바이저와 청소년지도자와의 관계, 다른 동료들과의 관계, 봉급액수와 지급방법, 근무시간, 보험, 휴가, 출결지침, 시간 외 근무, 훈련참석 및 슈퍼비전 제도 등에 대해 설명한다. 이는 조직 내에서 청소년지도자의 위치를 모색하도록 돕기 위한 과업이다. 경우에 따라 신입 청소년지도자가 슈퍼비전을 받을 준비가 되어 있지 않을 수도 있으므로 슈퍼바이저는 정규적으로 슈퍼비전을 받아야 하는 슈퍼바이지의 역할을 준비하도록 안내하는 것이 필요할 때도 있다. 슈퍼바이지가 얼마나 준비되어 있고 또 기대하고 있는가에 따라 슈퍼바이지의 참여 정도가 결정된다. 그리고 이것은 슈퍼바이저와 슈퍼바이지의 슈퍼비전 관계를 형성하는 데 도움을 준다.

나. 업무계획 및 분장

청소년지도자를 모집, 고용한 후 적절한 부서에 배치하게 되면, 슈퍼바이저는 기관이 청소년지도자에게 원하는 것을 계획해야 한다. 슈퍼바이저의 위치는 기관의 정책과 목적이 청소년지도자가 수행해야 할 과제로 전화되는 제일선이라고 할 수 있다. 즉, 슈퍼바이저는 직접 작업의 생산적 흐름을 책임지는 고용자 집단을 관리하는 권한과 임무를 갖고 있다.

기관에서는 일반적으로 한 명의 슈퍼바이저가 5~6명의 직원을 슈퍼바이지로 담당하게 되며 다음과 같은 원칙하에서 업무나 사례를 배분한다.

첫째, 슈퍼바이지 개인의 강점과 약점을 고려한다. 이를 위해 슈퍼바이저는 슈퍼바이지 개인의 능력과 특성을 파악하고 있어야 한다.

둘째, 슈퍼바이지의 업무형평성을 고려하여 배분한다. 이를 위해 슈퍼바이저는 슈퍼바이지 각 개인이 담당하는 사례 수와 이들이 수행할 수 있는 활동량을 알고 있어야 한다.

셋째, 과업배분의 기준을 다양하게 한다. 같은 종류의 사례나 과업, 문제에 집중하면 이를 담당하는 슈퍼바이지의 만족도나 능률이 저하될 가능성이 크다. 따라서 슈퍼바이지의 능력이 고루 발휘될 수 있도록 다양한 종류의 사례 및 과업을 배분해야 한다.

넷째, 주어진 업무나 사례가 슈퍼바이지의 관심분야에 맞는지, 슈퍼바이지에게 도전과 자극이 될 수 있는지 등을 고려한다. 업무를 통해 슈퍼바이지가 만족감을 얻을 수 있어야 하며, 성공뿐 아니라 실패를 통해서도 배울 수 있도록 배려하여 배분해야 한다.

다섯째, 전체 업무 부담과 업무수행시간을 평가하여 업무계획을 세운다. 이는 슈퍼바이지의 소진을 방지하기 위하여 필요한 작업으로서 레코딩, 슈퍼비전, 회의, 보고서 제출 등도 업무수행시간으로 고려하여야 한다.

이러한 업무분장은 슈퍼바이저나 다른 행정가가 사례의 특성과 슈퍼바이지의 능력이나 경험에 기초하여 결정하기도 하지만 자신의 관심과 의견을 표현할 수 있도록 참여시키고, 그 업무수행방법을 토의할 수 있는 기회를 제공할 수 있다.

할당된 업무를 실제로 위임하는 과정에서 슈퍼바이저는 슈퍼바이지의 자율성을 고려해야 한다. 신입직원의 훈련과 경험의 정도가 높은 경우에는 더 많은 자율권을 부여하지만 훈련이나 경험이 부족한 경우에는 슈퍼바이저가 구체적인 것까지 보다 많은 행정적 책임을 져야 한다. 결국 슈퍼바이저는 그들이 안전하게 그리고 생산적으로 다룰 수 있는 만큼의 재량권을 슈퍼바이지에게 허용하게 된다. 사실 위임은 위험성을 내포하고 있다. 왜냐하면 업무의 권한이나 책임성이 위임될 수 있다고 하더라도 슈퍼바이저는 위임 자체에 대한 책임을 지니기 때문이다. 따라서 실제 위임과정에서는 슈퍼바이저의 기대와 걱정, 슈퍼바이지의 수용 가능 정도와 준비성, 업무상황, 조직의 풍토와 행정의 방향 등이 충분히 고려되어야 한다.

다. 업무평가 및 조절

슈퍼바이저는 할당된 업무를 위임함에 있어서 이것이 기관의 절차와 일치되는 방식으로 수행되는지 그리고 업무가 계획대로 수행되는지 검토하고 모니터할 책임이 있다. 여기에는 슈퍼바이지로부터 직접 구두보고를 받고, 기록을 읽고, 보고서를 검토하는 행위가 포함된다. 이를 통하여 업무의 양과 이를 수행하는 데 소요되는 기간과 기술을 평가하게 된다. 좀 더 구체적으로는 지각, 결석, 휴가, 시간 외 근무 등에 대해 관심을 가져야 하며 만약 이와 관련하여 문제가 발생하는 경우에는 지각이나 결석의 패턴을 파악하여야 한다. 파악결과 이 같은 문제가 조절 가능한 것인지, 또한 피할 수 있는 것인지 살펴보아 그에 상응하는 조처를 취해야 한다. 이때 슈퍼바이저는 슈퍼바이지와 명백히 의사소통이 이루어진 합당하고 공정한 지침에 따라 이를 처리해야 한다.

슈퍼바이저는 또한 평가에 대한 책임을 지게 되는데 슈퍼바이지의 수행에 대한 공식적 평가는 행정적 업무 중 중요한 영역이다. 기관이 효율적으로 운영되기 위해서는 슈퍼바이지의 수행이 적절한지에 대해 객관적 평가가 이루어져야 한다. 그리고 이것은 슈퍼바이지와 공유되어야 한다.

이러한 검토와 평가에 기초하여 조직의 목적에 따라 조정(coordination)이 필요하다. 슈퍼바이저는 조정을 통해 슈퍼바이지가 자신의 업무와 상호관계가 있거나, 보완관계에 있거나, 또는 지지적 관계에 있는 활동을 하는 동료 청소년지도자와 관계를 형성하도록 돕는다. 조정은 기관의 목적을 향한 직원의 노력을 통합할 수 있으며 상호 협조를 극대화하고 갈등을 최소화하고 더 나은 보완성을 추구할 수 있는 아주 좋은 과업이다.

이때 슈퍼바이저는 자신이 소속된 조직과 다른 조직이나 지역사회 네트워크에 속한 다른 기관과 조정하는 기능을 수행할 수도 있다. 예를 들어 다양한 서비스를 주관하고 있는 슈퍼바이저는 각 부서 간 활동(홈메이커 부서, 고용서비스 부서, 보호서비스 부서 등)을 조정하고 통합하는 역할을 수행한다. 따라서 슈퍼바이저는 수직적 위계에서뿐 아니라 동일한 위계에서도 수평적으로 조정하고 통합하는 역할을 수행하는 것이다.

■ 의사소통과 정보처리

가. 의사소통

슈퍼바이저는 행정적 의사소통의 고리들을 통합적으로 잇는 역할을 수행한다. 수직적 권위체계에서 슈퍼바이저는 두 가지 방향에 직면하는데, 하나는 상향의 방향으로 행정가를 향한 것이며 다른 하나는 하향 방향으로 청소년지도자, 즉 슈퍼바이지를 향한 것이다. 슈퍼바이저의 지위는 명령계통에서 위와 아래로부터 나온 정보를 수집하고 처리하고 보급하기 위한 행정적 통제센터라고 할 수 있다.

작은 조직에서는 조직 내 모든 성원 간 대면접촉을 통한 의사소통에 의존할 수 있는 반면 복잡한 조직에서는 행정가와 청소년지도자의 직접적 만남이 거의 없기 때문에 메시지가 적절히 전달되고 이해되기 위한 의사소통의 공식적 통로가 확보되어야 하며, 완수되어야 하는 조건과 업무의 성질이 정확하고 분명하게 정의되어야 한다.

의사소통은 정보와 피드백의 흐름을 가능하게 하는 연결을 통해 기관의 업무를 더욱 효과적이게 한다. 의사소통의 정도는 사회기관의 다양성 정도에 따라 다르다. 보다 복잡한 조직의 경우에는 의사소통이 더 필요하다. 의사소통은 조정의 매개체로서 업무실행을 위한 절차를 명백히 부호화하기 어렵고 과업이 모호하게 정의되는 사회복지기관과 같은 조직에서 특히 필요하다.

슈퍼바이저는 이러한 의사소통 통로시스템에서 중요한 수문장 역할을 수행한다. 즉, 한쪽에서 받은 정보를 수집, 해석, 분류, 평가하여 위계상 또 다른 쪽으로 전달하는 역할을 수행한다. 행정가는 기관의 목적, 정책, 절차 및 구조를 해석함에 있어 청소년지도자에게 전하고자 하는 바와 기관의 변화에 대해 공유해야 하는 바를 행정가의 대변인인 슈퍼바이저를 통해 한다. 청소년지도자 역시 행정가에게 보내는 메시지를 슈퍼바이저를 통해 전달한다. 기관이 성공적으로 운영되기 위해서는 직접적 서비스를 제공하는 청소년지도자만이 가진 정보를 아는 것이 중요하다. 따라서 슈퍼바이저는 슈퍼바이지가 의사소통할 수 있도록 격려하고 경청할 준비와 수용적 분위기를 형성하는 책임을 수행하여야 한다.

슈퍼바이저의 거의 모든 업무는 의사소통의 기술과 관련된다고 할 수 있다. 따라서 슈퍼바이저에게는 분명하고 명확한 의사소통, 왜곡 없고 즉각적인 의사소통, 정보의 기계적 전달을 넘어서는 의사소통이 요구된다. 또한 슈퍼바이저는 대면접촉, 전화나 이메일을 통한 의사소통, 메모나 보고서 작성 등 다양한 의사소통 통로와 그 특성을 알고 이를 활용할 수 있어야 한다.

나. 정보처리

의사소통에서 가장 중요한 것은 정보처리이다(Middleman & Rhodes, 1985). 서비스 전달의 양과 질이 슈퍼바이저와 슈퍼바이지의 정보처리의 수준에 의해 결정된다고 보았으며, 이 정보처리는 업무의 흐름을 계획, 조직, 조정하는 데 중심이 되는 것이라 하였다. 정보처리에서 중요한 것은 정보의 양과 속도이다. 빠른 정보처리와 명확한 의사소통이 핵심이다. 따라서 슈퍼바이저의 활동은 의사소통을 발전시키고 의사소통망을 향상시킬 수 있는 조치를 포함하여야 한다.

슈퍼바이저는 정규적으로 상당량의 정보를 받는다. 슈퍼바이저는 이 정보를 빠르고 질서 있게 검토하고 우선순위를 매길 수 있도록 시간배정을 하는 것이 중요하다. 이 개인정보처리는 기관보고서, 컴퓨터 출력, 정책과 절차변경, 예산배경, 접수우편물과 메모 등 모든 것을 포함할 수 있다. 슈퍼바이저는 이 정보 중 어느 것이 그의 책임에 관련된 것이며, 어느 것이 슈퍼바이지에 관련된 것인지를 결정할 필요가 있다. 정보처리의 책임에 주의함으로써 이 정보에 의해 영향을 받거나 받을 수 있는 사람에게 관련 정보를 제대로 전달할 수 있어야 한다.

■ 변화

가. 변화매개

슈퍼바이저는 조직의 변화매개인으로서도 동등하게 중요한 행정적 책임을 수행해야 한다. 완충은 기관을 보호하는 데 기여하지만 변화는 기관이 강직성과 무반응성에 빠지는 위험을 방지해 준다. 슈퍼바이저는 기관에 대항하는 행동과 반대론을 막는 한편, 유용한 혁신에 대한 제안에는 개방되어 있어야 한다.

슈퍼비전의 기능적 요건으로서의 변화는 밑에서부터 기관의 구조와 과정을 수정하는 것으로 정의된다. 서비스 전달의 질과 양에 관한 조직의 기능수행은 슈퍼바이저와 슈퍼바이지의 지속적이고, 집중적인 활동에 의해 향상될 수 있다. 변화는 사회복지서비스 기관에 항상 있는 것이기 때문에 슈퍼바이저가 임박한 변화와 이 변화의 결과에 민감할 뿐 아니라 필요한 변화를 찾아내는 것이 중요하다.

많은 청소년지도자가 조직변화의 필요성을 피력하지만 그 같은 변화 주도의 정당성이 결여되어 있다고 인지하기 때문에 변화조치를 회피하는 경향이 있다. 따라서 변화기능에 접근하는 데 있어 슈퍼바이저는 조직변화의 기본개념을 고려하는 것이 중요한다. 우선 슈퍼바이저는 어떤 유형의 변화가 요청되는지를 결정하는 것이 중요하다. 내부로부터의 변화는 절차와 프로그램 및 근본에 관한 것이다. 절차변경은 슈퍼바이저와 슈퍼바이지의 일상 활동에 영향을 주는 규칙, 규정, 관계의 수정에 초점을 둔다.

이때의 고려사항은 변화의 범위에 관한 것이다. 범위는 슈퍼바이저와 슈퍼바이지 팀의 수준으로부터 부서를 거쳐 전체 조직의 수준에까지 이른다. 슈퍼바이저는 성공률을 높이기 위해 변화유형이나 범위에 상관하지 않고 기본 단계를 따르는 것이 중요하다. 이때의 단계는 변화 표적이 되는 문제영역의 확인, 문제의 목표로의 전환, 변화접근법의 선택, 계획, 시작, 그리고 과정과 성과의 평가 등 4단계를 밟게 된다.

나. 지역사회연계

슈퍼바이저는 조직 내부의 변화에 대한 책임을 질 뿐 아니라 업무에 영향을 미치는 기관의 네트워크에서의 변화에 대한 욕구에도 민감해야 한다. 그는 업무를 계획하고 검토하고 조정하는 데 있어 지역사회서비스 시스템의 충분성이나 기능에 대해 파악할 수 있을 것이다. 따라서 슈퍼바이저는 필요한 서비스에 대한 지원을 위해 자원의 필요성을 강조할 수 있고, 업무의 효과성을 증진시키기 위해 촉진자의 역할을 수행할 수도 있다. 이러한 활동은 청소년과 슈퍼바이지를 위한 자원의 연결망을 풍부하게 해줄 것이다.

■ 옹호

슈퍼비전 기능으로서의 옹호는 슈퍼바이지와 슈퍼바이저에게 중요한 쟁점을 서비스 전달체계의 위로나 밖으로 밀어붙이는 행동이다. 위를 향한 요구를 하는 것은 내적 옹호이며, 밖을 향한 요구는 외적 옹호이다.

가. 내적 옹호

내적 옹호는 슈퍼바이저가 슈퍼바이지를 위해 조직 내부에서 위를 향해 의사소통하는 것이다. 행정가와 직접 대면접촉이 쉽지 않은 슈퍼바이지는 슈퍼바이저를 통해 그들의 이익을 표현하고 변화를 위한 압력을 행사한다. 이것이 슈퍼바이저의 슈퍼바이지에 대한 옹호의 역할이다.

슈퍼바이저는 스스로 전달하고자 하는 메시지에 대한 확신이 없다면 이를 의사소통하지 않는다. 권력의 균형은 행정가에게 달려 있기 때문에 슈퍼바이저는 합리적 주장과 통합 그리고 협상을 해야 한다. 따라서 가장 수용 가능하고, 가장 거부적이지 않은 형태로 의견을 제시할 수 있다면 세련된 기술을 가진 슈퍼바이저라고 할 수 있을 것이다.

슈퍼바이저는 내적 옹호를 위해 첫째, 발생한 문제 및 쟁점에 대해 신중하고 철저한 조사를 할 것, 둘째, 발생한 쟁점을 즉시 행정가에게 알릴 것, 셋째, 한 명에게 발생한 쟁점을 모든 청소년지도자, 기관의 이미지, 서비스 전달에 미치는 영향 등의 관점에서 해석하는 것 등을 중요 사안으로 삼고 행동해야 한다. 이를 위해 행동하기 전에 전략계획을 짜는 것은 도움이 된다.

나. 외적 옹호

외적 옹호는 슈퍼바이지를 위하여 조직 외부를 향해 의사소통하는 것이다. 설득과 옹호가 요구되며, 여기서 슈퍼바이저는 메신저 역할을 한다. 이때 외부는 지역사회집단, 입법위원회, 정부특별위원회, 내적 행동집단, 외적 행동집단 등 다양하다. 외적 옹호를 위해 슈퍼바이저는 평소에 슈퍼바이저나 슈퍼바이지에게 영향을 미칠 수 있는 외적 세력과 연결을 맺고 있는 것이 필요하다.

다. 행정적 완충

슈퍼바이저는 청소년과 기관 사이에서 완충적 역할을 수행한다. 청소년이 자신의 담당 청소년지도자가 아닌 다른 사람과 자신의 불만을 토로하고 싶어 하는 경우 슈퍼바이저는 그 대상이 된다. 이때 슈퍼바이저는 청소년지도자의 결정에 불만이 청소년의 호소가 좀 더 권위 있는 사람에게 말하고 싶어 하는 욕구를 수용할 수 있어야 한다. 슈퍼바이저는 또한 청소년의 강한 불만을 다루는 것에서부터, 혹시 독단적이거나 부정확한 결정을 내렸을 수 있는 슈퍼바이지를 보호하는 일을 수행한다. 그러나 이 경우 청소년이 슈퍼바이저와 청소년지도자가 그에 대해 대항하여 연합하고 있다고 느끼게 하거나, 반대로 청소년지도자를 대신하여 업무를 처리하는 등 슈퍼바이지의 입장을 난처하게 만들지 않도록 각별히 유의해야 한다.

또한 슈퍼바이저는 경영진에 대해서 기관과 청소년지도자의 사이에서 완충적 역할을 수행한다. 먼저 슈퍼바이저는 행정가의 비합리적 작업량 제시에 대하여 슈퍼바이지를 보호하는 역할을 할 수 있다. 또는 자신이 책임지고 있는 업무부서 내에서 슈퍼바이지를 어떤 종류의 괴롭힘으로부터 보호하는 책임을 수행해야 한다.

한편 슈퍼바이저는 조직의 신념체계에 대한 안내자 역할을 한다. 청소년지도자가 기관의 정책이나 절차를 거부하는 것은 조직의 권위에 대한 저항이나 도전이라고 할 수 있다. 행정적 슈퍼비전을 제공하는 슈퍼바이저는 슈퍼바이지에게 슈퍼바이저와 기관의 철학, 규칙, 그리고 절차에 대한 그들의 의문이나 회의를 논의할 수 있는 기회를 제공해야 한다. 수용적 분위기에서 슈퍼바이지의 관점을 개방적으로 논의하는 것은 그들이 기관의 접근에 대한 근본 이유를 이해하도록 도움을 준다.

기관 정책을 변호해야 하는 책임은 때로는 슈퍼바이저의 불만족의 원인이 되기도 한다. 그들 스스로도 어떤 특별한 기관의 정책이나 규칙, 또는 절차에 불만을 가질 수 있기 때문이다. 그럼에도 불구하고 그들의 역할은 정책에 대한 의사소통을 요구하고 이에 순응하게 하는 것이다.

③ 슈퍼바이저의 역할

슈퍼바이저는 내적으로 정책, 규칙, 규정, 절차, 프로그램, 서비스 사이의 상호관계에 대해 잘 알고 있을 필요가 있으며, 슈퍼바이지, 청소년, 기관에 해로운 모순과 갈등을 해결하기 위한 행동 대안을 생각해 볼 필요가 있다.

오스틴은 행정적 기능에서의 슈퍼바이저의 역할을 조직전문가와 인사전문가로서(Austin, 1981), 르위스 등은 관리자(manager)나 연결자(mediator)로서(Lewis et al., 2001)의 역할로 정의하였다. 조직전문가로서의 역할에서는 업무조직화에 의한 기관목표 성취, 업무감독과 업무량 예측에 의한 생산성 유지, 기관지시 해석, 그리고 기관과 직원의 욕구중재에 의한 조직변화관리 등을 들었다. 이는 연결자의 역할과 동일한 역할이다. 인사전문가로서의 역할에는 담당부서 신입직원 심사와 선발, 정기적 업무수행평가, 교정적·훈육적 인사 조치에의 관여, 불만처리절차에의 관여, 그리고 종결·보류·승진결정에의 참여 등을 들었다. 관리자로서의 역할에는 슈퍼바이지의 업무성과를 꼽았으며, 슈퍼바이지의 성공이 즉 슈퍼바이저의 성공으로 직결되어 평가됨을 강조하였다.

(2) 슈퍼비전의 교육적 기능

① 목표

교육적 슈퍼비전의 목표는 슈퍼바이지 업무능력의 개선이다. 아직 업무에 익숙하지 않은 신입 청소년지도자에게 업무에 필요한 지식과 기술을 제공하는 것이다. 지식과 기술의 향상을 통해 청소년지도자의 효율성을 증대하는 것으로, 자질 있고 능력 있는 청소년지도자를 배출하게 된다.

② 과업 및 활동

교육적 슈퍼비전의 과업 및 활동은 전문성과 관련되어 있다. 전문가인 청소년지도자의 성장이라는 목표를 달성하기 위해 직접적으로 활용되는 것이 교육적 슈퍼비전이기 때문이다. 여기서는 미들맨과 로우즈가 제시한 서비스 전달기능의 과제인 ① 교육(공식적 활동, 즉각적 활동, 나눔 활동), ② 평생직 사회화(평생직 개발, 윤리적 선택, 전문직 가치에 대한 헌신성 제고), ③ 평가(슈퍼바이지의 업무수행, 슈퍼바이저의 업무수행, 프로그램 수행)를 기초로 하여 카두신의 학습의 기능을 포함하여 정리할 수 있다(Middleman & Rhodes, 1985; Kadushin, 1992). 이에 따라 교육적 슈퍼비전의 과업 및 활동의 구분을 학습, 나눔, 전문직 개발, 윤리적 실천, 평가로 나누어 살펴보고자 한다.

가. 학습

카두신은 현장에서 상당수의 기관이 직원을 제대로 훈련시키지 않고 업무에 임하게 한다는 것을 지적하며, 상당히 많은 기관에서 실무자가 기관 간에 수평이동을 하고 있다는 것을 언급하였다(Kadushin, 1992). 이는 청소년지도자가 어떤 기관에서 업무를 수행하도록 하기 위해서는 이들을 훈련시키는 부단한 노력이 필요함을 지적하는 것이다. 이러한 훈련 중에서 가장 기본적으로 요구되는 것이 바로 교육적 슈퍼비전에서의 학습의 기능이다.

학습은 청소년지도자가 그의 업무를 수행하기 위해 알 필요가 있다고 느끼는 것을 배우는 것으로써 슈퍼바이저는 학습과정을 통해 필요한 내용을 가르치게 되고, 슈퍼바이지가 이를 배울 수 있도록 돕는다. 학습에는 '가르치기', '배움 촉진하기', '훈련시키기', '경험과 지식 나누기', '정보 제공하기', '명확화 하기', '지도하기', '해결책을 찾도록 돕기', '전문적 성장 강화하기', '제안하기' 등이 있다(Kadushin, 1992). 이런 기법을 활용하면서 슈퍼바이저는 청소년지도자와 청소년의 상호작용을 자세히 분석하며 과업수행에 요구되는 지식, 기술, 그리고 태도를 가르치는 학습과정을 진행한다.

학습의 과정을 잘 거친 청소년지도자라면 자신의 수행을 좀 더 전문적인 견지에서 평가하고 훌륭한 실천을 구분하며 스스로를 평가하는 어떤 기준을 갖게 될 것이다. 그리고 이를 통해 통제, 조정, 의사소통, 협력, 평가와 같은 행정적 슈퍼비전의 기능을 좀 더 용이하게 활용할 수 있게 될 것이다.

나. 나눔(sharing)

나눔은 학습활동에 있어 매우 중요한 위치를 차지한다. 나눔은 가르침과 배움 과정의 일차적 초점이 무엇인가에 따라 내용 중심이나 사람 중심이 될 수 있으며 슈퍼바이저나 슈퍼바이지 간의 가르침과 배움 과정이나 슈퍼바이지 간의 가르침(teaching)과 배움(learning) 과정을 포함한다.

나눔 활동의 내용은 업무수행을 향상시키도록 돕는 지식, 기술, 접근법을 더욱 발전시키는 데 활용될 수 있는 논문, 서적, 이전의 실천경험에서 얻어질 수 있다. 가르침(teaching) 접근법을 사용하는 데 있어 슈퍼바이저는 가르침과 배움에 대한 슈퍼바이저와 슈퍼바이지의 공유책임을 포함하는 나눔의 활동을 원한다. 또한 이와 같은 접근법은 가르침 / 배움에 대한 주인의식 및 헌신성을 증가시킨다. 이 접근법을 사용하는 슈퍼바이저는 능력을 향상시키기 위해 목표 지향적 가르침 · 배움 과정을 구조화시킬 책임이 있다. 따라서 슈퍼바이저는 논문, 저서, 보고서, 기관연구물 등을 공유해야 한다.

다. 전문직 개발

전문직으로서의 사회복지직은 평생직(career)으로 개발될 필요가 있다. 따라서 슈퍼바이저는 슈퍼바이지가 평생직으로 선택하고 그 안에서 성장·발전할 수 있도록 도와야 한다.

슈퍼비전 기능으로서의 전문직의 개발은 청소년전문직의 생존이라는 핵심 쟁점에 초점을 두며, 모든 실천상황에 대하여 중요한 의미가 있는 가치와 윤리기반을 슈퍼바이지들이 발전시키도록 돕는 슈퍼바이저의 책임을 말한다. 전문직 문화와의 동일시는 알맞은 자리를 보유하도록 도우며, 청소년지도자를 전문직으로 사회화시킴에 의해 규범과 가치들을 영속시키도록 돕는다. 전문직 문화는 서비스 전달행동을 어떤 방향으로 이끌기 위해 특정 가치와 규범을 강조한다. 이 가치들은 제공되는 서비스의 중요성에 대한 그리고 전문직의 지식에 기반을 둔 권한에 대한 신념을 나타낸다. 규범은 청소년, 동료, 상사, 부하, 지역사회와 일할 때의 적절한 행위를 포함하며 서비스 전달의 업무수행에 대한 기대를 나타낸다. 따라서 전문직 문화와 동일시하는 사람은 집단정체성과 공통적인 일단의 가치를 공유한다.

이때 슈퍼바이저는 슈퍼바이지를 교육하는 과정에서 전문가로서의 능력뿐 아니라 전문가로서의 규범, 가치, 태도, 문화를 습득하고 공유할 수 있도록 해야 한다. 특히 슈퍼바이저는 슈퍼바이지의 연령에 따른 발달욕구의 다양성에 민감할 필요가 있다. 20대 후반과 40대 후반의 슈퍼바이지는 자신의 평생직으로서의 이에 대한 수용과 공유의 수준이 서로 다를 것이기 때문이다.

슈퍼바이저와 슈퍼바이지는 전문직 정체성과 전문직으로서의 청소년지도에 대한 인식을 제고하는 하나의 측면으로서 전문직의 문화를 신봉하고 방어할 책임을 공유한다. 그러나 어떤 때는 슈퍼바이저가 청소년전문직 신념과 어긋나는 기관정책을 다루어야 하고, 또 어떤 때는 사회의 일반적 신념과 어긋나는 기관정책을 다루어야 하며, 다른 때에는 청소년중심 가치를 표현하고 방어할 기회로서 지배적인 다른 전문직에 대해 직면기법을 사용해야 한다. 이와 같은 가치 관련 문제는 좀 더 넓은 문제(대중의 전문직에 대한 인식 부족, 전문직 가치와 윤리의 이해 부족 등)의 반영일 수 있다. 따라서 슈퍼바이저는 전문직의 사회화 과정에서 전문직의 정체성과 함께 윤리를 강조하여 전문직 정체성에 대한 헌신성에 대해 견해를 확고히 할 필요가 있다.

라. 윤리적 실천

윤리적 행위는 슈퍼바이저와 슈퍼바이지가 하게 되어 있는 것과 실제로 한 것 사이의 일관성에 의해 결정된다. 이런 의미에서 윤리적 선택을 하는 것은 행동하는 가치를 나타낸다. 슈퍼바이저와 슈퍼바이지가 부딪히는 딜레마는 전문직 문화가 조직의 문화와 상충될 때 발생한다. 슈퍼바이지와 슈퍼바이저는 가끔 의식적, 무의식적으로 적응의 패턴을 개발함으로써 이 딜레마를 처리한다. 딜레마는 고도의 전문적 동일시와 저도의 조직적 동일시가 있을 때나 양자 모두와의 동일시가 낮을 때 더욱 강렬하다. 슈퍼바이저는 조직문화의 양적·질적 요구들과의 동일시를 나타내는 윤리적 행위에 부수하여 전문적 가치와 강력한 동일시 의식을 개발하고 유지해야 한다는 도전을 받게 된다.

그럼에도 불구하고 슈퍼바이저는 슈퍼바이지로 하여금 개인적 특성, 조건, 지위에 근거해서 어떤 사람이나 집단에 대해 차별하는 것을 예방하고 척결한다는 가치를 강조하며, 이 가치와 일치하는 행동을 하도록 강조해야 한다. 동시에 슈퍼바이저의 이 같은 행동은 모든 사람을 위해 기회를 확대시킨다는 전문직 가치에 입각해서 실천해야 하는 것임을 강조해야 한다. 또한 슈퍼바이저는 청소년에 대한 서비스 전달에서, 기관의 인사정책에서, 전문직에서, 또는 지역사회에서 차별을 찾아내고 이에 대항하는 민감성을 보여주는 조치를 취해야 한다. 평소의 슈퍼바이저 행위와 슈퍼비전 때의 슈퍼바이저 행위가 일치함을 보여주어야 한다는 것이다.

슈퍼바이지는 전문적 기준과 규범에 비추어 자기들의 실천을 의식적으로 검토하여야 한다. 그리고 이것을 돕는 것은 슈퍼바이저의 책임이다. 이 같은 신중하고 집중적인 자기 검토는 개인 발전과 청소년의 목적달성 등 모든 것을 촉진시키기 때문에 중요하다. 이때 슈퍼바이저는 슈퍼바이지로 하여금 평소 자신의 가치관에 맞는 윤리적 행위를 할 수 있도록 유도해야 한다.

마. 평가

평가는 청소년지도자가 속한 기관에서 요구되는 역할의 수행 정도를 신뢰도와 타당도를 가지고 결정하기 위해 체계적 절차를 적용시키는 과정으로(Kadushin, 1992) 행정적·교육적·지지적 기능 모두를 포괄한다(김융일·양옥경, 2002: 261).

• 슈퍼바이지의 업무수행 평가

슈퍼바이지에 대한 업무수행평가에서 슈퍼바이저는 슈퍼바이지의 노력과 능력에 주의를 기울이는 것이 중요하다. 슈퍼바이저는 슈퍼바이지의 특정 행동에 대하여 즉각적 업무수행평가방법을 사용할 수 있다. 이때는 특정 상황에서의 슈퍼바이지의 행동을 슈퍼바이저가 관찰한 것에 근거하여 평가를 내리고 있음을 알리는 것이 중요하다.

슈퍼바이지와의 평가활동에서 슈퍼바이저는 청소년과 일하고, 기관 상황에서 일하며, 슈퍼바이지의 전문적 성장요구에 대한 특수한 지식과 기술을 발전시키고 증가시키기 위해 일하는 것과 관련된 기대와 기준을 포함시킬 책임을 받아들여야 한다. 이 같은 발전 욕구는 슈퍼바이지의 평생직 포부의 관점에서는 물론 기관의 서비스 전달 기대의 차원에서 정의되어야 한다.

명백한 것은 업무수행기대를 슈퍼바이지와 설정하는 평가과정이 슈퍼바이지의 발전은 물론 서비스 전달의 양과 질 모두에서 차이를 내고자 하는 것이라면, 평가회의 이전에 슈퍼바이지와 서면피드백을 준비하고 공유하는 데 똑같이 노력할 필요가 있다는 것이다.

- 슈퍼바이저의 업무수행 평가

슈퍼바이저의 업무수행에 대한 평가는 두 가지 차원에서 가능하다. 하나는 기관행정가의 평가이고 다른 하나는 슈퍼바이지의 평가이다. 물론 슈퍼바이저 자신 스스로에 대한 평가도 가능하다.

슈퍼바이저에 대한 기관행정가의 평가는 주로 부서의 생산성 수준의 변화, 부서의 실수율, 접수된 청소년의 불평 수, 부서의 이직률, 부서의 결석과 지각기록, 다른 기관과의 관계, 지역사회에의 홍보, 청소년지도자의 욕구를 행정부서에 설명하는 능력, 그리고 기관정책과 절차가 서비스에 미치는 영향을 행정부서에 전달할 수 있는 능력 등이다.

반면 슈퍼바이저에 대한 슈퍼바이지의 평가는 의사소통의 명료성, 업무계획과 할당, 권한과 책임의 위임, 업무의 지도와 검토, 업무의 조정과 통합, 기술적 문제의 해결, 청소년지도자를 동기화시키는 능력, 청소년지도자의 기관으로의 유도와 통합, 가르치는 기술, 지지적 개입, 그리고 평가의 객관성과 포괄성 등이다. 슈퍼바이지가 슈퍼바이저를 정확히 평가할 수 있도록 슈퍼바이저는 슈퍼바이지가 일정 기간 동안 슈퍼바이저를 관찰하고 판단하여 기록할 수 있는 평가서식을 줄 수도 있다. 그러고는 평점을 포함한 평가내용에 대해 서면으로 제출해 달라고 요구할 수도 있다. 슈퍼바이저가 이런 요구를 했을 때 슈퍼바이지가 주저할 수도 있다. 이럴 때 슈퍼바이저는 슈퍼바이지를 평가하는 책임이 슈퍼바이저에게 있듯이, 슈퍼바이저를 평가할 책임은 슈퍼바이지에게 있음을 강조하면서 평가의 책임이 서로 공유되는 것이어야 한다는 신념을 심어 줄 필요가 있다.

③ 슈퍼바이저의 역할

교육적 기능에서의 슈퍼바이저의 역할은 훈련전문가와 인사전문가로서의 역할로 정의된다(Austin, 1981). 훈련전문가로서의 역할에서는 소개과정의 일환으로서의 업무절차 교육, 개인적 성장과 발달을 위한 새로운 접근법 교수, 그리고 평생직 계획과정의 일환으로서의 계속적 교육 사정(educational assessment)에의 참여 등을 들었다. 인사전문가로서의 역할에는 직원성장을 위한 업무량 계획, 평생직 계획을 위한 인사자료 수집, 그리고 채용시험의 감독 등을 들었다. 이 모든 것의 총체적 역할을 멘토로 명명한 학자도 있다(Lewis et al., 2001). 슈퍼바이지의 전문직 내에서의 전문가로서의 성장·발전을 돕는 것을 멘토의 책임으로 역할규정하고 있는 것이다.

일반적으로 학습은 교사와 학습자가 서로 수용하고 긴장을 풀 때 가장 잘 일어나는데, 학습을 촉진하는 긍정적 관계에서 참여의 정도가 높을수록 불안은 낮아진다. 이 둘 간의 긍정적 관계는 슈퍼바이저가 기울이는 교육적 노력의 효과를 강화시킨다. 이 관계의 성질에 따라 슈퍼바이지의 개방성이나 변화에 대한 수용성이 달라진다는 경험적 연구가 이를 뒷받침해 준다(Goldstein et al., 1966).

또한 슈퍼바이저에 대한 동일시는 학습자의 동기를 증가시킨다. 동일시를 하면 청소년지도자는 슈퍼바이저와 같이 되기를, 그래서 그가 가진 능력을 갖기를 원한다. 이때 슈퍼바이지는 슈퍼바이저를 모방하기 위해 학습하기를 원하게 되는데 이는 긍정적 관계 내에서 일어날 수 있는 것이다. 따라서 슈퍼바이저는 슈퍼바이지가 동일시 과정에서 자신에게 맞는 것을 선택하거나 그렇지 않은 것을 버릴 수 있는 자유를 허용해 주어야 한다.

슈퍼바이저가 슈퍼바이지와 긍정적 관계를 형성하고 유지하는 것은 슈퍼바이지에게 있어서 중요한 가르침이 된다. 슈퍼바이저가 슈퍼바이지와 효과적으로 관계를 맺는 것은 슈퍼바이지가 청소년과 맺는 관계의 모델이 되기 때문이다. 또한 슈퍼바이지에게 있어서 슈퍼바이저와 관계형성은 앞으로 그가 도움을 청하고 도움을 받는 것과 관련된 일을 좀 더 이해하게 되었음을 의미하는 것이기도 하다.

(3) 슈퍼비전의 지지적 기능

① 목표

지지적 슈퍼비전의 목표는 슈퍼바이지의 업무만족감을 지원하는 것이다. 기관과 업무에 생소한 청소년지도자에게 효과적으로 업무를 수행할 수 있도록 심리적 자원을 제공하는 것이다. 즉, 업무수행을 방해하는 스트레스를 감소시키고 사기를 증진시켜 청소년지도자의 효율성을 증대하는 것이다. 이 과정을 거쳐 슈퍼바이저는 공감적이고 이해심 많은 청소년지도자를 배출한다.

② 과업 및 활동

지지적 슈퍼비전의 과업 및 활동은 조직에서 일하는 청소년지도자와 관련되어 있다. 조직의 목표를 달성하기 위해 청소년지도자의 업무를 요구하는 과정에서 발생하는 업무긴장에 대해 직접적으로 활용되는 것이 지지적 슈퍼비전이기 때문이다.

청소년조직은 인간자원에 중점을 두고 있으며 인간능력의 발달과 보호가 주된 관심의 영역이기 때문에 슈퍼바이저가 슈퍼바이지의 부적절한 감정, 그리고 영감을 필요로 하는 상황 등에 관심을 갖는 것이 필요하며 이는 곧 조직의 효과성과 연결된다. 다시 말해서 표현적 체계유지기능은 도구적 목적달성을 가능하게 하는 요소가 된다는 것이다. 이 표현적 측면에 초점을 둔 것이 바로 지지적 슈퍼비전이다.

가. 긴장관리

성공에 관한 불확실성과 기술과 능력의 불충분한 이용 및 업무량에 대한 과도한 요구 등이 특징을 이루는 청소년실천업무는 슈퍼바이저와 슈퍼바이지에게 스트레스와 갈등을 유발시킬 수 있다. 특히 조직 환경이 모든 문제를 모두에 대한 책임으로 돌리고, 업무관계에서 인간성이 결여되어 있으며, 활동이 기계적으로 일상화되는 것 등을 포함할 때 이 요인들은 위에서 언급한 업무특성과 상호작용을 한다. 그 결과는 슈퍼바이지와 슈퍼바이저에게 상당한 좌절감을 줄 수 있다. 더욱이 청소년현장에서 슈퍼바이저와 슈퍼바이지는 그들 자신의 복지보다도 다른 사람의 복지에 더 직접적인 책임이 있는 것으로 여겨지며 계속적인 시간과 희소자원의 압력을 받고 있는 많은 사람에게 민감하게 반응할 것이 기대된다. 이 같은 기대가 이들을 스트레스 상황으로 몰고 간다.

긴장관리는 슈퍼바이저와 슈퍼바이지의 세력을 스트레스와 갈등을 처리하는 수단으로 사용하는 것과 관련되는 슈퍼비전 기능이다. 이 기능은 미해결의 긴장과 갈등이 청소년지도자의 존엄성과 조직의 안정 모두에 미치는 유해함과 싸우는 데 중요한 역할을 한다. 스트레스는 업무수행기준과 조직목표의 모호성, 서비스와 욕구 간 조화의 불확실성, 조직과 청소년의 획득가능한 자원의 불충분성과 관련될 수 있다. 갈등은 대개 청소년, 기관, 전문직의 모순

되는 요구에 관련된다.

직무에서 스트레스와 갈등은 필연적이며 실제에 있어 그들은 때에 따라 생산적일 수 있다. 반면 그들은 청소년지도자와 청소년 사이의 낮은 사기와 무력감에 기여할 수도 있다. 긴장관리기능과 관련된 슈퍼비전 책임에서 슈퍼바이저의 목표는 청소년지도자를 도와서 그들의 업무와 대인관계에 대한 통제감각을 유지하고, 기관의 하위직으로부터 일하면서 그들의 잠재력을 인식하고 이용하며, 청소년지도자, 서비스 전달, 조직에 관한 공통쟁점에 대한 다양한 관점을 인식하고 표현하게 하는 것이다. 따라서 긴장관리에서는 자기수용이 전제조건처럼 매우 중요시되며, 대인관계 및 조직에서의 긴장관리가 중요시 된다.

- 자기수용

자기수용(self-acceptance)은 자기 자신에 대한 자신감과 개인적 존경심을 가지는 정도와 관계가 있다. 자신이 높이 평가되고 있다는 느낌, 남들이 나를 필요로 하고 있다는 느낌, 하고 있는 일이 가치가 있다는 느낌, 그리고 자신이 잘하고 있다는 느낌 등이 자기수용의 중심내용이다. 슈퍼바이저가 청소년지도자의 개인적 가치를 배려하고 존경하고 있다는 느낌을 전달하는 것은 자기수용에 의미 있고 긍정적 영향력을 행사한다. 슈퍼바이지가 최선을 다했는데도 미흡한 성과 때문에 실망하고 있을 때 슈퍼바이저는 그로 인한 좌절감을 이해하고 있다는 믿음과 그 결과와 상관없이 아직도 슈퍼바이지의 능력을 높이 평가하고 있다는 마음을 전달해 주어야 한다.

- 대인관계에서의 긴장

다양한 관점을 포함하는 의사소통을 공개적으로 격려하는 것은 슈퍼바이저와 슈퍼바이지가 가능한 긴장의 원천을 일찍 확인하는 데 있어 중요하다. 기관, 청소년지도자, 청소년 및 전문적 쟁점에 대한 슈퍼바이저 자신의 의견을 공개적으로 표현함으로써 슈퍼바이지가 위험을 무릅쓰고 그들 자신의 생각과 감정을 표현할 때 편안하게 느낄 수 있는 환경을 만들 수 있다. 슈퍼바이저가 표현의 자유를 격려하고 지지할 때 슈퍼바이지는 개인적·상호 관계적·조직적 쟁점에 대한 사고와 감정을 지배한다는 신뢰감을 가질 수 있게 된다.

청소년지도자는 청소년, 기관, 그리고 전문직을 포함하는 다양한 원천으로부터 수많은 요구를 받는다. 하나의 원천으로부터의 요구가 다른 원천의 기대와 상충되는 정도만큼 스트레스를 경험하고 긴장을 유발시킨다. 기관 절차의 초점이 주로 과업완수에 있을 때가 있다. 과업완수가 안정되고 효과적인 기관의 기능수행에 분명히 필요한 것이지만, 슈퍼바이저는 업무와 과업, 그 자체에 수반되는 긴장을 고려하는 것이 중요하다. 슈퍼바이지의 비판과 분노감 중 많은 것들은 기대와 책임 사이의 혼돈과 모순에 관련될 수 있다. 슈퍼바이저는 이 감정들을 촉진시킨 의심, 불안, 혼돈 등이 공유될 수 있는 지지적 배경을 만들어 내야 한다. 그리고 이 감정들을 해소할 수 있는 접근법이 발견될 수 있는 구조를 제공하는 것이 중요하다.

다른 접근법 또한 가능한데, 슈퍼바이저가 슈퍼바이지에 대해 중재적 자세를 취하는 것이다. 이것은 슈퍼바이저가 그의 기대와 기관의 기대를 만족시키는 슈퍼바이지의 반응을 여전히 창출하면서 스트레스와 갈등을 줄일 수 있는 행동을 취하는 것이다.

• 조직 환경에서의 긴장

슈퍼바이저는 조직 환경에 의해 생성되는 긴장을 반영하는 스트레스와 갈등을 다룰 필요가 있다. 조직원천에서 나오는 긴장은 대개 두 가지 종류가 있는데, 그 하나는 서비스 공급과 상충되는 조직설계 결정이며, 다른 하나는 조직목표와 개인 슈퍼바이지 목표 간의 갈등이다.

첫째 유형의 긴장은 업무량의 증가, 질보다 양에 대한 요구, 목적과 수단의 도치(예: 청소년과의 접촉보다 서류업무에 더 많은 시간 소비), 적절한 서비스 전달절차를 방해하는 조직의 규칙과 절차에 관련된다. 둘째 유형의 긴장은 관료제에서의 전문가에 대한 쟁점, 특히 업무수행기대나 기준 및 청소년지도자의 재량에 관한 쟁점에 집중되어 있다. 이러한 긴장관리를 위한 방법은 다음과 같다.

첫째, 유형의 긴장을 관리하기 위해서는 업무량 배분에 있어 양과 질의 균형을 유지하고 덜 유쾌한 과업을 처리하는 데 있어 창조적 접근법을 개발하는 것 등의 방법을 사용할 수 있다. 이를 위해 슈퍼바이저는 자신의 고유한 태도와 접근법을 갖는 것이 중요하다. 또한 방법을 개발할 때 슈퍼바이지를 참여시키는 것은 긴장관리에 도움을 줄 수 있다.

둘째, 유형의 긴장을 관리하는 것은 상당히 어렵다. 조직요구에 따르는 것과 슈퍼바이지의 요구(청소년의 요구와 전문직의 요구 포함)에 따르는 것 사이에서 어디에 선을 그어야 할 것인가를 판단해야 하기 때문이다. 상반되는 요구에 대한 슈퍼바이저의 결정은 절차를 완화, 수정, 조정하는 것일 수도 있다.

조직 환경으로 생성된 긴장관리를 위한 하나의 접근은 유머를 사용하는 것이다. 유머나 농담 또는 우화의 신중한 사용과 곤경을 웃어넘길 수 있는 능력은 긴장을 참을 수 있게 한다. 슈퍼바이저는 해결할 수 없는 긴장을 제기하는 상황을 인식하고, 그것이 어떤 긴장이든 간에 그 긴장분위기를 완화시키기 위해 유머사용을 고려할 수 있다. 유머는 슈퍼바이저와 슈퍼바이지가 이용할 수 있는 하나의 완충제이다.

나. 피드백

피드백은 긍정적 슈퍼바이지의 태도 및 업무수행과 상관관계가 있는 것으로 알려져 있다. 슈퍼바이지가 수행하는 업무의 많은 것들은 가시적인 것이 아니다. 이것은 슈퍼바이지와 슈퍼바이저 모두에게 압력을 준다. 이 같은 압력은 슈퍼바이지에게 있어서는 돕는 과정의 성공률이 낮다는 데서 연유하며, 슈퍼바이저에게는 정기적 업무수행평가에 의해 의무적으로 주어지는 공식적 피드백과 사소한 일에 대한 개인적 피드백 사이의 구별을 인식하는 것에서 연유한다.

개인적 피드백은 슈퍼바이지의 태도와 행동을 달라지게 할 수도 있다. 개인적 피드백은 대개 슈퍼바이지의 일에 초점을 둔다. 이 같은 피드백은 슈퍼바이지가 효과적으로 기능을 수행하고 기관에 대한 헌신성을 유지시키는 데 필요한 심리적이고 대인관계적인 자원을 보충하도록 돕는다.

피드백에서 중요한 것은 적절한 시점(timing)과 내용이다. 피드백의 제공은 잘한 일을 칭찬하고 공개적으로 가치를 인정하는 것뿐 아니라 실수나 부적절한 업무행동에 대한 건설적인 비판적 피드백도 포함한다. 적시의 비판적 피드백은 적시의 긍정적 피드백만큼이나 중요하다. 슈퍼바이지가 판단실수나 잘못을 저질렀을 때 즉각적 피드백을 제공하는 것은 중요하다. 이때 사려 깊게 체면을 세워 주는 것이 필요하다.

다. 상호존중

사생활과 직장생활 모두에게 상호 인간관계를 발전시키고 유지하는 데 기여하는 필수 요인으로 확인되어 온 몇 가지 특성이 바로 신뢰, 배려, 개방성 등이다.

신뢰는 슈퍼바이저가 말과 행동에서 일관성을 보여주며 슈퍼바이지에 대한 의무를 다할 때 수립될 수 있다. 신뢰는 업무상황에서 청소년지도자가, 슈퍼바이저가 그들의 노력을 지원할 것이라는 자신감을 가지고 임무와 과제를 수행할 수 있도록 해주는 것이다. 이렇게 함으로써 슈퍼바이저는 청소년지도자의 자기수용 발달을 업무의 대인관계 측면의 발달로 확장시키는 것이다.

배려는 신뢰와 밀접하게 관련되어 있는 것으로, 슈퍼바이저는 슈퍼바이지와 그의 일을 위해 시간과 에너지를 투자함으로써 배려를 보여준다. 청소년지도자가 자기에 대한 슈퍼바이저의 관심이 진실한 것이라고 인정하면 청소년지도자의 직무수행은 향상될 것이다.

개방성은 업무와 관계에서 긍정적 대인관계 자원을 개발하기 위해 필요한 또 하나의 요인이다. 개방성이란 생각, 의견, 감정, 경험을 나누어 갖는 것을 의미한다. 이것은 청소년지도자의 다양한 재능과 청소년, 슈퍼바이지, 슈퍼바이저를 효과적으로 다루는 접근법의 다양성을 포함한다.

라. 사기진작

슈퍼바이지의 시기를 고양시키는 행동은 슈퍼바이지가 하는 업무와 중요한 기관자원으로서의 그들의 역할과 공헌에 대해 긍정적 감정을 육성하는 것을 포함한다. 사기가 높은 슈퍼바이지는 목적의식이 있고, 그들의 헌신성을 유지하며, 미래에 대해 자신이 있다. 이것은 슈퍼바이지의 존엄성과 전문적 통합성(integrity), 그리고 기관의 안정성을 위해서도 중요한 요인이다.

빈번한 위기업무와 그 밖의 스트레스 상황, 쉽게 해결되지 않는 지속적 문제업무는 슈퍼바이지로 하여금 업무목표 성취에 대해 자신감을 갖기 어렵게 한다. 청소년지도자의 상대적으로 낮은 보수와 지위도 사기문제를 야기하는데, 이와 같은 압력에 직면하여 슈퍼바이저는 생산적 슈퍼바이지의 사기에 기여하는 분위기를 창조할 필요가 있다. 슈퍼바이저는 새로운 아이디어에 개방적일 필요가 있으며 슈퍼바이지에게 상호 원조와 협력뿐 아니라 자기신뢰와 자기관리 감정을 고취시켜 주는 방법을 추구할 필요가 있다.

슈퍼바이지의 사기진작은 촉매기능을 하며, 촉매기능은 창조적 슈퍼바이지의 자원을 이용하는 데 있어 중요하다. 촉매로서 취하는 반응적 행동에 추가해서 슈퍼바이저는 업무환경의 질적 향상이나 상호 의존성 육성 또는 사기고양에 기여할 수 있도록 새로운 아이디어나 계획을 제공할 책임이 있다.

마. 상호 의존

조직이 더 복잡해지고 전문화될수록 상호 의존은 더욱 중요해진다. 기관목표를 달성하고 청소년의 욕구를 채워 주고 반응하는 데 있어 청소년지도자는 개인의 역량을 초월하는 성과를 창출할 수 있도록 자원을 한곳으로 집중시키기 위해 함께 일할 수 있어야 한다. 동시에 개인, 집단, 기관 등의 관심의 통합은 개인과 기관 간, 동료 간, 협력 요구와 경쟁충동 간, 단기와 장기목표 간의 스트레스와 갈등에 의해 혼란을 겪을 수도 있다. 슈퍼바이저는 이 통합을 우연에 맡겨서는 안 되며 독립성과 의존성에 대한 관심사를 상호의존의 요건에 비추어 이해득실을 따져 보아야 한다.

개인으로서 모든 사람은 최소한도의 시간만이라도 자유롭고, 자주적이며, 혼자 힘으로 일을 할 수 있다고 느낄 필요가 있다. 대부분의 조직에서 이것은 개인주의와 경쟁의 분위기로 나타난다. 사회복지기관에서 이 욕구는 자율적 실천추진으로 나타날 때가 많다. 그러나 다른 때는 자신의 자원이 충분하지 못할 경우에 다른 사람에게 자신을 부탁할 권리와 기회를 갖기 위해 의존적일 필요가 있다.

청소년실천에서 이 욕구는 관계 작업환경의 조건이라는 관점에서 인식되고 있다. 이 욕구에 대해 똑같이 중요한 것은 양질의 결정과 양질의 성과를 만들어 내기 위해 다른 사람과 협력해서 구체적 지식과 기술을 공유하게 해주는 상호 의존의 욕구이다. 그러나 사회복지 슈퍼비전은 청소년지도자에게 의존성을 조장해 왔다는 비판을 받고 있었다. 이젠 상호 의존성과 독립성을 육성하는 슈퍼비전이 필요하다는 주장이다. 슈퍼바이지의 자연적 호기심과 창조성을 자극함으로써 슈퍼바이저는 슈퍼바이지의 상호 의존성 구축을 할 수 있으며 이때 촉매의 역할을 할 수 있다.

③ 지지의 근원

카두신은 슈퍼바이저만이 슈퍼바이지를 지지하는 것은 아니라고 하면서 지지를 줄 수 있는 또 다른 대상을 제시하고 있다. 그러나 이러한 보조적 지지 의 존재에도 불구하고 결국 슈퍼바이지의 업무 스트레스를 다룰 수 있는 최선의 자원은 슈퍼바이저라고 결론짓고 있다(Kadushin, 1992).

가. 청소년

청소년은 스트레스의 근원이 되기도 하지만 지지의 자원이 되기도 한다. 이들은 청소년지도자와 그가 제공하는 서비스에 대한 반응을 통해 청소년지도자의 유능감과 가치를 인정해 준다. 즉, 청소년지도자의 노력에 대한 감사의 표현이나 청소년의 변화 등은 성취감을 줄 수 있다는 것이다.

나. 동료집단

청소년지도자는 자신의 불만, 낙담, 회의, 실수에 대한 죄책감이나 부적절한 업무수행에 대한 불안감을 동료들과 이야기하는 것에 편안함을 느낀다고 한다. 작업상황을 잘 알고 있고 주어진 문제에 대해 전문지식을 활용하여 토의할 수 있으며 유사한 감정을 공유할 수 있고 감정이입이 쉽기 때문이다.

더욱이 이들은 자신을 평가하는 행정적 권력을 갖고 있지도 않으면서 심리적으로나 물리적으로 접근이 용이하다는 강점을 갖고 있다. 따라서 같은 일을 하는 동료집단은 이러한 관심사를 이야기하게 되는 일차적 대상이 되는 경우가 많다. 슈퍼바이저보다는 동료 청소년지도자가 의구심과 불만을 공유하는데 좀 더 편하게 생각되는 대상인 것이다.

이들은 공식적 관계라기보다는 자발적으로 선택되는 관계이며 공식적 업무수행과 직접적 관련성은 없다. 그러나 이들은 상호지지, 원조, 그리고 보호를 제공하며 서로를 동일시하는 모델로 작용함으로써 중요한 것을 서로 배우고 가르치는 기능을 수행할 수 있다. 따라서 슈퍼바이저는 지지적 슈퍼비전을 제공함에 있어 동료 간의 상호작용을 촉진하고 협력하고 원조를 격려함으로써 지지를 위한 이들을 활동에 동원할 수 있다. 이러한 구체적 방법으로 가장 잘 알려진 것이 동료 슈퍼비전(peer supervision)이며, 그 외의 집단슈퍼비전이나 회의, 자원화동 등도 있다.

다. 사회지지망

가족이나 친지, 친구와 같은 슈퍼바이지의 자연발생적인 사회지지망은 슈퍼바이저의 지지를 보완할 수 있는 요소이다. 그러나 이들은 전문적 지식이 부족하다는 한계를 갖고 있다. 따라서 업무와 관련된 스트레스는 그 스트레스가 발생된 곳에서 다루는 것이 가장 최선의 방법이라고 할 수 있다. 분화되지 않은 일반적 지지는 효과적 완충작용을 하지 못 할 수 있기 때문이다.

라. 슈퍼바이지의 적응

지지적 슈퍼비전은 청소년지도자 자신의 조절능력에 의해 보완될 수 있다. 슈퍼바이지는 어떻게 하면 승인을 받고 비난을 면할 수 있는지를 생각하면서 자신을 드러내는 수위와 방법을 조절해 간다. 어떤 슈퍼바이지는 슈퍼비전 상황에서 겪어야 하는 위협이나 불안에 방어적으로 적응하기 위해 조정적 게임을 하는 경우도 있다고 한다. 이렇게 하면서 결국은 슈퍼비전에 적응해 나간다.

④ 슈퍼바이저의 역할

지지적 기능에서의 슈퍼바이저의 역할은 직접서비스전문가와 인사전문가로서의 역할로 정의된다(Austin, 1981). 직접서비스전문가로서의 역할에서는 긍정적 사기진작, 사례자문에 의한 업무촉진, 긴장과 갈등상황 해결, 인간적·행정적 뒷받침 제공, 건설적인 긍정적·부정적 환류 제공, 그리고 다양한 문화 간의 의사소통 촉진 등을 들 수 있다. 인사전문가로서의 역할에는 사기유지를 위한 업무환경제공으로 봉급이나 휴가를 결정하는 것과 사무실 공간이나 전화배치와 같은 물리적 자원을 제공하는 것 등을 들 수 있다. 또한 슈퍼바이저를 리더(leader)의 역할로 규정하기도 하는데 멘토의 역할로서의 리더역할(Lewis et al., 2001)이 그것이다. 슈퍼바이지는 기관의 미션과 목적에 맞추면서도 전문가로서의 도덕성, 업무효율성, 업무성취, 업무만족 등을 경험할 수 있게 하는 역할을 말한다.

(4) 행정적·교육적·지지적 슈퍼비전 기능 간의 관계

카두신은 행정, 교육, 지지, 이렇게 세 가지 기능의 슈퍼비전을 설명하면서, 이 세 가지 기능이 서로 긴밀하게 연관되어 있기 때문에 더욱 중요하다고 강조하였다(Kadushin, 1992). 슈퍼바이저와 슈퍼바이지는 업무와 관련된 다양한 스트레스에 직면하는데, 주변의 자원이 이런 스트레스를 다루는 데 도움이 되지 못한다면, 슈퍼바이지는 과업을 처리함에 있어 자신의 능력을 충분히 발휘하지 못하게 되고, 이는 결국 기관의 효율성을 심각하게 손상시키는 결과를 가져올 수도 있다. 따라서 행정, 교육, 지지의 기능이 슈퍼비전에서 어떻게 연관되어 있는지 그 관계를 살펴보는 것이 중요하다.

① 슈퍼비전의 내용 측면

행정적 슈퍼비전이 조직적 구조를 제공하고 청소년지도자의 업무를 유용하게 하기 위해 필요한 자원의 접근을 가능하게 한다면, 교육적 슈퍼비전은 업무수행을 위해 요구되는 기술과 지식을 제공하는 것이다. 지지적 슈퍼비전은 효과적 업무수행을 위해 필요한 정서적 에너지가 작동하도록 하고 심리적이고 대인관계적인 자원을 제공한다. 그렇지만 결국 이 세 가지 내용의 통합이 유능한 전문 청소년지도자의 배출을 가능하게 한다.

② 슈퍼비전의 효과성 측면

행정적 슈퍼비전이 효과적 조직과 청소년지도자의 관계에 책임을 지고 활용 가능한 자원과 조직의 구조적 효과성을 증진시키는 것이 목적이라면, 교육적 슈퍼비전은 한 단계 향상된 지식과 기술을 통해 청소년지도자의 효과성을 증가시키는 것과 관련이 있고, 지지적 슈퍼비전은 과업수행을 강화하는 사기를 증진시키고 이를 방해하는 스트레스를 감소시킴으로써 청소년지도자의 효과성을 증진시키는 것에 초점을 둔다고 할 수 있다. 결국 슈퍼비전을 통해 효율적이고 효과적인 현장실천을 하는 청소년지도자를 배출하는 것에 목적이 있다.

③ 슈퍼비전의 영역 측면

행정적 슈퍼비전이 힘, 위치, 보상, 권위와 관련이 있고, 교육적 슈퍼비전이 전문가로서의 힘에 중점을 둔다면, 지지적 슈퍼비전은 자아를 지지하는 데 초점을 둔다. 결국 건강한 자아를 갖춘 전문가가 권위를 갖고 지도하는 것을 의미한다.

④ 슈퍼비전의 청소년지도자 역할모델 측면

행정적 슈퍼비전은 효율적 청소년지도자 모델을, 교육적 슈퍼비전은 능력 있는 청소년지도자모델을, 그리고 지지적 슈퍼비전은 열의 있고 이해심 있는 청소년지도자의 모델을 추구한다고 할 수 있다. 그렇지만 결국은 이 세 모델을 균형 있게 갖춘 청소년지도자를 추구하는 것이 슈퍼비전의 목적이다.

6) 슈퍼비전의 기법

슈퍼비전을 위해 활용할 수 있는 기법은 다양하다. 가장 일반적으로 활용되는 기법을 유형화하기 위해서 다음과 같은 기준으로 주요 기법을 구분할 수 있는데, 첫째, 슈퍼비전 시 어떠한 자료를 활용하는지에 따라, 둘째, 슈퍼비전을 위해 슈퍼바이지와 어떠한 방법으로 접촉하는지에 따라, 마지막으로 슈퍼비전 시 영향력을 행사하는 수준에 따라 기법을 구분해 볼 수 있다.

(1) 활용자료유형에 따른 기법

슈퍼비전을 위해 활용되는 자료의 유형은 관찰자료와 기록자료로 구분된다.

① 관찰자료

관찰자료는 슈퍼바이지의 구두보고나 서면보고를 활용하지 않고 슈퍼바이지의 수행과정에 대한 관찰내용을 토대로 슈퍼비전이 이루어지는 경우이다. 관찰은 슈퍼바이저가 현장에 직접 참여하는 직접관찰과 현장에 직접 참여하지 않는 간접관찰로 구분할 수 있다.

가. 직접관찰

직접 관찰한 내용을 슈퍼비전의 소개로 활용하는 것으로 종종 현장슈퍼비전이라고 부르기도 한다. 이는 청소년이 있는 개입현장에 직접 참여하여 슈퍼비전이 이루어지기 때문에 우선적으로 청소년의 동의와 협조가 요구된다. 직접관찰은 슈퍼바이저나 관찰팀이 상담회기에 직접 들어가서 현장에서 조용히 관찰만 함으로써 회기에 미치는 영향을 최소화하기도 하며, 경우에 따라서는 지속적으로 혹은 특정 시점에만 직접적으로 개입하는 방법으로 활용되기도 한다. 관찰의 초점은 슈퍼바이지가 개입회기에서 어떠한 기술을 활용하였으며, 그 기술의 적절성을 청소년의 언어적 혹은 비언어적 반응을 통해 파악하도록 하며, 더 나은 개입방법을 탐색할 수 있도록 돕는 것에 둔다.

직접관찰방식의 구체적 방법과 특징은 다음과 같다. 즉, 슈퍼바이저가 조용히 관찰만 하거나 슈퍼바이지의 접근방식에 논의하기 위해 활동 중에 끼어들거나, 고정적으로 휴식시간을 통해 개입방법을 조언하기도 한다. 또한 때때로 슈퍼바이저가 회기를 넘겨받아 슈퍼바이지에게 시범을 보일 수도 있다. 이때 슈퍼바이저는 청소년의 복지와 슈퍼바이지의 권위를 동시에 확보하고 유지할 수 있도록 하는 것이 무엇보다 중요하다.

나. 간접관찰

간접관찰의 대표적 방식은 일방경을 사용하여 관찰하는 것이다. 이 역시 일방경을 통해 관찰만 하고 모든 회기를 마친 후 슈퍼비전을 주기도 하고, 일방경을 통해 관찰을 하다가 꼭 필요하다고 생각하는 시기에 무선이어폰이나 인터폰, 컴퓨터 모니터를 통해 슈퍼비전을 주기도 한다. 또는 휴식시간을 활용하여 사례에 대한 토의 및 슈퍼비전을 제공하고 개입을 재개하도록 하는 방법으로 수행되기도 한다. 일방경을 사용할 때 슈퍼바이저는 자신의 행동과 그것이 슈퍼바이지에게 미치는 영향을 알 필요가 있다. 즉, 비록 옆방이라 할지라도 슈퍼바이저가 지켜보고 있다는 것에 대한 부담감, 자신의 실수가 그대로 드러나는 것에 대한 좌절감, 슈퍼바이저의 직·간접 사인으로 인한 혼란 등의 감정을 경험할 수 있다. 따라서 슈퍼바이저는 이러한 가능성을 충분히 고려하여 평가 시 이러한 고려가 반영되어야 한다.

② 기록자료

기록자료는 슈퍼바이지의 실천과정에 대한 기록을 활용하는 것으로 매체에 따라 서면기록과 음성기록, 영상기록으로 구분해 볼 수 있다.

가. 서면기록

서면기록은 상담이나 프로그램 과정에 대한 구체적 기록물을 만들고 그 내용을 중심으로 검토하고 슈퍼비전을 주는 방법이다. 현재 많은 기관에서 가장 많이 활용하는 기법이다. 주요 내용을 요약하는지, 대화체로 전 과정을 기록하는지, 문제중심기록을 활용하는지 등에 따라 서면기록의 유형은 다양하며, 슈퍼비전의 초점을 어디에 둘 것인지에 따라 기록의 방법은 달라질 수 있다. 슈퍼바이저는 슈퍼비전을 제공하고자 하는 내용이나 목표에 따라 다양한 방법으로 서면기록을 요청하는 것이 바람직하다. 단순히 일정관리를 위한 슈퍼비전을 위해 전체 상담회기를 대화체로 기록하도록 하는 자료를 요청할 필요는 없다. 또한 개입회기에 대한 구체적 분석을 통해 슈퍼바이지의 의사소통패턴을 분석하고 대안을 제시할 목적을 가지고 있으면서도 요약기록을 요구하는 것은 현명치 못한 자료수집방법이다.

나. 음성기록

음성기록은 개입회기 시 녹음한 자료를 직접 활용하는 방법이다. 녹음자료를 필사한 것은 회기(session)에 참여한 슈퍼바이지와 청소년의 언어적 의사소통을 좀 더 다양한 차원에서 검토할 수 있게 해준다. 즉, 음성에 담긴 충분한 정보를 통해 언어적 의미를 재해석할 수 있으며, 비언어적 음성기록을 통해 언어적 정보의 이면을 이해할 수 있게 해준다. 그러나 여전히 음성기록은 신체언어나 표정을 읽을 수 없는 한계를 가지고 있으나 영상기록보다는 장비가 간단하며 기록에 대한 부담감을 덜 줄 수 있어서 영상기록에 대한 대안으로 활용되기도 한다.

한편 녹음을 위해서는 청소년의 사전 동의를 확보하는 것이 중요한다. 또 청소년의 음성정보에 대한 비밀보장에 좀 더 유의할 필요가 있다. 청소년은 자신의 진술이 녹음된다는 것을 부담스러워 하며, 녹음내용이 언제 어떻게 자신에게 불리하게 활용될지도 모른다는 의심을 품을 수도 있다. 따라서 관련한 보호 장치를 마련하고 이를 충분히 설명해줘야 한다. 또한 슈퍼바이지에게는 관찰과 마찬가지로 녹음기 앞에서 자신의 역할을 수행한다는 것은 분명 심적 부담을 야기하며, 그 결과 부자연스럽거나 부적절한 행동을 유발하게 될 수도 있다.

다. 영상기록

영상기록은 관찰을 통한 즉각적 개입이 이루어지기 어려운 상황이나, 반복적 검토가 필요한 경우에 유용하다. 또한 슈퍼바이지의 발달 단계를 비교해 보는 데에도 유용한 방법이다. 영상기록은 슈퍼바이지 자신을 위해서 뿐만이 아니라 다른 슈퍼바이지의 교육매체로도 유용하다. 그러나 영상기록을 위해서는 청소년의 동의를 얻어야 하며 영상기록의 활용범위에 따라 청소년의 동의를 받는 수준도 달라진다. 단순히 치료나 교육적 목적으로 활용하는 경우, 기관의 홍보를 위해 활용하는 경우, 후원금이나 기금조성을 위해 영상기록을 하는 경우는 각각 다른 조건이 제시될 필요가 있다.

한편 영상기록 역시 슈퍼바이지와 청소년에게 부담을 주며, 많은 기록매체 중 가장 두드러지는 크기와 설치방법으로 인해 영상기록을 하고 있다는 사실이 가장 잘 드러나는 방법이다. 그만큼 슈퍼바이지나 청소년의 심적 부담감에 대한 고려가 필요하다.

(2) 접촉방법에 따른 기법

접촉방법에 따른 기법은 슈퍼바이지와 슈퍼바이저가 어떠한 방법으로 접촉하는지에 따라 면대면 접촉을 하는 경우와 서면으로 하는 접촉 그리고 온라인을 통해 화상통화방식을 통해 접촉하는 경우를 살펴볼 수 있다.

① 대면접촉

대면접촉은 슈퍼바이저와 슈퍼바이지가 접촉하는 데 활용되는 도구나 매체가 전혀 없는 경우이다. 따라서 직접관찰이나 현장슈퍼비전 방식을 통해서도 대면접촉을 하며, 즉각 혹은 지체슈퍼비전 역시 대면접촉을 통해 슈퍼비전을 제공할 수 있다. 대면접촉은 슈퍼바이지와 직접 대면함으로써 슈퍼바이지의 반응에 좀 더 공감각적으로 이해할 수 있으며, 슈퍼바이저의 의도 역시 직접적으로, 다양한 채널을 통해 전달할 수 있다는 장점이 있다. 그러나 슈퍼바이저가 자주 기관을 비워야 하는 경우나 슈퍼바이지와 물리적 거리가 멀고 대면접촉을 확보하기 어려운 조건에 있는 경우에는 대면접촉을 적극적으로 활용할 수 없는 경우도 있다.

② 서면접촉

서면접촉의 대표적 방법은 사례기록에 대한 서면 피드백을 제공하는 것이다. 즉, 사례에 대한 과정기록이나 요약기록을 만들고 이에 따른 슈퍼비전 요청내용을 제시하는 형태로 슈퍼바이저에게 전달되면, 슈퍼바이저는 이 기록물을 읽고 기록물에다가 직접 피드백을 제공한다. 이는 직접대면이 어렵거나 기록관리 방법을 중심으로 슈퍼비전이 요구될 때 유용한 슈퍼비전 방법이라 할 수 있다. 그러나 기록을 통한 상호작용은 글귀에 국한하여 해석되거나 글귀에 대한 임의적 해석으로 불필요한 오해를 불러일으킬 위험도 있다. 따라서 서면접촉 역시 다양한 슈퍼비전 방법 중 하나로 활용되어야 하며, 다른 방법을 병행하여 활용할 때 그 효과성을 높일 수 있다.

③ 온라인 접촉

온라인 접촉 역시 대면접촉이 어려운 경우에 공간의 제약 없이 활용할 수 있는 방법이다. 대표적인 것이 화상회의이며, 화상회의시스템을 통해 슈퍼바이지의 진술을 언어적·비언어적 요소까지 놓치지 않고 확보할 수 있는 가능성을 높인다. 그러나 온라인 접촉은 접촉상의 오류가 발생할 수 있고 보안상의 문제를 야기할 수 있으며, 사생활보장에 위협을 받을 가능성이 있어서 보안에 주의하여야 한다. 그리고 그 결과에 대한 윤리적 이슈에 대한 고려도 필요하다.

표 4-4 온라인 슈퍼비전 사용을 고려하는 슈퍼바이저를 위한 제언

① 윤리규칙에서 구체적으로 온라인 슈퍼비전 형태를 언급하고 있지는 않지만 온라인 슈퍼비전으로 인해 파생될 수 있는 윤리적 결과에 대해 고려해야 한다. ② 온라인 슈퍼비전을 시작하기 전에 슈퍼비전 관계가 면대면으로 이루어져야 한다. ③ 청소년에게 온라인 슈퍼비전의 성격과 가능한 위험성에 대해 알리고 서면동의를 받아야 한다. ④ 슈퍼바이저와 슈퍼바이지는 온라인 슈퍼비전에서 청소년의 신원이 밝혀질 수 있는 정보에 대해 각별한 주의를 기울여야 한다. ⑤ 슈퍼바이저와 슈퍼바이지는 온라인 슈퍼비전 활용을 평가하는 것이 바람직하다.

출처: Kanz(2001); Haynes et al.(2006) 재인용.

(3) 학습유형에 따른 기법

슈퍼비전을 통해 활용되는 학습방법은 다양하며, 이러한 학습방법을 통한 성장을 도모하는 것은 결과적으로 슈퍼바이저가 청소년지도자인 슈퍼바이지를 통해 청소년에게 간접적으로 접촉하여 영향을 미치는 활동이다. 이렇듯 슈퍼바이지를 통해 간접적으로 청소년에게 영향력을 미치고자 하는 학습기법은 다음과 같다.

① 사례발표

사례발표를 통한 슈퍼비전은 슈퍼바이지가 자신의 사례에 대한 기록정보와 설명한 내용을 토대로 사례에 대한 피드백을 제공하는 가장 일반적인 기법이다. 그러나 이 방법의 단점은 자기보고의 부정확성이다(Goodyear & Nelson, 1997). 비록 자기보고에 대한 사례 슈퍼비전이 가장 보편적이기는 하지만 슈퍼바이지에 따라 사례를 개념화하는 능력이나 관찰능력에 한계가 있기 때문에 효과가 적을 수도 있다(Feist, 1999).

한편 어떤 슈퍼바이지는 의도했든 의도하지 않았든 사례에 대한 보고 시 상황을 추상적으로 표현하거나 잘 진행되고 있는 것처럼 표현을 하여 슈퍼바이저로 하여금 사례에 대한 적절한 개입을 돕지 못하게 할 수도 있다. 즉, 슈퍼바이지가 알아서 잘하고 있는 것으로 인식하게 할 수도 있다는 것이다. 이러한 보고는 '슈퍼바이지의 게임'일 수도 있지만 이들이 슈퍼비전을 학습과정으로 인식할 뿐만 아니라 자신의 수행에 대해 평가받는 시간이라는 것에 초점을 두고, 긍정적 평가를 받고 싶어 하기 때문이다. 이것이 바로 자기보고에 따른 사례발표의 딜레마이다. 이러한 단점을 보완하기 위해 다른 기법과 병행하는 것이 바람직하며, 이때 그 효과가 극대화된다. 특히 사례발표를 효과적으로 할 수 있는 지침과, 사례발표에 대해 슈퍼바이저가 어떠한 반응을 보이는 것이 바람직한지를 제시하면 〈표 4-5〉, 〈표 4-6〉와 같다(김융일·양옥경, 2002).

표 4-5 사례발표 지침

• 슈퍼바이저가 먼저 사례를 발표한다. • 슈퍼바이지에게 발표사례를 준비할 시간을 준다. • 발표는 기록자료나 시청각 자료에 근거해서 이루어지도록 한다. • 발표는 조직화되어야 하고 초점이 있도록 한다. • 발표는 청소년의 역학에서 시작해서 청소년지도자의 역학으로 옮겨 가게 한다.

표 4-6 사례발표에 대한 슈퍼바이저의 자세

• 슈퍼바이지를 지지하고 안심시켜 줌으로써 그 공포감을 줄여 주어야 한다. • 업무수행에 기대되는 기준을 명확하게 설명해 줄 책임이 있다. • 슈퍼바이지가 활용해 왔던 문제해결의 노력을 설명하도록 슈퍼바이지에게 요구한다. • 어떤 사례가 검토될 것인지에 대해 우선순위를 정해 준다. • 우선순위는 슈퍼바이지의 관심영역에 두고 슈퍼바이지의 약점보다는 강점을 강화시키는 데 초점을 둔다.

② 역할극

역할극은 다양한 시나리오를 가지고 슈퍼바이저와 슈퍼바이지가 청소년지도자와 청소년의 역할을 하면서 슈퍼비전을 제공하는 것이다. 역할극은 단독으로 사용될 때보다 다른 슈퍼비전 방식과 병행해서 사용할 때 더욱 효과적이다. 역할극과 강의, 토론, 필기과제, 오디오나 비디오로 기록된 사례와 같은 여러 가지 기술과 연계시켜 사용하는 것도 고려해 볼 수 있다. 역할극은 청소년지도자의 교육과 훈련을 위한 방법으로 널리 쓰이고 있으나 역할극의 가치, 효과성, 또는 참여자에게 끼치는 영향에 대한 경험적 보고나 시스템에 대한 평가는 거의 이루어지지 않고 있다. 라슨과 그의 동료들(Larson et al., 1999)은 "역할극 방법은 슈퍼바이지가 공감 등과 같은 기본원조기술을 숙달한 후에 활용하는 것이 가장 유용하다."고 하였다. 역할극은 계획, 모니터링, 평가, 보고하기 등으로 구성되며 세부수행방법은 〈표 4-7〉과 같다.

표 4-7 역할극의 수행방법

계획

- 역할극은 사전에 계획되어야 하며, 리더는 무엇이 설명·설득되며 어떻게 행동해야 하는지에 대해 미리 알아야 한다.
- 리더는 사전에 역할을 선택해야 하고 사전에 각각의 참여자와 토론한다.
- 역할극이 시작되기 전, 리더는 각각의 역할에 대해 설명해야 하고 각각의 사람이 그들의 역할을 소화하기 위해 몇 분간의 시간을 허용한다. 또한 그들의 역할을 수행하는 것에 대해 어떻게 느끼는지 물어봄으로써 사람들이 역할극에 쉽게 임할 수 있도록 돕는다.

모니터링

- 모니터링은 역할극을 지시하는 것과 통제하는 것과 관련성이 있다. 역할극이 의도한 목적에 초점이 맞춰지고 있는지 혹은 관련성이 있는지를 확인하는 것이 리더의 책임이다.
- 역할극은 짧은 시간에 진행되어야 하며 상황설정시간(set-up time)은 5분 이하여야 하고, 실제 역할극은 15분에서 20분이 넘지 않아야 한다. 복잡한 요소(문제)는 두세 개의 분리된 역할극으로 나누어 설정하는 것이 좋고, 상황을 연계시키기 위하여 토론시간을 두는 것도 좋다.
- 만일 몇몇 혹은 모든 역할극의 참여자가 역할몰두에 어려움을 느낀다면, 계속해서 역할극을 고집하지 말고, 리더로부터 일부 도움을 받아 본 후에 역할극을 포기하는 것이 나을 수도 있다.
- 모니터링에서 리더는 참여자와 방청객과 함께 어떠한 이유로 역할극이 어려움에 처했는지에 대해 논의함으로써 문제의 역할극을 해결할 수 있다. 어떤 경우에는, 문제의 저항을 극복하기 위하여 특정 참여자의 역할을 바꾸어 보는 것이 필요하다.

- 역할극 일탈(role play deviance)은 슈퍼바이저의 의도나 방향에서 벗어난 역할극을 설명하기 위한 것이다. 이 개념은 어려움이 발생했을 때, 슈퍼바이저가 역할극을 종료시키거나 새로운 방향을 제시하는 것에 대한 기본기술이 없을 때 야기된다.
- 역할극 일탈은 상호작용이 의도했던 초점에서 벗어나거나, 참여자가 역할극 내용으로 인해 흥분된 때 발생한다. 상호작용이 초점에서 벗어났을 경우에, 슈퍼바이저는 이에 개입해야 할 책임이 있고, 초점을 다시 한 번 짚어 주거나 그 회기를 종결해야 한다.
- 슈퍼바이저는 역할극의 현장에 없는 것처럼 행동해야 한다. 즉, 리더가 직접적으로 역할극에 참여하지 않을 때에는, 슈퍼바이저가 참여자 뒤에 앉아서 코멘트를 하거나, 비참여자에게 조용히 코멘트를 하는 방식으로 이루어질 수 있다.

평가
- 역할극의 종결에서, 리더는 역할극의 내용에 대해 논의해야 하고, 역할극에서 다루어졌던 논점과 함께 역할극의 결과로 드러나 요소들을 강조하여야 한다.
- 리더는 학습을 최대화시키기 위해서, 이러한 상이한 관점들을 통합하는 것을 시도해야 한다.
- 역할극에 있어서의 문제 중 하나는 리더가 역할극에서 참여자의 잘못된 점이나 약점 혹은 부적절한 반응에 대한 통제권이 없다는 것이다. follow-up 시간에, 리더는 이러한 반응을 지적해야 하며, 집단이 문제 상황을 해결할 수 있는 또 다른 방법을 찾을 수 있도록 도와야 한다. 이것은 참여자와 함께 자신들의 반응에 대해 어떻게 느끼고 있는지를 논의함으로써 이루어질 수 있다. 참여자는 그들의 반응에 있어서의 약점이나 부적절성을 즉각적으로 인식하거나 인정할 수 있다.

보고하기
- 역할극에 대한 평가와 논의 이후에는, 리더는 참여자와 청중에게 보고하여야 한다. 참여자가 연기한 역할에 대한 그들의 느낌이 논의되며, '마치 ~인 것처럼(as if)'의 상황에서 정의되었던 감정과 실제 삶(real-life role)의 역할 사이에서 연결성이 검토되어야 한다.
- 통찰을 하게 된 것이 무엇인지도 정의되어야 한다. 자신의 감정이나 소신과 불일치했던 생각이나 충돌은 집단 내에서나, 개인적으로 리더와 함께, 혹은 또 다른 적절한 전문가나 개인과 논의되어야 한다.
- 보고할 때, 리더는 참여자에 의해 사용된 역할극의 기술이 항상 명백한 것은 아니라는 것을 설명해야 하고 불분명하게 수행되었던 역할극 수행 부분은 지도자(director)에 의해서 설명되어야 한다.
- 참여자는 역할극의 실천에서 발견된 요소를 통합시킬 수 있도록 격려되어야 한다. 하지만 리더는 참여자에게 역할극 속에서 일어났던 '마치 ~인 것처럼(as if)'의 상황적 요소가 실제의 삶에서도 일어나지 않을 수도 있다는 것을 주의시켜야 한다.

출처: Munson(2002) pp. 365-369.

③ 모델링(modeling)과 시연(simulation)

모델링은 슈퍼바이저가 윤리적 문제의 의사결정이나 상담방법을 명확히 하고 적용하는 방법을 구체적 행동을 통해서 가르치는 것을 말한다. 태도와 행동을 전달하거나 슈퍼바이지에게 행동에 대한 시범을 보이는 등의 방식은 슈퍼비전 전 과정을 통해서 활용되는 기법이다. 시연은 접수면접을 하는 기술이나 화가 난 내담자를 대하는 기술 등 구체적 과제를 수행하기 위한 방법을 슈퍼바이지에게 보여주는 것을 말한다. 이 두 가지 기법은 그 구체성을 초점을 두며, 슈퍼바이저의 행동이 표준이 된다는 의미를 갖는다. 그러나 반드시 옳은 방법은 없다. 슈퍼바이저의 시법 역시 많은 가능한 방법 중의 하나임을 강조할 필요가 있다(Haynes et al., 2006).

많은 슈퍼바이지는 슈퍼바이저의 언어적 피드백이 아닌, 슈퍼바이저의 수행과정을 직접 보고 싶어 한다. 슈퍼바이저의 구체적 수행방법을 보는 것 역시 학습효과가 높고, 슈퍼비전 방식으로서의 만족도도 높이는 것으로 보인다. 이러한 이유로 특히 기술학습에서 모델링과 시연의 활용이 적극 권장되고 있다. 그러나 현실적으로는 슈퍼비전을 위해 모델링과 시범이 적극적으로 활용되지 않고 있는 것으로 보고되고 있다. 따라서 구체적 기술학습은 슈퍼바이지가 스스로 터득해야 하는 시행착오의 과정을 통해 이루어지고 있는 것이 현실이기도 하다. 따라서 모델링이나 시범과 같은 구체적 기술학습방법을 좀 더 개발하고 슈퍼바이저가 이를 슈퍼비전 과정에서 적극적으로 활용할 수 있는 슈퍼바이저 교육 및 그 효과성을 검증하기 위한 노력도 추후 요구되는 슈퍼비전 교육의 과제라 할 수 있다.

④ 과제주기

슈퍼비전을 위해 필요한 자료를 읽게 하거나, 관련된 주제의 영화나 영상기록물을 보게 하는 것 등은 슈퍼비전 회기와 병행해서 활용할 수 있다. 특히 과제주기는 임상·윤리적·법적 주제를 포함한 다양한 주제로 이루어지며, 슈퍼바이지는 다음 슈퍼비전 회기에서 논의하게 될 주제에 대해 미리 준비하도록 과제를 부여받는다.

이렇게 과제주기는 필요한 학습의 일부를 슈퍼바이지가 미리 해 올 수 있도록 함으로써 학습시간을 단축시키고 슈퍼비전 시간을 효과적으로 쓸 수 있다는 이점이 있다. 슈퍼바이저는 슈퍼비전의 목표에 맞는 적절한 과제를 선정하고, 과제의 자료원에 대한 정확한 정보를 가지고 있어야 하며 학습효과를 높일 수 있는 과제선정방법에 정통하기 위한 노력이 필요하다.

⑤ 코칭(coaching)

코칭은 슈퍼바이저가 슈퍼바이지가 처해 있는 다양한 문제 상황에 대한 점검을 촉진하고, 이를 구체적으로 해결할 수 있도록 슈퍼바이지의 학습을 촉진하는 기법이다. 슈퍼바이저는 슈퍼바이지의 이야기를 경청하여 그들이 스스로 학습에 필요한 답을 찾게 도와주는 것을 중요한 역할로 여기는 인간 중심적 접근 슈퍼비전과 유사하다. 이 접근은 특히 숙련된 상담자나 동료 슈퍼비전에서 더 효과를 발휘하는 편이다. 코칭은 짧고 비형식적인 회기를 통해서도 이루어지며, 좀 더 체계적이고 구조화된 슈퍼비전 회기를 통해서도 이루어질 수 있다. 이러한 접근은 협력적이며 슈퍼바이지의 자율성과 자기지향성의 발달을 돕는 것에 목적을 둔다(Haynes et al., 2006).

코칭은 슈퍼바이지 스스로 필요한 결정을 하도록 하며, 이러한 것을 해낼 수 있는 능력이 있다는 전제로 시작된다. 코치로서의 슈퍼바이저는 권위적 역할이 아닌 개인적 조언자로서의 역할에 초점을 두어야 한다. 따라서 코칭 기법도 슈퍼바이저의 스타일이나 슈퍼바이지의 발달 단계, 학습스타일과의 적합성을 고려하여 계획되어야 하는 것이다.

⑥ 멘토링(mentoring)

멘토링은 최근 그 효과가 재조명되고 있으며 다양한 영역에서 다양한 목적의 학습방법으로 시도되고 있다. 특히 청소년에 대한 원조기법으로 주로 활용되고 있다. 슈퍼바이저는 멘토가, 슈퍼바이지는 프로테제 혹은 멘티로서의 역할을 담당한다. 혹은 슈퍼바이저가 슈퍼비전 전체 계획안에 슈퍼바이지를 위한 슈퍼바이저가 아닌 다른 멘토를 연결하는 방법을 제안할 수도 있다. 멘토링의 효과성은 비용효과, 조직 내 커뮤니케이션 증진, 지적 자본 유지와 동기관리, 서비스 향상 등으로 제시되는데, 이는 일반적으로 기대하는 슈퍼비전의 성과목표와도 일치한다.

한편 슈퍼비전에 있어 멘토링의 한계와 위험요소로는 조직의 과다한 업무로 슈퍼비전 직무를 실질적으로 할당하기도 어렵고 직무가 할당되었다 하더라도 수행하기 어려운 조직기반이 많다는 점이다. 따라서 멘토링의 유용성을 충분히 인정한다 하더라도 이를 슈퍼비전 체계 내에 도입을 위해서는 이러한 장점과 한계를 검토하고 이를 슈퍼비전의 실행기반 내에서 어떻게 정착시킬 수 있을 것인가에 대한 고려가 필요하다.

⑦ 액션러닝(action learning)

액션러닝은 교육참가자가 소집단을 구성하여 각자 또는 전체가 팀워크를 바탕으로 실패위험을 갖는 실제문제(real problem with real risk)를 정해진 시점까지 해결하는 동시에 문제해결과정에 대한 성찰(reflection)을 통해 학습하도록 지원하는 역량개발의 교육방식이다(Rosswell, 2002). 액션러닝은 소규모로 구성된 한 집단이 조직, 그룹 또는 개인이 직면하고 있는 실질적

비즈니스 이슈와 원인을 규명하고, 이를 해결하기 위한 실행계획을 수립하여 현장에 적용하며 그 실천과정에 대한 성찰을 통한 학습, 즉 현장적용과 성찰을 통한 학습의 반복적이고 순환적인 과정을 통해 학습하는 방법이다. 이를 통해 집단구성원 개개인, 집단은 물론 조직 전체의 요구를 충족하는 적시형 학습형태인 것이다.

이를 위해서는 첫째, 액션러닝이라는 기법에 적합한 상황을 도출해 내는 작업이 필요하다. 다음으로 액션러닝을 수행할 팀을 선정하고 어떻게 구성할 것인지를 결정한다. 그리고 팀의 역할과 과업을 결정하고, 팀의 상호작용을 촉진하기 위한 다양한 전략을 적용한다. 다섯째 단계에서는 액션러닝팀의 활동을 통해 해결하고자 하는 문제나 과업내용을 분석하고 이를 현장에서 도입해 봄으로써 그 적절성에 대한 검증을 시도한다. 마지막으로 그 결과에 대한 종합평가와 결과의 활용방안을 비롯한 향후 방향설정으로 주요 과정을 마무리한다.

액션러닝을 활용하여 교육 프로그램을 설계함으로써 첫째, 교육에 대한 주인의식을 제고할 수 있다는 장점이 있다. 학습대상 집단 중 믿을 만하고 경험이 풍부한 직원이 함께 교육요구를 분석하고, 프로그램을 설계, 개발, 실시하며, 결과를 평가할 경우 동료는 교육 프로그램이 실질적 사안이나 관심사를 다루고 있다는 믿음을 갖게 되므로 이에 대한 주인의식과 프로그램의 질에 대한 자신감이 높아진다. 둘째, 현장적용 기회 증대 및 학습자의 책임의식이 강화된다. 즉, 교육 프로그램의 초점이 실질적인 문제를 해결하는 데 맞춰지고, 참가자가 교육내용을 업무 중 일선감독자나 동료에게 얘기하거나 의논할 확률이 높아진다. 셋째, 학습방법을 향상시킬 수 있는 기회가 증가한다. 학습에 대한 책임이 학습자 자신에게 달려 있고, 실질적 문제의 해결을 전제로 하며, 청소년의 요구를 충족시키고 개인을 개발시키는 것이 똑같이 중시되기 때문이다. 청소년분야에서의 액션러닝의 사용은 청소년지도자의 역량강화와 조직 관리에 영향을 미칠 수 있다. 향후에는 슈퍼비전의 학습기능을 강조하면서 액션러닝을 주요 기법으로 활용하여 교육대상자의 잠재력에 대해 좀 더 적극적인 논의와 시도가 필요하다.

7) 슈퍼비전 실천단계

이제 슈퍼비전이 각각 어떤 과정과 절차를 통해 어떻게 구체적으로 이루어지는지 알아볼 필요가 있다. 이 장에서는 슐만(Schulman, 1993)의 상호작용 슈퍼비전 모델(interactional model of supervision)과 카두신(Kadushin, 1992)의 슈퍼비전 기능을 바탕으로 슈퍼비전의 과정을 준비단계, 시작단계, 실행단계, 종결단계의 4단계로 살펴보고자 한다.

(1) 준비단계(The preliminary stage)

준비단계는 슈퍼바이저와 슈퍼바이지 관계의 기초를 이루는 단계이다. 슐만(Schulman, 1993)은 슈퍼바이저에게 가장 중요한 기술은 '조율'로서 슈퍼바이지의 상황에 슈퍼바이저 자신을 맞추어 봄으로써 준비단계에서 감정이입의 수준을 발달시킬 수 있다고 하였다. '조율하기' 위해서 슈퍼바이저는 슈퍼바이지 배경, 즉 슈퍼바이지의 가치, 문화, 오리엔테이션, 전문지식, 습관, 심지어 취미까지도 익숙해져야만 한다. 슈퍼바이저는 '슈퍼바이지가 있는 곳'에서 시작해야 하며, '슈퍼바이지가 있어야 할 곳'에서 출발해서는 안 된다. 이러한 목표를 성취하기 위해서 슈퍼바이저는 슈퍼바이지와 이러한 이슈를 직접적으로 표현할 수 있어야 하며 자유롭게 의사소통할 수 있어야 한다.

슈퍼비전의 전체 과정 중에서 슈퍼바이지가 있는 곳을 사정하고 어떤 학습목표를 설정해야 하는지 준비하는 이 단계는 슈퍼비전의 성패를 좌우할 만큼 중요하다고 할 수 있다. 슈퍼비전이 본격적으로 시작되기에 앞서, 슈퍼바이지에게 효과적으로 학습을 제공하기 위한 지침을 살펴보는 것은 슈퍼비전을 준비하는 슈퍼바이저에게 도움이 될 것이다. 따라서 여기서는 카두신(Kadushin, 1992)이 제시하고 있는 효과적 학습을 위한 6대 지침과 지침에 따른 기법을 소개하고자 한다.

지침 1	교육진단과 개별화
슈퍼바이지가 학습자로서 독특함을 갖고 있음을 고려하여 교육한다면 교육의 효과는 높아질 것이다.	

• 기법1

교육진단: 슈퍼바이지가 이미 알고 있는 것, 필요가 있는 것, 배우고자 하는 것, 그리고 배우고자 하는 방식 및 속도에 대해 진단할 필요가 있다. 즉, 슈퍼바이지에 맞는 학습목표를 세우고(Munson, 1983) 계획을 세우라는 것이다. 그리고 이러한 교육진단에 근거하여, 학습상황을 설정하고 슈퍼바이지에게 맞추어 개별화해야 한다. 명심해야 할 것은 진단의 과정이 일회적이 아니라 계속적 접촉과 관찰을 통해 이루어져야 하는 점이다. 그리고 슈퍼바이지가 효과적 서비스를 제공할 수 있는 능력에 불리하게 작용하는 왜곡요인이나 장애물에 관심을 기울여야 한다. 또한 슈퍼바이지가 처하는 위기가 어떤 것인지, 그 위기는 내적인 것인지 외적인 것인지를 이해하는 것이 중요하다.

• 기법 2

교육진단의 활용: 슈퍼바이저는 슈퍼비전 시간 전에 슈퍼바이지에 대한 교

육진단을 검토하고 이를 인식하고 있어야 하며 슈퍼비전 시간에 이를 활용하여야 한다. 교육진단을 해놓고 활용하지 않는다면 하지 않는 것보다 못하다.

지침 2	동기화
학습에 대한 동기부여는 모든 행동에는 목적이 있다는 일반적 원칙과 일치한다. 우리는 배우고자 할 때 그리고 배우는 것이 필요하다고 느낄 때 잘 배운다. 따라서 슈퍼바이지가 이렇게 느낄 수 있게 하라.	

• 기법 1

학습내용의 유용성 인식: 배우는 내용의 유용성이 분명할수록 동기는 증가한다. 기존의 연구조사를 활용하여 현재 학습하고 있는 내용이 어디에 사용될 것이며 얼마나 유용한지를 보여줄 수 있다면 슈퍼바이지는 그 학습의 중요성을 보다 잘 이해하게 될 것이다.

• 기법 2

동기와 욕구의 관점에서 학습의 의미 찾기: 슈퍼바이지가 이전보다 자신이 얼마나 더 많이 향상되었는지를 깨닫게 되면 슈퍼바이저가 그 중요성을 말로 강조하는 것보다 훨씬 더 동기를 유발될 것이다. 자신의 잘못을 수정할 수 있고, 또한 부족하고 약한 부분을 극복할 수 있는 것에 대해 슈퍼바이지를 인정해 준다면(Munson, 1983) 학습효과는 더욱 클 것이다.

• 기법 3

낮은 동기의 영역을 높은 동기의 영역으로 결합: 슈퍼바이지는 기록과 같은 것보다는 청소년을 돕는 실제적 부분에 동기화되어 있을 수 있다. 이 경우 슈퍼바이저가 기록이 슈퍼바이지의 발전을 가져오게 하고 이를 통해 청소년에게 더 나은 서비스를 하도록 해준다는 것을 보여줄 수 있다면, 기록을 배우는 것에 좀 더 관심을 갖게 될 것이다. 동기는 목표를 추구하고자 하는 욕구에 의해 생긴 내적 과정이지만 외적 요인에 의해 동기화될 수도 있다. 동기의 근원이 어디에서 오는 것이든 간에 동기부여는 학습의 수용성을 향상시키고 학습에 유용한 에너지를 만들어 낸다.

• 기법 4

동기부여, 동기의 자극 및 보호: 어떤 내용을 배우는 데 동기가 부족한 슈퍼바이지는 그것의 필요를 느끼지 못할 것이다. 그는 자기 방식대로 일하는 것에 만족하기 때문에 이를 해결하기 위해 부가적 학습이 필요하다는 것을 느끼지 못할 수 있다. 그러나 슈퍼바이저가 슈퍼바이지의 수행이 잘못되었다는 확신이 들고 그가 배워야 할 필요가 있다고 생각한다면 먼저 슈퍼바이지 자신의 수행에 대해 느끼는 불만을 자극해야 한다. 문제는 동기의 존재 여부가 아니라 동기를 인식하는 민감성에 있다. 슈퍼바이저는 동기부여를 위해 슈퍼바이지가 자신이 하고 있는 것과 할 수 있는 것, 해야 할 필요가 있는 것, 또는 하기를 원하는 것 사이의 차이를 직면하도록 하는 것이 중요하다. 현재 자신이 수행하고 있는 것에 대해 불만족하고 있다면 이 슈퍼바이지는 청소년과 함께 일하는 보다 나은 방법을 배우기 위한 필요조건을 갖추었다고 할 수 있다.

• 기법 5

다양한 학습기법 사용: 다양한 학습기법을 사용하여(Munson, 1983) 슈퍼바이지의 학습욕구와 동기를 극대화할 필요가 있다. 특히 복잡한 자료를 단순화시킬 수 있는 전략기법을 개발하는 것은 슈퍼바이지의 학습동기 부여에 유용할 것이다.

지침 3	에너지 투자 독려
거부, 불안, 죄책감, 수치심, 실패에 대한 두려움, 자율성에 대한 공격, 불확실한 기대라는 장애를 극복하기 위해서는 학습을 향한 에너지가 필요하다.	

• 기법 1

규칙을 명확히 세우기: 명확화는 학습목적과 관련이 있다. 시간, 장소, 역할, 한계, 기대, 책임, 그리고 목적에 대한 규칙을 명확히 하는 것이 필요하다. 특히 목적과 관련하여 슈퍼바이저는 슈퍼바이지가 무엇을 배우고자 하는지 배우고자 하는 것을 배운 후에는 무엇을 알게 될 것이며 그 지식을 이용하여 무엇을 할 수 있는지에 대해 알려 주고 공유할 필요가 있다.

• 기법 2

슈퍼바이지 스스로 해결책을 결정할 권리 존중: 슈퍼바이지의 자율성과 독창성을 존중하는 것은 학습을 위해 필요한 심리적 에너지가 자율성을 보호하도록 해줄 것이다.

• 기법 3

수용적 분위기, 심리적 안정감, 그리고 안전의 틀 형성: 학습은 실수와 실패의 위험을 갖고 있다. 실패나 무지를 인정하는 것을 거부하고 비난을 두려워하는 청소년지도자는 심리적 에너지를 이런 예상되는 공격을 방어하는 데 쏟을 것이다. 슈퍼바이저는 슈퍼바이지를 괴롭히는 사람이라기보다는 좋은 조언가이어야 한다. 학습은 학습자가 이용할 준비가 되어 있는 지식과 기술만을 요구하지는 않는다. 새로운 학습은 세계와 사람에 대한 인식을 수정하기 때문에 태도, 가치, 그리고 행동에 있어서 변화의 위험을 포함하는 것이며 이 변화의 위험은 불안을 자극하는 것이다. 슈퍼바이저는 슈퍼바이지가 배울 필요가 있는 것을 학습하도록 우호적인 방법을 통해 단호히 요구해야 한다. 이렇게 강력하게 요구하는 것이 때로 긴장을 유발하기도 하지만 긴장은 학습의 동기화에 필수적일 수 있기 때문에 허용된다. 슈퍼바이저는 계속 슈퍼바이지에게 도움이 되어야 한다. 또한 슈퍼바이저는 동기부여와 도전의 긴장 정도와 유지하려는 긴장 정도 간의 균형을 유지할 책임이 있다.

• 기법 4

알고 있는 것과 할 수 있는 것의 인식과 활용: 슈퍼비전의 요구를 충족시키기 위해 청소년지도자로 하여금 이미 알고 있는 것을 끌어내는 것이므로 불안을 감소시킬 수 있다.

• 기법 5

친숙한 내용에서 생소한 내용으로 이동: 생소한 것은 학습에 불필요한 불안과 긴장을 야기한다. 따라서 생소한 것에서 친숙한 것으로 연결시켜 간다면, 새로운 학습은 덜 낯설고 덜 어려울 것이다. 특히 슈퍼바이지가 잘 알고 있는 것에 초점을 두고 잘못하는 것으로 다루게 된다면(Munson, 1983) 슈퍼바이지는 더욱 잘 배우려고 에너지를 투자할 것이다.

• 기법 6

학습능력에 대한 정당한 확신 표현: 슈퍼바이지 스스로 자신의 능력을 의심하는 경우, 그 의심은 학습을 위한 에너지를 감소시킨다. 반면 자신감 있는 부분에 대해 의사소통하는 것은 학습을 위한 동기와 흥미를 증가시킨다. 슈퍼바이저는 학습이 성장과업이고 시간이 걸리는 일임을 인식하고 이를 허용해야 한다.

• 기법 7

가르칠 내용의 숙지를 통해 철저하게 가르칠 준비하기: 슈퍼바이저에게 도움을 주고자 하는 바람과 의지뿐 아니라 도움을 줄 수 있는 능력도 필요하다. 슈퍼바이지는 자신이 무엇을 알아야 하는지 모를 때 불안을 느끼지만, 슈퍼바이저가 그에 대한 답을 알고 있다면 그 불안은 경감될 것이다. 슈퍼바이저는 이에 대해 알고 있어야 하며, 필요하다면 이를 슈퍼바이지와 기꺼이 공유해야 한다. 그렇지 않을 경우 슈퍼바이지에게는 활용할 자원이 결여되는 상황이 되기 때문에 불안이 유발될 수 있다. 때로는 슈퍼바이저가 "모르겠다"고 말할 수도 있지만 뒤이어 "우리 찾아내기 위해 노력하자"고 덧붙일 필요가 있다. 슈퍼바이지는 슈퍼바이저에게 유능성을 기대한다. 보다 전문적인 슈퍼바이저라면 슈퍼바이지의 정당한 의존욕구를 충족시킬 준비가 되어 있어야 하며 이를 충족시킬 수 있어야 한다.

지침 4	만족감 고양
사람은 만족스러운 것은 반복하고자 하며 고통스러운 것은 중단하고자 한다.	

• 기법 1

성공가능성을 높이기 위한 학습여건 제공: 성공적 경험은 그와 관련된 행위를 보상하고 강화시킨다. 그러나 과업이 너무 쉽다면 이를 성취함으로써 성공했다는 느낌을 갖기 어려울 것이다. 따라서 도전적이면서도 너무 압도하지 않는 학습과업을 선택하는 기술이 필요하다.

• 기법 2

적당한 칭찬으로 학습의 긍정적 만족감 강화: 칭찬은 그 행동을 강화하는 정신적 보상이다. 그러나 마구잡이식의 칭찬은 역효과를 낼 뿐이다. 따라서 슈퍼바이저는 칭찬해야 할 행위에 대해 구체화되어 있어야 한다. 일반적 칭찬, 즉 "청소년에게 청소년을 이해하고 있다고 잘 표현했어요!"라기보다는 "그의 ~에 대한 답변에 대해 ~라고 말한 것은 청소년에 대한 진정한 이해를 표현한 것입니다"라고 하는 것이 좋다. 이런 언급은 단지 보상이 될 뿐 아니라 슈퍼바이저가 강화하고자 하는 행위를 의식화시키고 명료하게 해주며, 그 이후로도 그 행위를 지속하게 해준다.

• 기법 3

긍정적 피드백을 통한 칭찬하기: 강화는 생생하게 전달될 수 있는 학습상황에서 이루어지는 것이 효과적이다. 따라서 자주 정기적 컨퍼런스를 갖고 슈퍼바이지가 최근 경험한 것에 대해 평가하고 반응하는 것이 좋다.

• 기법 4

학습자료를 단계적으로 연관성 있게 제시: 단순한 것에서 복잡한 것으로, 명백한 것에서 추상적인 것으로 나아간다면 보다 효과적인 학습이 될 것이다. 뿐만 아니라 슈퍼바이지가 소화할 수 있는 양만큼 제공하고 단계별로 그 양을 조금씩 증가시키면서 조절해 나간다면 학습이 더욱 효과적이 될 것이다.

• 기법 5

실패에 대해 슈퍼바이지 준비시키기: 업무과정에서 어렵고 복잡한 상황에 당면하게 되는 것은 필연적인 일이다. 슈퍼바이지로 하여금 실패에 직면할 가능성을 인지시켜 둔다면 그가 가질 수 있는 죄책감, 수치감에 덜 휘둘리고 그 경험을 통해 더 많은 것을 배우게 될 것이다.

지침 5	학습과정에 적극 참여
슈퍼비전은 일방적으로 주거나 받는 과정이 아니며 공유해 가는 과정이다. 따라서 슈퍼바이지를 학습과정에 참여시켜서 학습에서 주도성을 갖게 한다면 학습효과를 높일 수 있을 것이다.	

• 기법 1

슈퍼비전 일정계획과정에의 참여 독려: 자신이 참여하여 계획을 세우고 나면 슈퍼바이지는 슈퍼비전 과정에 좀 더 적극적으로 참여하게 될 것이다. 또한 이것은 슈퍼바이지가 논의하고자 하는 것에 대한 관심과 흥미를 증가시킬 것이다.

• 기법 2

질문, 토론, 반박, 의문제기의 기회 제공: 슈퍼바이저는 슈퍼바이지의 생각을 대신해 주기보다는 보충해 주어야 한다. 슈퍼바이지는 심리적으로 안정된 분위기에서만 편안하게 질문하고 의견을 개진할 수 있다. 따라서 활발한 토론이 권장되어야(Munson, 1983) 한다.

• 기법 3

학습한 지식의 적용과 활용의 기회 제공: 현재 가르치고 있는 것과 관련된 과업을 제공하는 것이 필요하다. 직접 활용하면서 자신이 학습한 내용을 시험하는 것이다. 학습은 행동으로 옮겨지고 성공적 행동은 학습을 강화시킨다. 그러나 청소년지도자가 일을 잘 해내지 못하는 비판적 고찰이 주어져야 하며, 이를 다시 수정하여 시행해 볼 수 있는 기회가 제공되어야 한다.

지침 6	교육내용에 의미 제시
교육하고자 하는 내용이 의미 있게 다가온다면 열심히 배우게 된다.	

- 기법 1

흥미와 관심을 보이는 내용 제시: 자신이 다루고 있는 사례나 문제와 관련된 내용을 배우게 될 때 슈퍼바이지의 학습에 대한 준비성이 높아질 것이다. 따라서 슈퍼바이지가 관심을 갖고 있는 이슈를 중심으로 슈퍼비전을 제시하는 것은 중요하다.

- 기법 2

업무의 즐거움 강조: 슈퍼바이지가 하고 있는 일을 즐거운 일임을 강조하여, 좋아하는 일을 즐거운 마음으로 하도록 독려하는 것이 중요하다.

- 기법 3

제시된 내용의 일반화: 슈퍼바이저에 따라 다양한 이론과 모델이 강조된다. 그러나 중요한 것은 이론이 아니라 사람이다. 따라서 좀 더 일반적이고 포괄적인 이해와 해석이 요구된다.

• 기법 4

선택과 집중: 슈퍼바이저는 어떤 것이 중요한지, 어떤 내용이 보다 많은 주의와 강조와 반복을 요구하는지를 알아야 한다. 또한 가르치고자 하는 내용을 선택할 수 있는 우선순위를 갖고 있어야 한다.

• 기법 5

창의적 반복: 같은 이야기를 다양한 방식으로 가르칠 때 학습효과는 높아진다. 비교와 대조, 유사성과 차이점의 예시를 통해 같은 내용이라도 좀 더 의미 있게 다른 형태로 제시될 수 있다.

• 기법 6

지속성, 연결성, 통합성을 고려한 학습 제공: 중요한 내용을 반복하여 심도 있게 가르치고, 단순한 것에서 좀 더 복잡한 것으로 폭넓게 접근하며 서로 다른 내용을 관련시켜 나가는 것은 학습의 효과성을 높여 준다.

• 기법 7

이전에 언급된 학습의 원칙 기억하기: 익숙한 것에서 생소한 것으로, 간단한 것에서 복잡한 것으로 나아가는 것, 학습내용을 의식적으로 분류하고 구체화하는 것, 그리고 요점을 반복하고 요약하는 것은 모두 학습의 유의미성을 높여주는 조건들이다.

(2) 시작단계(The beginning stage)

시작단계에서 가장 중요한 것은 슈퍼바이저와 슈퍼바이지 간에 상호 합의와 신뢰를 구축하는 것이다. 이것은 서면의 슈퍼비전 계약 또는 구두 동의를 통해 이루어질 수 있다. 슈퍼바이저는 그들의 목적의식을 공유하고, 그들의 역할을 이야기하고, 슈퍼바이지의 인식에 대한 피드백을 수집하며, 상호 의무와 기대를 토의해야 한다. 슈퍼비전 계약서를 작성할 경우 계약서의 내용 자체보다 그 맥락이 훨씬 중요하다고 볼 수 있다. 슈퍼바이저와 슈퍼바이지 간에 신뢰가 없다면 슈퍼비전 계약서는 의미가 없는 서류일 뿐이다.

(3) 실행단계(the word stage)

실행단계는 슈퍼비전 과정에서 핵심단계이다. 실행단계에서 획득할 수 있는 기술로는 회기조율기술, 계약기술, 정교화 기술, 감정이입기술, 감정공유기술, 자기주장기술, 장애물지적기술, 자료공유기술, 종결기술 등이 있다.

① 회기조율기술

준비단계에서의 조율기술이 실행단계에서 또한 적용될 수 있다. 조율기술의 핵심은 문제를 피하지 않고 직면하는 것이다. 슈퍼바이저는 슈퍼바이지가 당면하고 있는 특정 문제에 집중해야만 한다. 그 문제가 직원을 불편하게 하고 스트레스를 야기하는 조직의 방침이 될 수도 있지만, 슈퍼바이저는 슈퍼비전 시간 동안 그 문제를 주제로 토의할 수 있어야 하며 슈퍼바이지가 문제와 관련된 자신의 분노를 다루고 잠재되어 있는 감정을 표현할 수 있도록 해야 한다. 이러한 과정이 슈퍼바이저와 슈퍼바이지가 상호 신뢰와 효과적 의사소통방법을 발전시킬 수 있도록 해줄 것이다. 그러기 위해서는 모두 진실된 태도와 긍정적 동기를 가지고 있어야 한다.

② 계약기술

슈퍼비전 계약서가 슈퍼비전의 목적, 역할, 책임, 구조 등을 결정했을지라도 각 슈퍼비전회기의 내용은 그때그때 슈퍼바이저와 슈퍼바이지 간의 동의에 의해 결정된다. 슈퍼바이저는 다루게 될 목록의 가안을 가지고 슈퍼비전에 들어가야 하지만, 토의하는 처음 15분 내에 더 관심 있는 주제가 명백해질 수 있다. 토의를 하는 동안 슈퍼바이저는 슈퍼바이지가 무엇을 생각하고 느끼고 있는지를 정확하게 파악할 때까지 슈퍼바이지로부터 제기된 문제에 대한 해결책 제공을 피해야 한다. 이 과정에서 가장 중요한 요소는 기술이 아니라 진실성(sincerity)이다. 슈퍼바이저는 주장하지 않고도 자신의 권위를 유지해야 한다. 대부분의 경우 조언이나 정보를 제공하는 것보다 경청이 훨씬 더 중요한데, 특히 슈퍼바이저가 최일선에서 일하는 경력 있는 청소년지도자를 대하고 있는 경우는 더욱 그러하다. 슈퍼바이저는 반드시 훌륭한 경청자가 되어야 한다. 그렇지 않으면 슈퍼바이저가 제공하는 조언은 큰 심리적 저항에 부딪힐 것이다.

③ 정교화 기술

슈퍼바이지에 의해 제기되는 이슈에 세심하게 대처하기 위해서 슈퍼바이저는 다음 다섯 가지 종류의 정교화 기술을 발전시켜야 한다.

- 일반적 영역에서 구체적 주제로 옮겨 가기: 슈퍼바이저는 먼저 경청하고 난 후에 무엇이, 어떻게, 언제, 누가, 어디서 등 구체적인 것을 물어야 한다.
- 억제하기: 슈퍼바이저는 경청하는 동안 행동을 피하고 침묵을 유지하며 슈퍼바이지에 의해 제기된 이슈를 충분히 이해하도록 노력해야 한다.

- **초점 있는 경청하기:** 슈퍼바이저는 슈퍼바이지의 주된 관심에 집중해야 하며 슈퍼바이지의 감정을 공유하도록 노력해야 한다. 주요 이슈를 충분히 이해하고 그에 대한 슈퍼바이지의 반응을 이해하는 것이 필요하다.
- **질문하기:** 이 기술은 슈퍼바이지가 당면한 이슈에 대한 더욱 구체적인 정보를 습득하는 데 활용되는 것이다. 어떤 질문은 기대하지 않았던 질문에 대한 슈퍼바이지의 좋은 반응으로서 작용하기도 한다. 질문을 적절하게 사용하는 것은 슈퍼바이저로 하여금 정보를 수집하고, 지지를 제공하며 지침을 제공하는 것을 도와줄 수 있다.
- **침묵 유지하기:** 침묵이 적절한 시간엔 침묵을 유지할 필요가 있다. 이는 듣는 사람이 질문에 만족하지 않거나 더 많은 정보가 필요하다는 것을 암시한다. 또한 슈퍼바이지가 대화를 지속할 수 있도록 격려하는 전략이기도 하다.

④ 감정이입기술

감정이입은 청소년지도자에게 가장 중요하고 필요한 자질 중의 하나이다. 슈퍼바이저는 슈퍼바이지를 동일시하고 감정이입적 반응에 장애요인이 되는 요인은 제거해야 한다. 또한 슈퍼바이저는 슈퍼바이지의 감정을 인식하고 분명하게 표현해야 한다. 슈퍼바이저가 강인한 사람인 척할 필요도 없으며, 직원으로부터 거리감을 유지할 필요도 없다. 슈퍼바이저가 솔선해서 관심을 나타내야 한다. 슈퍼바이지가 감정을 드러낼 경우, 슈퍼바이저는 자연스럽게 반응해야 한다. 또한 슈퍼바이저는 전문직의 독립은 필수적인 것이 아니며 전문직의 상호 의존이 수치는 아님을 분명히 해야 한다. 슈퍼바이지의 감정을 인정함으로써 슈퍼바이지로 하여금 자신의 반응이 자연스러운 것임을 재확인해 줄 수 있다. 마지막으로 슈퍼바이지가 당면한 상황을 슈퍼바이지가 요약하는 것이 도움이 될 것이다. 이러한 명확한 표현은 슈퍼바이지로 하여금 슈퍼바이저가 자신의 감정을 이해하고 있음을 인식시킬 것이다. 슈퍼바이지는 이러한 수용을 감사하며 슈퍼바이저의 인간적인 모습을 보게 될 것이다.

⑤ 감정공유기술

슈퍼비전은 전문적인 동시에 개인적인 실천이다. 감정을 공유하기 위해서 슈퍼바이저는 '진실한 사람'이 되어야만 한다. 슈퍼바이저는 자신의 희망과 두려움을 미소와 눈물로 표현할 수 있어야 한다. 이러한 행동은 슈퍼바이지로 하여금 자신을 개방하고 진실되게 만들어 줄 것이다. 슈퍼바이저는 보통 사람과 마찬가지로 취약성을 보여줄 수도 있다. 슈퍼바이저는 불공평하거나 불합리한 것에 대한 분노도 적절하게 표현할 수 있다. 이것은 슈퍼바이지로 하여금 슈퍼바이저가 진실된 사람이라는 것을 볼 수 있도록 할 것이다.

효율적인 슈퍼바이저는 두 가지의 상반된 역할을 할 수 있어야만 한다. 직원에게 따뜻한 정서적 지지를 제공하는 동시에 직원이 기대수준의 직무를 확실하게 수행하도록 해줘야 한다. 슈퍼바이저는 완벽하거나 항상 선호의 대상이 될 필요는 없다. 슈퍼바이저도 강점과 약점을 가진 인간이며 그들의 개인적이고 전문적인 정체성을 슈퍼바이지와도 조화시켜야 한다.

⑥ 자기주장기술

슈퍼비전의 궁극적 목적이 청소년에게 효과적이고 효율적인 서비스를 제공하는 것이므로, 슈퍼바이저는 슈퍼바이지의 과정을 모니터링 해야만 한다. 과업이 제대로 이루어졌는지 확인하고 과업수행방식을 모니터링하기 위해서는 특정 질문이 이루어져야만 한다. 슈퍼바이저는 직원이 직무의 요구조건을 충족시키는지 확인해야 하고, 한계를 설정하는 기술이 중요하다. 슈퍼바이저는 슈퍼바이지가 기대와 요구를 인식하도록 해야 한다. 일련의 연속적 질문은 슈퍼바이지의 어려움, 동기, 감정을 명료화하도록 도와줄 것이다.

⑦ 장애물지적기술

슈퍼비전의 진행을 방해하는 수많은 민감한 문제들이 존재한다. 가장 일반적인 문제는 슈퍼바이저와 슈퍼바이지 간의 권력의 차이이다. 그러나 슈퍼바이저는 슈퍼바이지의 사생활에 속하는 수많은 문제들도 있다는 것을 주지하여야만 한다. 또 다른 기술로는 성격에 초점을 두지 않고 업무수행에 초점을 두는 것이다. 그렇지 않으면 슈퍼바이지의 인권은 아마도 침해될 것이다. 만일 슈퍼바이지가 더욱 열심히 일하도록 격려하고 싶다면 슈퍼바이저는 기대하는 업무의 결과를 구체화하고 직원에게 가능한 자원들을 명료화해야만 한다.

⑧ 자료공유기술

슈퍼바이지가 직무를 효과적으로 수행할 수 있도록 유용한 정보를 제공하는 것은 슈퍼바이저의 임무 중의 하나이다. 슈퍼바이지가 질문하는 데 거리낌이 없게 느끼는 방식으로 자료를 공유하는 것은 중요하다. 그렇지 않다면 의사소통이나 진솔한 토의는 거의 존재하지 않는다. 정보를 통한 지지는 정서적 지지 못지않게 중요하다. 슈퍼바이지의 개입과 관련된 문제해결을 원조하는 것이 가장 중요한 지지의 방식이라는 것은 연구조사와 실천경험 모두에서 나타나는 결과이다.

⑨ 종결기술

슈퍼비전 회기를 마치는 것은 예술이다(Schulman, 1993). 슈퍼바이저는 토의했던 것을 요약해야 한다. 그 토의는 일부 작업과 관련된 지침들을 포함할 수도 있다. 슈퍼바이저는 합의된 목적을 이행하는 데 필요한 다음 단계를 확인할 필요가 있다. 슈퍼바이지에 의해 제기된 문제가 특정한 실천기술을 요구한다면 리허설이 유용할 수도 있다. 마지막으로 슈퍼바이저는 슈퍼바이지가 슈퍼비전 회기의 가장 끝에 제기하는 중요한 이슈에 대해 의사소통하는 데 주의해야 한다. 이러한 의사소통은 슈퍼비전 회기의 구성, 구조와 일정을 재조정할 필요성을 제기하기도 한다.

(4) 종결단계(The termination stage)

종결단계에서 슈퍼바이저는 전체 슈퍼비전 과정에서의 다양한 단계를 요약하고 슈퍼바이지가 학습한 것과 그들이 얼마나 성장하였는지에 대한 평가를 제공한다. 더불어 슈퍼바이저는 슈퍼바이지의 강점과 약점을 검토하는 작업을 수행해야 하는데, 이는 슈퍼바이지가 미래에 성장, 발전하는 데에 도움이 된다.

슈퍼비전을 종결하는 경우는 슈퍼비전 계약에서 세웠던 목표를 달성했을 때, 즉 슈퍼바이지가 자율적 실천역량을 달성했다는 것에 대하여 슈퍼바이저와 슈퍼바이지 양자의 상호 동의가 이루어질 때가 되어야 한다. 조직 차원에서 규정한 슈퍼비전의 시작과 종결에 대한 기준이 있는 것이 바람직하며, 규정이 있다면 그 규정에 근거하여 슈퍼비전의 종결이 고려되어야 한다.

슈퍼비전이란 평생 동안 받는 것이 아니라 슈퍼바이지가 충분히 성장했을 때 종결하는 것이다. 따라서 종결은 전문직마다 요구되는 과업 및 개인적 역량의 기준에 근거하여 적용하고 평가되어야 한다.

또한 승진이나 진학, 사직, 은퇴 등으로 직장을 떠나는 슈퍼바이지가 있을 경우 마지막 인터뷰를 해야 한다. 슈퍼바이저는 양자 모두가 성취해 온 것을 요약하고 슈퍼비전 관계를 종결하는 것에 관한 양자의 감정을 표현해야 한다. 자신 있는 슈퍼바이지라 할지라도 이별과 미래의 불확실성에 대한 불안이 어느 정도 있기 마련이다. 또한 슈퍼바이저는 슈퍼바이지가 슈퍼비전 과정에 쏟아 부은 노력에 대해 감사함을 표현해야 한다. 이러한 토의는 슈퍼바이저와 슈퍼바이지 모두에게 또 다른 시작을 위한 준비과정이 될 수 있다.

슈퍼바이지에 평가는 슈퍼바이지에게 불안을 야기하지만 동시에 상급자로부터 인정의 기회가 되기도 한다. 자신이 개선해야 할 점을 지적받으면서 슈퍼바이지는 자신의 업무를 보다 현실적이고 긍정적으로 바라보게 된다. 슈퍼바이지는 좋은 평가를 받기 위하여 자극을 받고 배우며 변화한다. 평가는 슈퍼바이지로 하여금 자기평가를 할 수 있도록 도와주고, 보다 나은 자기발전을 위한 자기인식을 증가시킨다. 슈퍼바이지는 평가과정을 거치면서 업무수행기준에 친숙해지기 때문에 그 자신의 업무를 비판할 수 있는 능력을 갖게 된다(김융일·양옥경, 2002). 또한 슈퍼바이지로 하여금 슈퍼바이저로부터 독립하여 업무를 수행할 수 있는 능력을 길러 주며, 그 결과 독립적으로 업무수행 시 평가기준이 자기 자신의 준거틀이 됨으로써 독립적 실천가로 성장하는 데 기반이 되어 준다.

※ 슈퍼바이지 평가항목의 예(Kadushin & Harkness, 2002)

- 청소년을 원조하는 데 방해되지 않도록 청소년과의 관계에서 자신의 감정을 인식하고 이를 통제한다.
- 청소년과 라포(rapport), 편안함, 심리적 안정감 있는 관계를 성립한다.
- 수용할 수 없는 행동은 용납하지 않으며, 다양한 행동을 수용하는 의사소통을 할 수 있다.
- 원조를 요청하는 청소년의 문제 상황에 대한 정확하고 분명한 사정을 할 수 있다.
- 청소년의 상황을 이해하는 데 사회력 조사 자료를 잘 조직하고 통합할 수 있다.

- 적절한 범위에서 진단체계(diagnostic formulation)를 수정하고 확인할 수 있다.
- 청소년을 위하여 지역사회자원을 동원할 수 있다.
- 좌절감 없이 제한된 치료목표를 수용할 수 있다.
- 청소년과의 면담에서 청소년의 의사소통을 촉진시킨다.
- 청소년과의 면담에서 언어적 의사소통뿐만 아니라 비언어적 의사소통도 이해하고 반응한다.
- 기록은 청소년지도자와 청소년 간 상호작용의 특성과 청소년지도자의 진단적 사고를 반영한다.
- 서비스를 방해하는 기관의 정책과 절차에 대해 건설적이고 적절하게 비판한다.
- 슈퍼비전 회의에서 동의하지 않는 부분에 대해 건설적으로 조언할 수 있다.
- 슈퍼비전에서 자율학습의 욕구를 구축하는 것에 대해 책임감을 가진다.

8) 슈퍼비전의 평가

슈퍼비전에서 평가란 일정 기간 청소년지도자가 직무에서 수행한 전체 기능에 대한 객관적 판단이라고 할 수 있다(Schmidt & Perry, 1940). 평가는 청소년지도자가 기관에서 자신의 직위에서 요구되는 과업을 얼마나 성취하였는가를 신뢰도 있고 타당한 방법으로 결정하기 위한 체계적 절차를 적용하는 과정이다. 평가는 기관의 기준을 반영하여 매우 구체적이고 현실적이며 성취 가능한 항목을 바탕으로 이루어져야 한다. 평가는 업무와 관련된 것이며 시간 제한적이다. 평가는 업무성취의 양과 업무수행의 질에 따라 이루어져야 한다(Kadushin & Harkness, 2002).

일반적으로 슈퍼비전에서의 평가는 슈퍼바이지에 대한 평가를 의미하긴 하지만, 슈퍼바이저와 기관의 슈퍼비전 제도에 대한 평가도 이루어져야 한다. 슈퍼비전을 평가함으로써 슈퍼비전이 제대로 제공되고 있는지, 슈퍼바이지는 학습과정을 잘 수행해 나가고 있는지, 기관은 이를 위하여 어떤 노력을 기울이고 있는지를 확인할 수 있다. 이 장에서는 슈퍼비전 평가의 목적, 평가에서 다루어야 할 내용, 평가의 방법과 고려사항 등을 중심으로 효과적인 슈퍼비전 평가방안을 모색하고자 한다.

(1) 슈퍼비전 평가의 가치

평가는 슈퍼바이지의 행동을 통제하고 표준화시키기 위한 절차로서 두 가지 중요한 목적을 가지고 있다. 첫째는 기관의 행정적 효율성 증진에 초점을 둔 것이고(행정평가), 둘째는 슈퍼바이지의 전문적 성장과 발전(실천평가)에 초점을 둔 것이다. 행정평가는 과거의 업무수행에 일차적 초점을 두며 조직에 부여된 힘을 사용하여 조직체의 성과인정을 배분함으로써 과업수행을 통제하는 것이다. 흔히 승진, 봉급인상, 감봉, 정직 등과 같은 행정적 결정의 근거자료가 된다. 한편 실천평가는 슈퍼바이지의 직무수행상 강점과 제한점을 찾아내는 교육-학습과정으로 앞으로 업무수행을 향상시키기 위한 업무내용에 초점을 둔다(김융일·양옥경, 2002). 더 나아가 평가는 전문적 슈퍼비전의 윤리적 의무이기도 하다(Kadushin & Harkness, 2002). 따라서 다음과 같은 평가의 가치를 지닌다.

첫째, 평가의 슈퍼바이지에 대한 가치이다. 슈퍼바이지에 대한 평가는 현 상황을 알 수 있도록 도와줌으로써 불안감을 감소시켜 주는 역할을 한다. 슈퍼바이지에게 평가는 지금까지 학습한 내용을 의식하게 하고, 학습동기를 유발시켜 직접적이며 통합적인 학습을 하게 한다. 또한 슈퍼바이지는 더 좋은 평가를 받기 위하여 자극을 받고 배우며 변화한다. 따라서 평가는 슈퍼바이지로 하여금 자기평가의 패턴을 세우도록 도와주고, 보다 나은 자기발전을 위한 자기인식을 증가시킨다. 슈퍼바이지는 평가과정을 거치면서 업무수행 기준에 익숙해지기 때문에 자신의 업무를 비판할 수 있는 능력이 생기며 결국은 독립적으로 실무에 임할 수 있게 된다.

둘째, 평가의 기관에 대한 가치이다. 기관이 지역사회에 대한 책임이 있는 것과 마찬가지로 개개의 슈퍼바이지는 기관에 대해 책임이 있다. 슈퍼바이지의 업무에 대한 슈퍼바이저의 평가는 지역사회에 대해 갖는 기관 책임성의 연속이라고 볼 수 있다. 따라서 슈퍼비전의 평가는 기관행정에도 궁극적으로 변화를 일으킬 수 있다.

셋째, 청소년에 대한 가치이다. 평가의 결과로서 청소년은 효율적인 서비스를 보장받을 수 있으며, 부적절한 서비스부터 보호받을 수 있다.

넷째, 평가의 슈퍼바이저에 대한 가치이다. 슈퍼비전 평가를 통해 슈퍼바이저는 지금까지 슈퍼바이지가 무엇을 배웠는지 앞으로 그들에게 가르쳐야 할 내용이 무엇인지에 관하여 알게 된다. 슈퍼바이지의 강점과 약점을 명확히 함으로써 인적자원을 효율적으로 활용할 수 있다.

(2) 슈퍼비전 평가의 내용

① 슈퍼비전의 목적에 따른 평가

슈퍼비전 평가의 내용을 살펴보기에 앞서 슈퍼비전의 목적이 무엇인지 다시 한번 고찰하는 것은 평가해야 할 것이 무엇인지를 알려 주는 중요한 기준이 된다. 페인(Payne, 1994)은 여러 연구결과에 제시된 사회복지 슈퍼비전의 목적을 열일곱 가지로 정리하여 제시하였는데 이것은 슈퍼바이지를 위한 것 그리고 슈퍼바이저와 관리(management)를 위한 것으로 청소년실천현장을 적용하여 살펴보면 다음과 같다.

첫째, 슈퍼비전은 청소년이 최대한의 이득을 받을 수 있도록 하고 청소년에 대한 직원의 부적절한 반응을 금지하는 것에 대해 책임져야만 한다. 둘째, 슈퍼비전은 슈퍼바이지가 더 효과적인 보호를 전달하고 다른 사람의 조언을 받아들이며 자신의 개입에 대한 고민을 제기할 수 있도록 해야 한다. 또한 슈퍼바이지가 전문가적 발전을 추구하고 피드백을 수용하며 자신의 감정을 처리, 자기관리를 개선할 수 있도록 책임져야만 한다. 셋째, 슈퍼바이저의 관점에서 슈퍼비전은 서비스 단위에서의 규범과 도의를 지키도록 하고 업무량의 수준을 모니터하며 개입을 검토, 계획하고, 목적을 유지하도록 해야 한다. 슈퍼비전은 비판적 분석을 제공할 수 있어야 하고, 일선 직원의 업무수행에 관하여 상급 직원에게 지속적으로 알리며, 법원의 명령, 법규의 규정과 기타 의무가 확실히 이행하도록 해야 하며, 전문적 업무수행의 좋은 표준을 유지하는 데 활용되는 것이다. 따라서 슈퍼비전에 대한 평가는 이상의 세 가지 영역에 대한 목적을 제대로 달성하였는지를 살펴보는 것이라 할 수 있다.

② 포괄적 슈퍼비전 평가

평가는 가치, 윤리, 이해와 지식, 자기인식 등과 같은 인지적(cognitive) 기준과 대인관계에서의 태도, 감정, 관계 등과 같은 정서적(affective) 기준, 면접기술, 사정, 문제해결 사회복지 과정기술 등과 같은 업무수행(performance) 기준을 포함한다(Kadushin & Harkness, 2002). 카두신과 하크니스(Kadushin & Harkness, 2002)가 제시한 포괄적 평가 내용의 영역은 다음과 같다.

가. 청소년 체계와 의미 있고 효과적이며 적절한 전문관계를 수립하고 유지하는 능력

- 청소년에 대한 적절한 행동으로 나타나는 태도, 도움이 되고자 하는 관심과 소망, 존중, 공감적 이해, 비심판적 수용, 정형화되지 않은 개별화, 청소년의 자기결정에 동의, 온정과 배려
- 관계에서 청소년을 위한 객관적이며 통제된 자기의 사용, 과잉동일시 하지 않는 공감과 동정

- 청소년과 접촉 시 전문적으로 수용된 가치의 고수, 비밀보장

나. 청소년실천과정: 지식과 기술

- 자료수집기술: 탐색될 필요가 있는 서비스 상황에 대하여 중요한 심리사회적·문화적 요인을 판별할 수 있는 식별능력, 청소년, 친인척, 기록, 검사 등으로부터 적절한 정보를 수집할 수 있는 능력, 관련 사회조사 항목의 관찰과 탐색의 정확성과 상세성
- 진단기술: 정신내적·대인관계적·환경적 요소의 상호관계에 대한 이해를 논증, 사회조사자료로부터 의미를 도출하기 위하여 인간행동과 사회체계에 대한 지식을 효과적으로 적용, 청소년의 지각적·인지적 ·정서적 준거틀에 대한 평가와 이해, 서술적 진술이나 역동적으로 진단적인 진술 또는 자료사정진술을 체계적으로 명확하게 할 수 있는 능력
- 치료(개입)기술: 사실(사회조사)의 이해(진단)에 근거해 치료 프로그램을 계획하고 실행할 수 있는 능력, 특수한 치료개입방법을 청소년의 상황에 적절하게 사용할 수 있는 능력, 개입의 시기적절성과 관련성
- 기록기술: 자기의 사고와 감정을 조직화해서 의사소통하는 능력, 기록이 분별력 있고 선택적이며 정확하고 간결

다. 기관행정에 대한 오리엔테이션: 목표, 정책, 절차

- 기관의 목표, 정책, 절차에 대한 지식, 헌신성, 동일시
- 기관의 정책, 절차의 한계 내에서 일할 수 있는 능력
- 청소년을 도울 때 기관의 정책과 절차를 창의적으로 이용
- 개선이 필요한 정책과 절차를 바른 순서에 따라 변화시키기 위해 노력

라. 슈퍼비전에 대한 관계 및 이용

- 행정적 측면: 철저한 회의준비, 계획된 회의에 신속하게 정기적인 참석, 슈퍼바이저에게 회의에 필요하고 적절한 자료제공
- 대인 관계적 측면: 지나친 의존 없이 슈퍼바이저의 도움을 이용하고 추구할 수 있는 자유로움, 비굴하지 않게 슈퍼비전과 지시 수용, 슈퍼비전의 권위에 대한 긍정적 오리엔테이션, 슈퍼비전 회의에 활발하고 적절하게 참여, 자문이 필요할 때와 자문의 적절한 이용방법을 인식하는 능력

마. 직원 및 지역사회와의 관계

- 모든 직급의 직원과 조화롭고 효과적인 관계수립
- 관련 있는 학문분야의 동료와 긍정적 관계를 발전시키고 적절하게 활용
- 다른 전문가들과 일반 지역사회에 대하여 소속기관을 건설적으로 설명
- 지역사회자원에 대한 훌륭한 지식

바. 업무요건과 업무량의 관리

- 균형 있고 적절한 업무분담
- 주어지 시간 내에 업무를 계획하고 조직하는 능력
- 선별적이고 타당한 우선순위를 설정하고 이에 따른 업무를 계획하는 능력
- 기록, 통계보고서, 출퇴근시간 기록지, 서비스 보고서 등의 신속한 제출
- 건실한 근무태도
- 비슷한 책임과 경력의 동료 수준에 맞는 생산성

사. 전문가로서의 속성과 태도

- 지나치게 불안해하지 않으면서 자신의 한계에 대하여 사실적이고 비판적

인 사정

- 자기평가에 대한 적절한 수준의 자기인식과 자기평가를 할 수 있는 능력
- 직무에 대한 융통성과 협력성
- 일에 대한 열정과 확신
- 전문직의 가치와 윤리에 따른 직무수행
- 전문직과의 동일시
- 독서, 비공식적 토론, 관련 있고, 이용 가능한 훈련 프로그램에 참석함으로써 계속적으로 전문직을 발전시킴

아. 문화적 역량

- 슈퍼바이지가 자신의 문화에 근거한 가치와 편견을 이식하고 있는 수준을 평가하는 것
- 다른 인종 및 국가 집단의 가치, 태도, 행동을 수용하고 이해하며 이에 대한 지식을 가지고 있는 것
- 문화적으로 다양한 청소년의 욕구에 맞는 문화적으로 적절한 기법과 전략을 실행할 수 있는 것(Coleman, 1999)

③ 슈퍼비전의 대상에 따른 평가

슈퍼비전의 평가라면 흔히 슈퍼바이지에 대한 평가를 떠올리지만 슈퍼바이지에 대한 평가뿐만 아니라 슈퍼바이저에 대한 평가, 기관의 슈퍼비전 제도에 대한 평가 등을 총체적으로 고려할 수 있다.

가. 슈퍼바이지에 대한 평가

평가 자체는 슈퍼바이지에 불안을 야기하지만 동시에 슈퍼바이지에 평가

는 상급자로부터 인정받는 기회가 되기도 한다. 자신이 개선해야 할 점을 지적받으면서 슈퍼바이지는 자신의 업무를 보다 현실적이고 긍정적으로 바라보게 된다. 평가는 지금까지 학습한 내용을 의식하고 슈퍼바이지의 학습동기를 유발시켜서 직접적이며 통합적인 학습을 하게 한다. 평가는 슈퍼바이지로 하여금 자기평가의 패턴을 세우도록 도와주고, 보다 나은 자기발전을 위한 자기인식을 증가시킨다. 슈퍼바이지는 평가과정을 거치면서 업무수행기준에 친숙해지기 때문에 그 자신의 업무를 비판할 수 있는 능력을 갖게 된다(김융일·양옥경, 2002). 따라서 평가는 슈퍼바이지로 하여금 슈퍼바이저로부터 독립하여 업무를 수행할 수 있는 능력을 길러 주며, 그 결과 독립적으로 업무수행 시 평가기준이 자기 자신의 준거틀이 됨으로써 독립적 실천가로 성장하는 데 밑거름이 될 수 있다.

슈퍼바이지를 평가하는 데 활용되는 여러 가지 업무수행 평가항목의 예는 다음과 같다(Kadushin & Harkness, 2002).

- 청소년을 원조하는 데 방해되지 않도록 청소년과의 관계에서 자신의 감정을 인식하고 이를 통제한다.
- 청소년과 라포르(rapport), 편안함, 심리적 안정감 있는 관계를 성립한다.
- 수용할 수 없는 행동은 용납하지 않으며, 다양한 행동을 수용하는 의사소통을 할 수 있다.
- 원조를 요청하는 청소년의 문제 상황에 대한 정확하고 분명한 사정을 할 수 있다.
- 청소년의 상황을 이해하는 데 사회력 조사 자료를 잘 조직하고 통합할 수 있다.
- 적절한 범위에서 진단체계(diagnostic formulation)를 수정하고 확인할 수

있다.

- 청소년을 위하여 지역사회자원을 동원할 수 있다.
- 좌절감 없이 제한된 치료목표를 수용할 수 있다.
- 청소년과의 면담에서 청소년의 의사소통을 촉진시킨다.
- 청소년과의 면담에서 언어적 의사소통뿐만 아니라 비언어적 의사소통도 이해하고 반응한다.
- 기록은 청소년지도자와 청소년 간 상호작용의 특성과 청소년지도자의 진단적 사고를 반영한다.
- 서비스를 방해하는 기관의 정책과 절차에 대해 건설적이고 적절하게 비판한다.
- 슈퍼비전 회의에서 동의하지 않는 부분에 대해 건설적으로 조언할 수 있다.
- 슈퍼비전에서 자율학습의 욕구를 구축하는 것에 대해 책임감을 가진다.

또 다른 슈퍼바이지에 대한 업무수행 평가를 위한 항목의 예는 다음과 같다.

- 청소년에 대한 자신의 편견, 선입견, 부정적 반응을 인식하고 이를 고치고자 한다.
- 청소년의 능력과 동기의 한계를 수용하고 청소년의 속도에 맞추어 일한다.
- 특정 상황에서 획득할 정보가 무엇인지 결정할 때 올바른 판단력을 활용한다.
- 올바른 이론을 적용함으로써 조사 결과로부터 알맞은 추론을 한다.
- 원조를 위한 매개체로서 관계를 활용할 수 있다.
- 필요시엔 청소년지도자가 청소년의 이익을 대변하는 것과 청소년이 스스로를 위하여 행동하도록 자극하는 것 간의 올바른 균형을 이룬다.

- 청소년 체계 욕구에 적절한 개입의 전략을 확인하고 활용할 수 있다.
- 면담에서 명백한 의사소통뿐만 아니라 청소년의 잠재력을 이해한다.
- 면담에서 멈춤, 침묵, 전이를 효과적으로 잘 다룬다.
- 기록은 잘 정리되어 있고 청소년 상황의 핵심을 잘 반영한다.
- 기관 구조 내에서 자신의 위치와 기관 내 적절한 의사소통 통로를 이해한다.
- 슈퍼비전에서의 학습에 대한 저항으로 자기 자신을 방어하는 모습을 거의 보이지 않는다.
- 청소년과의 후속 만남에서 슈퍼비전 시간에 학습한 것을 잘 활용하는 증거를 보인다.
- 동료 간에 생산적이고 기여하는 팀원으로서 기능할 수 있다.

이상 살펴본 바와 같이, 슈퍼바이지의 업무수행을 평가하는 항목은 공통적으로 청소년지도자로서의 전문성과 관련된 항복을 포함하고, 기관과 청소년의 특성에 따라 특수한 부수적 요소들이 첨가됨을 알 수 있다. 이러한 업무수행평가항목과 척도의 형식을 결합하여 슈퍼바이저는 기관에 맞는 다양한 슈퍼바이지 평가척도를 만들어 활용할 수 있다.

나. 슈퍼바이저에 대한 평가

일반적으로 슈퍼바이지는 그들의 슈퍼바이저가 어떻게 평가하고 판단할지가 가장 큰 두려움 중의 하나일 것이다. 그러나 슈퍼바이저 또한 그들의 슈퍼바이지에 의해 어떻게 평가되고 판단될 것인지에 대해 불안할 것이다. 평가와 검토는 양방향 과정이 되어야만 하며 정기적 슈퍼비전 시간에 계획되어야 한다. 정기적으로 계획된 평가과정이 존재할 때 슈퍼바이저와 슈퍼바이지

양쪽 모두 자신이 어떻게 하고 있는지에 대한 두려움을 개방적으로 다룰 수 있으며 분명한 피드백을 제공할 수 있고 필요시 슈퍼비전 계약을 재타협할 수도 있게 된다(Hawkins & Shohet, 2006).

보더스와 레딕(Borders & Leddick, 1987)은 자신의 슈퍼바이저를 평가하는 데 유용한 슈퍼바이저 평가확인표를 제시하였는데 슈퍼바이지가 자신의 슈퍼바이저를 평가하는 내용을 일부 살펴보면 다음과 같다. 또한 다양한 척도를 활용하여 슈퍼바이저를 평가할 수도 있다.

- 슈퍼비전 과정에서 내가 편안하게 느낄 수 있도록 도와준다.
- 내가 제공하는 피드백을 촉진시키고 수용한다.
- 청소년과의 관계에서 나의 목표가 무엇인지 명료하게 하는 데 도움을 준다.
- 나의 업무에 대한 평가항목에 대해 명료하고 행동적인 용어로 설명해 준다.
- 내가 청소년에 대하여 새로운 방식으로 개념화하도록 도와준다.
- 내가 슈퍼비전 과정에 적극적으로 관여할 수 있도록 해준다.

다. 기관에 대한 평가

기관에서 슈퍼비전 시 다루어야 할 내용을 제대로 다루고 있는지에 대하여 기관 평가를 실시할 수 있다(미국 N.A.S.W 내용을 청소년실천현장에 접목하여 제시함).

- 청소년이 고지된 동의를 하기 위해 필요한 정보를 슈퍼바이지에게 제공하여야 한다. 경력이 적은 청소년지도자나 기관에 대해 충분한 이해가 되지 않은 실습생의 경우 기관 내에 존재하고 있는 유용한 자원에 대한 이해가 부족하다. 따라서 슈퍼바이저는 청소년에 대한 서비스 제공에 있

어 다양한 정보를 슈퍼바이지에게 제공하여 슈퍼바이지로 하여금 청소년이 이용할 수 있는 기관의 여러 서비스와 가용자원에 대해 충분한 정보를 제공하도록 해야 한다. 또한 이에 대해 설명을 하여 청소년이 동의할 수 있도록 하는 책임을 갖는다.

- 개입계획을 통해 발전하고 실행하고자 하는 슈퍼바이지의 노력을 감독하여야 한다. 슈퍼비전은 발달적 측면에서 제공되어야 한다. 따라서 슈퍼바이저는 슈퍼바이지가 전문적 성장을 할 수 있도록 긍정적 피드백을 통해 성장할 수 있는 촉진자의 역할을 담당해야 한다.
- 청소년과 접하는 전체 과정에서 슈퍼바이지와 과오(비밀정보의 부적절한 공개와 같은)에 대해 확인하고 적절하게 대응을 해야 한다. 청소년지도자의 실천과오는 간과될 소지가 많다. 특히 서비스와 관련하여 얻게 되는 청소년의 이득과 기관에서 제공하는 내용에 대한 사항에 대해 계약상 정확하지 않을 경우는 더욱 그렇다. 아직 숙련되지 않은 실습생의 경우 청소년에 대한 정보를 동료 실습생과 식사나 휴식 중에 사담처럼 공유하는 등 부적절하게 활용할 수 있기 때문에 윤리적 측면에서도 이에 대해 반드시 적절하게 대응해야 한다.
- 슈퍼바이저는 청소년이 언제 다른 곳으로 의뢰되며 치료의 종결은 언제 해야 하는지에 대한 것을 슈퍼바이지가 알게 해야 한다. 실습생의 경우 청소년과의 조기종결에 대한 심리적 부담을 가질 수 있으며 이러한 심리적 부담은 청소년에 대한 의뢰와 종결시점의 정확한 판단에 어려움을 초래할 수 있다. 따라서 슈퍼바이저는 슈퍼비전의 목적의 하나인 청소년에 대한 질적 서비스 제공을 위한 종결시점과 의뢰시기를 확인하고 이로 인한 슈퍼바이지의 심리적 사실을 명료화하고 극복할 수 있도록 원조해야 한다.

- 슈퍼바이지가 언제 슈퍼비전을 받아야 하는지에 대해 알아야 한다. 슈퍼비전은 정기적으로 행해져야 하지만, 슈퍼비전 과정에서 다루어지는 내용의 적절한 시기에 대해서 슈퍼바이지보다 더 많은 지식을 가져야 한다. 이는 슈퍼비전이 단지 현재의 업무에 국한된 것이 아니라 조직의 구성원으로서 슈퍼바이지의 경력개발도 수행하는 기능이 있기 때문에 슈퍼비전에서 요구되는 슈퍼비전 내용의 적절한 시기를 간파해야 한다.
- 슈퍼바이지의 역량부족, 비윤리적 행동과 관련한 이슈에 대해 역량과 의지 혹은 가능성을 인식해야 한다. 실습생이나 조직성원은 역량과 의지가 각자 다르다. 역량과 의지를 겸비했을 경우 전체적 개념틀을 제공하고 많은 부분 위임이 될 수 있을 것이다. 그러나 역량과 의지가 둘 다 부족할 경우는 슈퍼바이저는 세세한 사항까지도 지시해야 하는 역할을 수행하게 된다. 그리고 슈퍼바이지의 비윤리적 행동에 대해서는 방임하거나 지체해서는 결코 안 된다. 비윤리적 행동은 즉각적으로 개입하므로 개입오류를 최소화해야 한다.
- 슈퍼바이지와 청소년 사이의 경계가 적절한지를 모니터해야 한다. 통제된 정서관여와 같이 목적적이고 의도적인 경계의 유지가 되어야 전문적 원조관계가 가능하다. 연령과 성별 등과 같이 특성적 요인에 의해서 경계가 모호해지는 것이 없도록 모니터하고 경계를 유지할 수 있도록 해야 한다.
- 제삼자를 보호해야 한다. 원조관계에 몰입할 경우, 직접적 원조관계에 포함되지는 않지만 원조관계에 영향을 미치는 제삼자에 대해서 간과하는 경우가 발생한다. 원조관계에 지나치게 초점화하면서 제삼자의 위험이나 관계를 고려하지 않는 일이 없도록 지도해야 한다.
- 필요 이상의 방임적 개입계획 및 수행을 간파하거나 중지시켜야 한다.

청소년지도자와 청소년의 의존-피의존 관계, 의존성을 야기하는 과다 개입 등 비효율적이고 비효과적인 실천적 행동에 대해서 제재를 하거나 슈퍼바이저로 하여금 알 수 있도록 해야 한다.

- 특정 청소년의 개입에 필요한 전문가를 결정할 수 있어야 한다. 청소년지도자는 만능 엔터테이너가 아니다. 따라서 청소년에 대한 개입의 효과를 위해 필요시 다학제 간 접근이 요구된다. 청소년지도자 자신의 기술과 지식을 초월한 청소년의 경우 개입에 필요한 다른 전문가나 동일직이라 할지라도 지식과 기술체계가 다른 전문가와 연결되어 청소년이 질적인 서비스를 제공받을 수 있도록 해야 한다.
- 슈퍼바이지와 정기적으로 만나야 한다. 슈퍼비전은 사회복지조직의 과중한 업무로 인해 우선순위에서 밀리게 된다. 그러나 슈퍼비전이 정식업무라는 인식하에 슈퍼바이저와 슈퍼바이지 간의 정기적 미팅이 업무시간 중 이루어져야 한다.
- 슈퍼바이지의 기록, 결정, 행동을 고찰하고 승인한다. 슈퍼비전 중 중요한 하나가 업무 관련 결정과 승인이다. 이는 슈퍼비전뿐 아니라 직원회의와 결재를 통해서도 일부 가능할 수 있다.
- 슈퍼바이지의 부재 시 적절한 서비스를 제공하도록 한다. 직원의 부재 시 청소년으로 하여금 서비스를 유보하게 하는 것이 아니라 업무와 관련된 조정을 통해 청소년이 서비스 이용에 불편을 겪지 않도록 행정적 지원을 제공해야 한다.
- 제공된 슈퍼비전을 기록해야 한다. 슈퍼비전은 슈퍼바이지의 발달에 초점을 두고 진행되어야 한다. 따라서 슈퍼바이지는 슈퍼비전에서 제시된 내용을 실행할 의무를 어느 정도 갖는다. 그런 측면에서 슈퍼비전에서 제시된 내용을 과정 측면에서 기록하는 것은 슈퍼바이지의 성장과 슈퍼

비전 과정에 대한 관리에 있어 매우 중요하다.

- 슈퍼바이지와의 관계에서 적절한 경계를 유지해야 한다. 슈퍼비전 관계에 있어 경계는 매우 중요하다. 학연, 지연, 혈연과 같은 관련성에 비중을 두고 전문적 관계와 사적 관계의 명료성에 대해 명확하지 않은 한국의 조직문화 등을 고려할 때, 슈퍼바이지와의 관계에서 상호 성장을 위한 경계를 유지하도록 해야 한다.
- 적절한 시기에 정보가 될 수 있는 성과평가와 피드백을 슈퍼바이지에게 제공해야 한다. 슈퍼비전은 조직의 업무와 관련된 것으로 이 업무를 통해 성과평가를 받는다. 따라서 슈퍼바이저는 조직성원으로서 슈퍼바이지의 업무역할과 관련된 객관적 정보를 적시에 제공함으로써 성과평가와 피드백을 통해 성장을 지향할 수 있도록 해야 한다.
- 윤리적 관심과 이슈를 다루려는 슈퍼바이지의 노력에 주의 깊게 경청해야 한다. 전문직의 윤리는 매우 중요하며, 윤리적 딜레마를 어떻게 다루는가에 따라서 전문성의 정도를 가늠할 수 있다. 민감하지 못한 청소년지도자나 숙련되지 못한 경우에는 개입상 발생되는 윤리적 이슈 자체가 간과되는 경우가 발생한다. 따라서 슈퍼바이저는 윤리적 이슈에 민감해야 하며 슈퍼바이지가 윤리적 상황을 어떻게 개입하고 해결해 가는지에 대해서 주의 깊은 관심을 가져야 한다. 윤리적 이슈를 다루는 데 있어 전문가 집단의 윤리 준거뿐 아니라 기관의 윤리적 딜레마를 다루는 원칙의 구비는 매우 유용하다.
- 슈퍼바이지에게 적절한 슈퍼비전을 제공받을 충분한 시간을 주어야 한다. 업무에 쫓기면서 슈퍼비전을 받는다면, 슈퍼바이지나 슈퍼바이저 모두 심리적 압박을 받게 되며 슈퍼비전의 효과성을 기대하기 어려울 것이다. 또한 정해진 업무시간 외에는 슈퍼비전이 이루어진다면 슈퍼비전을 통해 업

무조정과 완충의 역할을 하기보다도 업무과중을 초래한다. 따라서 슈퍼비전이 정해진 시간에 행해질 수 있도록 업무조정이 되어야 한다.

- 슈퍼바이지가 자신들의 전문적 책임을 수행할 수 있도록 업무량을 적절히 제공하도록 한다. 업무할당의 공정성은 매우 중요하다. 업무의 양뿐 아니라 중요도와 난이도 등이 고려되어 조직 성원 모두가 공정하다고 느낄 업무의 양이 되어야 한다. 이는 실습생도 마찬가지이다. 업무량이 전문적 책임과 무관한 단순노무 역할이라든가 아니면 업무량 자체가 과도할 경우 슈퍼바이저가 슈퍼비전을 제공한다는 사실 자체가 모순이 될 수 있다.

(3) 슈퍼비전 평가의 방법 및 기법

슈퍼비전 평가의 정보획득에 사용할 수 있는 방법으로는 자기보고, 과정기록, 비디오 녹화기록, 오디오 녹음기록, 실제 관찰 등이 있다. 이때 평가도구로 활용될 수 있는 형태는 업무평가척도, 자기보고식척도, 관찰, 청소년의 보고 등이다. 또한 평가도구를 사용한 평가영역은 크게 과정측정도구와 결과측정도구로 나누어 살펴볼 수 있다. 카두신과 하크니스(Kadushin & Harkness, 2002)가 제시한 슈퍼비전 평가에 사용되는 정보원을 제시하였는데 청소년현장에 적용해 보면 다음과 같다.

- 슈퍼바이지의 활동 구두 보고
- 슈퍼바이지의 필기 기록
- 슈퍼바이지와 청소년 간 접촉을 녹음한 테이프
- 일방경을 통한 슈퍼바이지의 업무수행 관찰

- 공동면접에서 슈퍼바이지 관찰
- 집단슈퍼비전 회합에서 슈퍼바이지의 활동 관찰
- 직원회의 또는 전문가팀 공동회의에서 슈퍼바이지의 활동 관찰
- 슈퍼바이지의 수행에 대한 청소년과 동료의 평가
- 슈퍼바이지의 통신문, 보고서, 통계 서식, 주별 스케줄, 일별 행동일지, 월별 수행기록 등
- 청소년과 조직의 수행 결과(outcomes)

(4) 슈퍼비전 평가 시 고려사항

평가가 여전히 어렵고 문제시되는 이유는 여러 가지가 있다. 슈퍼바이저가 평가자로서의 자신의 역할에 어려움을 느끼며 평가자가 될 경우에는 수용하고 지지하는 촉진자로서의 역할을 놓아야 한다. 또한 슈퍼바이지의 기술발전과 학습과정에 대해 과도한 책임감을 가짐으로 인해 불안감으로 고생하기도 한다. 그러나 슈퍼바이저가 평가하는 것을 꺼리는 것은 슈퍼바이지의 학습능력과도 문제가 될 수 있으며 슈퍼바이저가 불명확한 역할기대를 가질 경우 부적절한 평가를 야기할 수도 있다(Walsh, 1990). 또한 슈퍼바이저가 슈퍼바이지를 평가할 때 판단기준에 개인적 우선순위의 기준이 있거나 주관성이 있는 개입이 되는 경우 편향된 평가를 할 수 있다. 그럼에도 불구하고 대부분의 슈퍼바이저는 자신이 정확한 평가를 실시하고 있으며 평가자로서의 기술에 대해 합리적인 자신감을 가지고 있다고 한다(Robiner et al., 1997). 슈퍼바이저는 슈퍼비전을 평가할 때 고려해야 할 사항과 자주 발생하는 평가의 오류를 기억함으로써 바람직한 슈퍼비전 평가를 수행해야 한다.

① 바람직한 슈퍼비전 평가

바람직한 슈퍼비전의 평가가 되기 위하여 평가할 때 고려해야 할 사항은 다음과 같다(김융일·양옥경, 2002).

- 평가는 지속적 과정이어야 한다.
- 평가절차는 슈퍼바이저와 슈퍼바이지가 함께 토의해야 한다.
- 평가는 긍정적 관계의 맥락에서 의사소통이 되어야 한다.
- 평가절차는 함께 공유하는 상호적 과정이 되어야 한다.
- 평가는 슈퍼바이지의 업무수행 결정요인이 될 수 있는 현실적 요소를 고려하고 인정하면서 행해져야 한다.
- 평가의 주요 초점은 인간으로서의 슈퍼바이지에 대한 평가라기보다는 슈퍼바이지의 업무수행에 대한 평가가 되어야 한다.
- 평가에서는 슈퍼바이지의 강점과 약점, 성장과 침체를 모두 다루어야 하며, 공평하고 균형 있어야 한다.
- 훌륭한 평가는 게임의 최종 점수보다 그 게임을 치른 방법을 재고하는 데 있다.
- 평가는 최종적인 것보다는 시험적인 것을 제시해야 하며, 슈퍼바이지의 업무수행 중 수정 가능한 측면에 초점을 두어야 한다.
- 평가는 어느 정도의 일관성을 가지고 구성되어야 한다.
- 평가항목을 정하는 데 직원을 개입시키는 것이 바람직하다.
- 슈퍼바이저와 슈퍼바이지는 자신들이 속한 조직체의 문제를 명백히 규명하는 노력을 해야 한다.
- 효과적 평가절차는 기관의 다른 요소들과 통합적으로 이루어지는 것이 좋다.

• 슈퍼바이저는 슈퍼바이지로부터 나오는 자신의 업무평가(two-way evaluation)에 대해서도 기꺼이 받아들이는 것이 바람직하다. 평가과정이 슈퍼바이지의 발전에 도움이 되는 것과 마찬가지로 슈퍼바이저의 전문적 발전에도 공헌할 수 있기 때문이다.

② 평가오류

슈퍼바이저가 슈퍼바이지를 평가할 때 자주 범하게 되는 전형적 오류 중 일부를 소개하면 다음과 같다(Kadushin, 1992; 김융일·양옥경, 2002 재인용).

가. 후광효과

후광효과(halo effect)란 한 가지 측면에서 뛰어나 보이면 그에 대한 지각이나 강한 인상이 슈퍼바이지 업무수행의 모든 다른 측면에 영향을 주는 것을 의미한다. 이는 긍정적 방향은 물론 부정적 방향으로도 작용할 수 있는데, 객관적이고 공정한 평가를 방해한다. 청소년지도자의 전체적 업무수행에 대한 지각은 그의 업무의 한 측면에서 보인 결점이나 강점으로 인해 편견을 갖게 한다. 즉 업무의 특정 부문에 대한 판단이 전체적 판단에 편견으로 작용하게 되는 것이다.

나. 관대함 오류

슈퍼바이지의 부정적 수행을 공평하고 정직하게 평가하기를 주저하는 것으로 실제 수행보다 근거 없이 긍정적 평가를 하는 것이다. 이 오류는 슈퍼바이지에게 역서비스(Reverse Service)적이어서 잘못된 안도감을 주고 비현실적 자신감을 고취하며 주의가 필요한 수행상의 결함을 파악하지 못하게 하여 수행상의 결함을 극복하려는 노력을 회피하게 만든다. 이 같은 관대함을 실제로 업무수행을 탁월하게 해낸 훌륭한 슈퍼바이지의 사기를 저하시킨다.

다. 중앙화 경향

슈퍼바이저가 슈퍼바이지의 업무수행 과정 및 결과에 대해 정확히 모르고 있을 때 범하는 오류이다. 즉, 모든 업무를 보통이나 꽤 좋은 것으로 평점을 매기는 경향으로서 평가가 분포중앙에 몰리는 것을 말한다. 이것은 평가자가 정당화하기 쉽고 저항을 적게 느끼기 때문에 곤란에서 빠져나가는 쉬운 방법 중 하나로 선택되곤 한다. 그러나 이 오류는 슈퍼바이저가 슈퍼바이지를 정확히 이해하고 슈퍼바이지의 업무수행을 정확히 알면 벗어날 수 있는 오류이다.

라. 최근오류와 과적오류

평가는 슈퍼비전 기간 전반에 걸쳐 이루어져야 하지만 그보다는 최근의 수행에 의해 지나치게 영향을 받는 경향이 있다. 즉, 평가가 최근의 어떤 새로운 업무실적에 의해서 과도하게 영향을 받는 경향이 나타날 수 있다. 이것은 전체를 보지 않는다는 점에서 눈에 띄는 극적 사건에 의해 지나치게 영향을 받는 오류와 비슷하다. 평가과정이 지속되어야 함에도 불구하고 이 같은 오류는 자주 일어나기 때문에 평가는 패턴화되고 전형적 수행에 근거를 두어야 하며 지속적 평가수행 시 평가점수나 평가평을 정리해 두는 것이어야 한다.

마. 대조오류

대조(contrast)오류에는 두 가지가 있다. 하나는 평가가 이루어지는 분야, 즉 배경과 관련이 있는 것으로 특정 부서의 슈퍼바이지 대부분이 비교적 서투른 수행자라면 보통의 수행자는 그들과 대비되어 훨씬 좋아 보이는 오류이다. 다른 하나는 슈퍼바이지의 수행을 슈퍼바이저가 똑같은 상황에서 수행했을 수도 있는 수행과 대조시켜 평가하는 것으로 이때 슈퍼바이저는 자신과 비슷한 청소년지도자를 좋게 생각하는 경향을 갖게 된다. 이는 슈퍼바이지를 정확히 이해하면 벗어날 수 있는 오류이다.

바. 부정성 효과

평가를 하는 데 있어서 부정성 효과라고 불리는 잠재성이 있음을 전제로 할 때 생기는 오류이다. 슈퍼바이지의 업무수행에 대해 긍정적이고 부정적인 측면이 동시에 제시될 때, 일반적으로 부정적 정보가 모든 느낌을 형성하는 데 더 큰 영향을 줌으로써 부정적 측면이 두드러지게 강조되어 평가되는 것을 말한다. 이는 관대함 오류와 상반되는 오류라 할 수 있다.

2 청소년지도(활동) 영역에서의 슈퍼비전

1) 슈퍼비전의 일반적 인식

(1) 슈퍼비전의 의미 이해 정도

슈퍼비전의 의미를 이해하고 있는지의 정도를 파악하는 것은 청소년현장에서 슈퍼비전을 진행하기 위한 가장 기본적인 사항이다. 따라서 실제로 슈퍼비전의 의미를 어느 정도로 알고 있는지를 살펴보자면 다음 〈표 4-8〉과 같다.

표 4-8 일반적 특성에 따른 슈퍼비전의 의미 이해 정도(N=241)

구분			잘 알고 있음	알고 있음	보통	잘 모름	전혀 모름	전체
성별	남자	N	24	31	13	7	2	77
		%	31.2	40.3	16.9	9.1	2.6	100.0
	여자	N	44	76	29	9	6	164
		%	26.8	46.3	17.7	5.5	3.7	100.0
연령	20~29세	N	21	48	21	10	1	101
		%	20.8	47.5	20.8	9.9	1.0	100.0
	30~39세	N	25	41	14	4	6	90
		%	27.8	45.6	15.6	4.4	6.7	100.0
	40세 이상	N	22	18	7	2	1	50
		%	44.0	36.0	14.0	4.0	2.0	100.0
최종 학력	전문대졸 이하	N	2	12	11	3	0	28
		%	7.1	42.9	39.3	10.7	0.0	100.0
	대졸	N	35	78	24	11	6	154
		%	22.7	50.7	15.6	7.1	3.9	100.0
	대학원 재학 이상	N	31	17	7	2	2	59
		%	52.5	28.8	11.9	3.4	3.4	100.0
근무 기간	5년 미만	N	38	78	33	14	6	169
		%	22.5	46.2	19.5	8.3	3.6	100.0
	6~10년	N	17	18	6	1	1	43
		%	39.5	41.9	14.0	2.3	2.3	100.0
	11년 이상	N	13	11	3	1	1	29
		%	44.8	37.9	10.3	3.5	3.5	100.0
현재 직위	시설장·부장	N	26	17	5	1	0	49
		%	53.1	34.7	10.2	2.0	0.0	100.0
	청소년지도사	N	37	83	34	12	4	170
		%	21.8	48.8	20.0	7.1	2.4	100.0
	기타	N	5	7	3	3	4	22
		%	22.7	31.8	13.6	13.6	18.2	100.0
	전체	N	68	107	42	16	8	241
		%	28.2	44.4	17.4	6.6	3.3	100.0

*p〈.05, ***p〈.001

슈퍼비전의 의미를 이해하고 있는지의 정도에 대한 집단 간 유의미한 차이가 있는지를 분석한 결과 〈표 4-8〉에서와 같이 연령별, 학력별, 현 직위별로 차이를 보였는데 이를 종합해서 보면 전반적으로 '잘 알고 있음' 28.2%, '알고 있음' 44.4%, '보통' 17.4% 등의 순으로 슈퍼비전이라는 의미나 내용의 인식도는 매우 높은 수준에서 이해하고 있다고 분석되었다. 세부적으로 살펴본 결과 연령별로는 40대 이상의 고연령층에서 슈퍼비전의 의미이해의 정도가 높은 것으로 나타났다. 또한 학력별로는 대학원 이상의 고학력자집단에서, 그리고 현 직위별로는 시설장과 부장집단에서 다른 집단에 비해 슈퍼비전의 이해수준이 높은 것으로 나타났다. 따라서 이러한 결과를 보면 전반적으로 남자집단이고, 고연령층, 고학력계층인 관리자급의 청소년지도사가 슈퍼비전에 대한 이해도 수준이 높은 수준에 처해 있음을 알 수 있었다(김광래, 2019).

(2) 슈퍼비전에 대해 준비 정도

슈퍼비전의 준비 정도는 실제로 자신의 책무를 수행하려는 일과 관련하여 보완할 부분을 채우거나 다른 지도방법을 통해 적절한 청소년지도의 방식을 운영하는 것이다. 청소년지도사의 슈퍼비전의 준비 정도는 어떠한지를 알아보고자 한 결과는 다음 〈표 4-9〉와 같았다.

청소년지도사가 현장에서 자신의 업무수행과 관련하여 슈퍼비전에 대해 준비하려는 정도를 분석해 본 결과 '필요하며 슈퍼비전을 적극 알아봄'에 15.4%, '필요하며 기회가 있다면 슈퍼비전을 받고 싶음' 56.9%, '필요하나 실제 슈퍼비전 행동으로 이어지지 않음' 16.2%, '업무에 필요성 못 느낌' 10.4%로 응답하여 대부분 필요하다고 인정하면서도 실제 업무에 도움이 되는 슈퍼비전을 받을 수 있는 제도적 틀과 기반이 매우 취약하다는 점을 잘

표 4-9 일반적 특성에 따른 슈퍼비전에 대해 준비 정도(N=241)

구분			필요함, 슈퍼비전을 적극 알아봄	필요함, 기회 있다면 슈퍼비전을 받고 싶음	필요함, 실제 슈퍼비전행동으로 이어지지 않음	업무에 필요성 못 느낌	전혀 필요 없음	전체
성별	남자	N	17	39	10	9	2	77
		%	22.1	50.7	13.0	11.7	2.6	100.0
	여자	N	20	98	29	16	1	164
		%	12.2	59.8	17.7	9.8	0.6	100.0
연령	20~29세	N	17	56	18	10	0	101
		%	16.8	55.5	17.8	9.9	0.0	100.0
	30~39세	N	12	55	12	9	2	90
		%	13.3	61.1	13.3	10.0	2.2	100.0
	40세 이상	N	8	26	9	6	1	50
		%	16.0	52.0	18.0	12.0	2.0	100.0
최종 학력	전문대졸 이하	N	3	17	4	4	0	28
		%	10.7	60.7	14.3	14.3	0.0	100.0
	대졸	N	20	88	30	14	2	154
		%	13.0	57.1	19.5	9.1	1.3	100.0
	대학원 재학 이상	N	14	32	5	7	1	59
		%	23.7	54.2	8.5	11.9	1.7	100.0
근무 기간	5년 미만	N	25	94	28	20	2	169
		%	14.8	55.6	16.6	11.8	1.2	100.0
	6~10년	N	7	29	5	2	0	43
		%	16.3	67.4	11.6	4.7	0.0	100.0
	11년 이상	N	5	14	6	3	1	29
		%	17.2	48.3	20.7	10.3	3.5	100.0
현재 직위	시설장 · 부장	N	11	27	7	4	0	49
		%	22.5	55.1	14.3	8.2	0.0	100.0
	청소년지도사	N	23	101	30	15	1	170
		%	13.5	59.4	17.7	8.8	0.6	100.0
	기타	N	3	9	2	6	2	22
		%	13.6	40.9	9.1	27.3	9.1	100.0
	전체	N	37	137	39	25	3	241
		%	15.4	56.9	16.2	10.4	1.2	100.0

$^{**}p<.01$

나타내고 있었다. 또한 필요하면서도 적극 알아보고 있는 집단의 비율이 15.4% 정도에 불과함도 청소년지도사의 슈퍼비전을 향후 적극 보완해야 할 방안에 시급히 제기되어야 함을 잘 나타내고 있었다. 한편 이를 집단별로 구분해 본 결과 현 직위에 따라서만 유의미한 집단 간 차이를 보였는데 이를 해석해 보면 관리자급의 청소년지도사는 슈퍼비전이 매우 필요하면서 기회가 있으면 받고 싶다는 견해를 크게 나타내고 있음으로써 실제 기관 내에서 청소년지도사의 역량강화를 위한 수단으로 교육이나 지원의 필요성을 절실히 느끼고 있다고 보인다. 이러한 점은 곧 시간이 오래되거나 높은 지위로 올라갈수록 사회변화나 환경을 추종하여 시대에 맞는 청소년지도의 노력을 위해서는 슈퍼비전이라는 중요한 계기가 마련되어야 한다고 느끼고 있다고 판단된다. 따라서 청소년지도사의 역량강화의 방안으로 슈퍼비전의 제도화를 적극 추진할 필요가 있음을 잘 알려주고 있었다(김광래, 2019).

(3) 청소년지도사의 슈퍼비전 필요성

청소년지도사들이 슈퍼비전을 인식하고 있는 수준을 넘어 실제적으로 자신의 업무와 관련하여 슈퍼비전이 얼마나 필요한지에 대해 알아본 결과는 〈표 4-10〉과 같았다.

일반적 특성에 따른 청소년지도사의 슈퍼비전 필요성을 알아보고자 분석을 실시한 결과 〈표 4-10〉과 같이 전체적으로 슈퍼비전의 필요성에 대해 가장 높은 응답률을 보인 항목은 '필요하나 논의가 잘 안 됨'에 35.7%, 그 다음으로 '잘 모르겠다' 25.0%, '전반적으로 의미 잘 모름' 21.4%, '들어본 적이 없음' 10.7%, '업무와 관련 슈퍼비전의 필요함을 자주 이야기함' 7.1%의 순으로 실제 청소년지도사들은 슈퍼비전에 대해 일상적으로 노출이 되어 있지 못

표 4-10 일반적 특성에 따른 청소년지도사의 슈퍼비전 필요성(N=28)

구분			업무와 관련 슈퍼비전의 필요함을 자주 이야기함	필요 하나 논의가 잘 안 됨	전반적으로 의미 잘 모름	들어본 적 없음	잘 모름	전체
성별	남자	N	1	4	2	1	3	11
		%	9.1	36.4	18.2	9.1	27.3	100.0
	여자	N	1	6	4	2	4	17
		%	5.9	35.3	23.5	11.8	23.5	100.0
연령	20-29세	N	0	3	3	2	2	10
		%	0.0	30.0	30.0	20.0	20.0	100.0
	30-39세	N	1	3	3	0	4	11
		%	9.1	27.3	27.3	0.0	36.4	100.0
	40세 이상	N	1	4	0	1	1	7
		%	14.3	57.1	0.0	14.3	14.3	100.0
최종 학력	전문대졸 이하	N	1	1	0	1	1	4
		%	25.0	25.0	0.0	25.0	25.0	100.0
	대졸	N	0	5	6	1	4	16
		%	0.0	31.3	37.5	6.3	25.0	100.0
	대학원 재학 이상	N	1	4	0	1	2	8
		%	12.5	50.0	0.0	12.5	25.0	100.0
근무 기간	5년 미만	N	1	8	5	2	6	22
		%	4.6	36.4	22.7	9.1	27.3	100.0
	6~10년	N	0	1	1	0	0	2
		%	0.0	50.0	50.0	0.0	0.0	100.0
	11년 이상	N	1	1	0	1	1	4
		%	25.0	25.0	0.0	25.0	25.0	100.0
현재 직위	시설장·부장	N	1	2	0	1	0	4
		%	25.0	50.0	0.0	25.0	0.0	100.0
	청소년지도사	N	1	7	5	0	3	16
		%	6.3	43.8	31.3	0.0	18.8	100.0
	기타	N	0	1	1	2	4	8
		%	0.0	12.5	12.5	25.0	50.0	100.0
	전체	N	2	10	6	3	7	28
		%	7.1	35.7	21.4	10.7	25.0	100.0

*p〈.05

한 상황을 잘 말해 주고 있었다. 더욱이 필요하면서도 논의가 안 된다는 점은 슈퍼비전을 통한 역량강화가 잘 이루어지지 않고 있음을 보여주고 있는 부분이며 청소년지도사의 요구에 근거한 교육서비스의 강화가 다소 미진하다고 판단되어 지도역량강화를 위한 교육이나 슈퍼비전을 시급히 개선해야 할 것으로 분석되었다. 무엇보다 시설장이나 관리자보다 일반 청소년지도사의 경우 논의자체가 잘 이루어지지 않고 있다는 점에서 일선의 청소년지도사의 업무다양화를 이루는 방법으로 슈퍼비전의 강화를 확대하는 방법에 대해 진지하게 고민해야 할 필요가 있어 보인다(김광래, 2019).

2) 슈퍼비전 수행 실태

(1) 슈퍼비전을 실제로 받은 경험

청소년지도사가 실제로 슈퍼비전을 받은 경험의 정도를 분석해 본 결과는 〈표 4-11〉과 같았다.

전체적으로 보면 전혀 없음 43.25%, 전문가 찾아 받음 16.6%, 업무도움 고정 슈퍼바이저 있음 14.9%, 분기 1회 정도 받음 13.7%, 1년에 1회 정도 받음 11.6% 등의 순으로 실제로 슈퍼비전을 받은 경험을 제시하고 있었다. 따라서 전체의 절반 정도는 실제 슈퍼비전을 받은 적이 없는 상태로 업무를 수행하고 있었고 슈퍼비전을 받더라도 고정 슈퍼비전을 받을 수 있는 슈퍼바이저가 존재하는 경우도 매우 드물다는 것은 슈퍼비전을 이행하기 위한 시스템이 매우 취약하다는 점을 잘 나타내고 있었다. 이를 변인별로 구분해서 분석해 본 결과 전문가를 찾는 영역에서는 청소년지도사보다 시설장이나 부장의 관심이 높아서 직원들의 슈퍼비전을 제공해 주기 위한 노력을 관리자급에서 적극 수행하고 있는 것으로 나타났다(김광래, 2019).

표 4-11 일반적 특성에 따른 슈퍼비전을 실제로 받은 경험(N=241)

구분			업무도움 고정 슈퍼바이저 있음	전문가 찾아 받음	분기 1회 정도 받음	1년에 1회 정도 받음	전혀 없음	전체
성별	남자	N	14	16	13	7	27	77
		%	18.2	20.8	16.9	9.1	35.1	100.0
	여자	N	22	24	20	21	77	164
		%	13.4	14.6	12.2	12.8	47.0	100.0
연령	20~29세	N	21	12	12	9	47	101
		%	20.8	11.9	11.9	8.9	46.5	100.0
	30~39세	N	9	15	20	12	34	90
		%	10.0	16.7	22.2	13.3	37.8	100.0
	40세 이상	N	6	13	1	7	23	50
		%	12.0	26.0	2.0	14.0	46.0	100.0
최종 학력	전문대졸 이하	N	8	3	4	3	10	28
		%	28.6	10.7	14.3	10.7	35.7	100.0
	대졸	N	20	19	18	19	78	154
		%	13.0	12.3	11.7	12.3	50.7	100.0
	대학원 재학 이상	N	8	18	11	6	16	59
		%	13.6	30.5	18.6	10.2	27.1	100.0
근무 기간	5년 미만	N	27	22	24	18	78	169
		%	16.0	13.0	14.2	10.7	46.2	100.0
	6~10년	N	5	10	7	4	17	43
		%	11.6	23.3	16.3	9.3	39.5	100.0
	11년 이상	N	4	8	2	6	9	29
		%	13.8	27.6	6.9	20.7	31.0	100.0
현재 직위	시설장·부장	N	6	16	8	8	11	49
		%	12.2	32.7	16.3	16.3	22.5	100.0
	청소년지도사	N	29	21	22	17	81	170
		%	17.1	12.4	12.9	10.0	47.7	100.0
	기타	N	1	3	3	3	12	22
		%	4.6	13.6	13.6	13.6	54.6	100.0
	전체	N	36	40	33	28	104	241
		%	14.9	16.6	13.7	11.6	43.2	100.0

$^{**}p<.01$

(2) 슈퍼비전이 잘 이루어지지 않는 이유

청소년지도현장에서 청소년지도사를 위한 슈퍼비전이 잘 이루어지지 않는 이유를 알아보기 위해서 실태를 조사한 결과를 알아보기 전에 먼저 청소년지도사가 유능한 슈퍼바이저를 찾기 어려운 상태에 있는지를 알아보고자 한다. 이에 집단별 분석에 대한 결과는 〈표 4-12〉에서와 같이 제시되었다.

청소년지도사들이 현장에서 유능한 슈퍼바이저를 찾기 어려워서 실제로 슈퍼비전을 하지 못한다고 응답한 정도에 대해서 매우 그렇다 11.2%, 그렇다 35.3%, 보통이다 32.8%, 그렇지 않다 16.6%, 전혀 그렇지 않다 4.2% 등의 응답률을 나타내었다. 즉 실제로 현장에서 유능한 슈퍼바이저를 찾지 못해서 슈퍼비전을 해 주고 싶어도 많은 어려움을 겪고 있다는 점이 46% 정도에 달해서 유능한 슈퍼바이저를 연계해 주거나 유능한 슈퍼바이저가 있도록 하는 제도적 장치를 마련하는 노력이 시급하다고 보인다.

표 4-12 일반적 특성에 따른 유능한 슈퍼바이저를 찾기 어려움(N=241)

구분			매우 그렇다	그렇다	보통이다	그렇지 않다	전혀 그렇지 않다	전체
성별	남자	N	9	19	29	15	5	77
		%	11.7	24.7	37.7	19.5	6.5	100.0
	여자	N	18	66	50	25	5	164
		%	11.0	40.2	30.5	15.2	3.1	100.0
연령	20~29세	N	11	29	38	19	4	101
		%	10.9	28.7	37.6	18.8	4.0	100.0
	30~39세	N	13	35	26	13	3	90
		%	14.4	38.9	28.9	14.4	3.3	100.0
	40세 이상	N	3	21	15	8	3	50
		%	6.0	42.0	30.0	16.0	6.0	100.0

최종 학력	전문대졸 이하	N	4	8	8	7	1	28
		%	14.3	28.6	28.6	25.0	3.6	100.0
	대졸	N	15	53	56	24	6	154
		%	9.7	34.4	36.4	15.6	3.9	100.0
	대학원 재학 이상	N	8	24	15	9	3	59
		%	13.6	40.7	25.4	15.3	5.1	100.0
근무 기간	5년 미만	N	18	61	55	29	6	169
		%	10.7	36.1	32.5	17.2	3.6	100.0
	6~10년	N	5	11	17	8	2	43
		%	11.6	25.6	39.5	18.6	4.7	100.0
	11년 이상	N	4	13	7	3	2	29
		%	13.8	44.8	24.1	10.3	6.9	100.0
현재 직위	시설장·부장	N	6	20	14	6	3	49
		%	12.2	40.8	28.6	12.2	6.1	100.0
	청소년지도사	N	18	61	53	31	7	170
		%	10.6	35.9	31.2	18.2	4.1	100.0
	기타	N	3	4	12	3	0	22
		%	13.6	18.2	54.6	13.6	0.0	100.0
	전체	N	27	85	79	40	10	241
		%	11.2	35.3	32.8	16.6	4.2	100.0

*p〈.05

아마도 이러한 관점은 학계의 전문가가 현장중심의 상황을 고려하지 못한다는 우려감을 나타내고 있다는 점과도 맥을 같이 하므로 현장중심 학문의 적용이라는 관점에서 협치가 매우 중요하다고 보인다. 그리고 직위별로 5% 수준에서 유의미한 집단 간 차이를 보였는데 관리자급에서 더욱 이러한 어려움을 표출하고 있음을 알 수 있다(김광래, 2019).

다음으로 청소년지도현장에서 청소년지도사를 위한 슈퍼비전이 잘 이루어지지 않는 이유로 '청소년지도사들의 업무 과다로 인한 시간 부족'이 주요한 문제인지를 파악해 본 결과는 〈표 4-13〉과 같다.

표 4-13 일반적 특성에 따른 청소년지도사의 업무 과다와 시간 부족(N=241)

구분			매우 그렇다	그렇다	보통 이다	그렇지 않다	전혀 그렇지 않다	전체
성별	남자	N	34	27	13	1	2	77
		%	44.2	35.1	16.9	1.3	2.6	100.0
	여자	N	69	65	22	5	3	164
		%	42.1	39.6	13.4	3.1	1.8	100.0
연령	20-29세	N	49	32	16	1	3	101
		%	48.5	31.7	15.8	1.0	3.0	100.0
	30-39세	N	38	40	8	3	1	90
		%	42.2	44.4	8.9	3.3	1.1	100.0
	40세 이상	N	16	20	11	2	1	50
		%	32.0	40.0	22.0	4.0	2.0	100.0
최종 학력	전문대졸 이하	N	8	13	6	0	1	28
		%	28.6	46.4	21.4	0.0	3.6	100.0
	대졸	N	68	60	20	4	2	154
		%	44.2	39.0	13.0	2.6	1.3	100.0
	대학원 재학 이상	N	27	19	9	2	2	59
		%	45.8	32.2	15.3	3.4	3.4	100.0
근무 기간	5년 미만	N	76	62	26	2	3	169
		%	45.0	36.7	15.4	1.2	1.8	100.0
	6-10년	N	14	19	5	4	1	43
		%	32.6	44.2	11.6	9.3	2.3	100.0
	11년 이상	N	13	11	4	0	1	29
		%	44.8	37.9	13.8	0.0	3.5	100.0
현재 직위	시설장·부장	N	18	22	6	2	1	49
		%	36.7	44.9	12.2	4.1	2.0	100.0
	청소년지도사	N	77	64	22	3	4	170
		%	45.3	37.7	12.9	1.8	2.4	100.0
	기타	N	8	6	7	1	0	22
		%	36.4	27.3	31.8	4.6	0.0	100.0
	전체	N	103	92	35	6	5	241
		%	42.7	38.2	14.5	2.5	2.1	100.0

**p<.01

슈퍼비전을 받고 싶어도 현장에서 업무과다로 시간을 내기 어렵기 때문이라는 견해에 대해서는 〈표 4-13〉에서와 같이 전체적으로는 '매우 그렇다' 42.7%, '그렇다' 38.2%, '보통이다' 14.5%, '그렇지 않다' 2.5%, '전혀 그렇지 않다' 2.1%의 순으로 응답결과를 보였다. 결과적으로 보면 청소년지도사들이 자신의 업무역량을 강화하고자 슈퍼비전을 받고자 하지만 실제로는 업무과다로 인한 시간부족 때문에 자신의 업무에 대한 새로운 활력소를 얻지 못하거나 역량개발에 적극적이지 못하다고 인식하고 있었다. 그리고 이를 변인별로 구분해 본 결과 6~10년 정도의 근무경력을 나타내는 집단에서 특별하게 더 그러한 응답결과가 높아서 중견정도의 업무수행 청소년지도사 집단의 경우 업무가 과중하다고 여겨 새로운 자기계발의 어려움이 크다는 점을 잘 알 수 있었다.

따라서 중견 청소년지도사 집단의 역량개발을 위하여 슈퍼비전을 적극 지원해 주도록 업무시간을 줄이거나 교육서비스를 받도록 지원하는 방안을 적극 개발해 주어야 할 것으로 보인다. 또한 이러한 응답결과를 보면 청소년지도사들이 자신들의 역량증진을 위해서 슈퍼비전을 필요로 하면서도 업무과다로 인한 시간부족을 들고 있다는 점에서 개인에게 맡겨 두기 보다는 제도화된 방법을 강구할 필요가 있어 보인다. 물론 시간이나 업무적절성이 담보되면 좋겠지만 개인의 역량개발은 업무과다에 앞서서 추진되어져야 할 핵심내용이라는 점에서 다소 강제적인 지원시스템을 구축하여 종국에는 청소년지도사의 역량증진을 위한 방안을 만들어 주는 정책적 시도는 매우 중요한 개선대책이 되어야 할 것으로 보인다(김광래, 2019).

다음으로 청소년지도사가 슈퍼비전을 받기에 곤란을 겪는 이유로 청소년지도현장에서 새로운 전문기술의 필요성을 느끼지 못하기 때문에 어려운지를 물어본 항목에 대한 응답결과는 〈표 4-14〉와 같다.

표 4-14 일반적 특성에 따른 청소년지도현장에서 새로운 전문기술의 필요성 부재(N=241)

구분			매우 그렇다	그렇다	보통이다	그렇지 않다	전혀 그렇지 않다	전체
성별	남자	N	12	32	18	9	6	77
		%	15.6	41.6	23.4	11.7	7.8	100.0
	여자	N	28	50	50	28	8	164
		%	17.1	30.5	30.5	17.1	4.9	100.0
연령	20-29세	N	17	26	37	15	6	101
		%	16.8	25.7	36.6	14.9	5.9	100.0
	30-39세	N	18	34	20	14	4	90
		%	20.0	37.8	22.2	15.6	4.4	100.0
	40세 이상	N	5	22	11	8	4	50
		%	10.0	44.0	22.0	16.0	8.0	100.0
최종 학력	전문대졸 이하	N	3	8	10	5	2	28
		%	10.7	28.6	35.7	17.9	7.1	100.0
	대졸	N	24	52	48	22	8	154
		%	15.6	33.8	31.2	14.3	5.2	100.0
	대학원 재학 이상	N	13	22	10	10	4	59
		%	22.0	37.3	17.0	17.0	6.8	100.0
근무 기간	5년 미만	N	29	54	50	28	8	169
		%	17.2	32.0	29.6	16.6	4.7	100.0
	6-10년	N	8	14	13	5	3	43
		%	18.6	32.6	30.2	11.6	7.0	100.0
	11년 이상	N	3	14	5	4	3	29
		%	10.3	48.3	17.2	13.8	10.3	100.0
현재 직위	시설장·부장	N	8	21	7	8	5	49
		%	16.3	42.9	14.3	16.3	10.2	100.0
	청소년지도사	N	28	55	53	25	9	170
		%	16.5	32.4	31.2	14.7	5.3	100.0
	기타	N	4	6	8	4	0	22
		%	18.2	27.3	36.4	18.2	0.0	100.0
	전체	N	40	82	68	37	14	241
		%	16.6	34.0	28.2	15.4	5.8	100.0

*p<.05

청소년지도사의 슈퍼비전 이행에 대한 부정적 시각을 갖고 있는 원인으로 청소년지도현장은 새로운 전문기술의 필요성이 높지 않아서 그렇다에 대한 반응을 보면 '매우 그렇다' 16.6%, '그렇다' 34.0%, '보통이다' 28.2%, '그렇지 않다' 15.4%, 전혀 그렇지 않다 5.8%로 응답을 하였다. 이러한 응답결과를 보면 청소년지도사에게 새로운 기술혁신의 필요성을 지각하도록 유도하는 방안으로 슈퍼비전이 잘 활용되지 못하고 있음을 말하고 있었다. 따라서 이러한 응답결과를 통해서 보면 청소년들의 눈높이와 흥미 및 역량개발을 지원하는 청소년전문지도자로서의 사회적 인식이 높아지지 않는 원인도 슈퍼비전을 그다지 잘 활용하지 못하는 문제에서 기인하고 있다고 말할 수 있었다. 특히 연령별로 볼 때 그렇다에 대한 응답률이 40대 이상에서 높은 점을 미루어 보아서 아마도 청소년지도 현장에서 오랫동안 직접 눈으로 보아온 변화의 흐름에 청소년지도사가 능동적으로 대처하지 못한 이유도 신기술의 수용에 대한 노력이 낮은 원인으로 꼽고 있음을 알 수 있었다. 따라서 이러한 응답결과를 볼 때 청소년지도사 스스로가 지도현장에서 새로운 기술의 개발이나 수용을 위한 필요성인식이 매우 낮다는 점은 큰 문제로 여겨진다.

사실 자신의 업무에 대한 통섭과 융합을 통해서 새롭고 혁신적인 지도방법을 지속적으로 개발할 의지나 생각이 매우 낮다는 점은 기존의 업무를 그대로 준용하여 지도에 임하겠다는 현실적 사고가 강함을 잘 나타내고 있다. 최근의 사회변화와 발전을 고려해 본다면 신기술이나 정보가 급격하게 증대되고 있는 시점에서 청소년들의 활동다양성의 요구가 커지고 있음에도 불구하고 청소년지도사는 오히려 청소년을 위한 신기술, 정보 등의 수용에 대한 반대의 견해를 가지고 있다는 점에서 더욱 더 청소년지도사의 슈퍼비전의 필요성이 크다는 점을 명백하게 할 수 있었다(김광래, 2019).

표 4-15 일반적 특성에 따른 슈퍼비전 경험부족과 인식 부족(N=241)

구분			매우 그렇다	그렇다	보통 이다	그렇지 않다	전혀 그렇지 않다	전체
성별	남자	N	14	35	16	8	4	77
		%	18.2	45.5	20.8	10.4	5.2	100.0
	여자	N	41	62	40	18	3	164
		%	25.0	37.8	24.4	11.0	1.8	100.0
연령	20~29세	N	23	37	26	10	5	101
		%	22.8	36.6	25.7	9.9	5.0	100.0
	30~39세	N	20	38	19	12	1	90
		%	22.2	42.2	21.1	13.3	1.1	100.0
	40세 이상	N	12	22	11	4	1	50
		%	24.0	44.0	22.0	8.0	2.0	100.0
최종 학력	전문대졸 이하	N	7	6	7	7	1	28
		%	25.0	21.4	25.0	25.0	3.6	100.0
	대졸	N	35	65	38	12	4	154
		%	22.7	42.2	24.7	7.8	2.6	100.0
	대학원 재학 이상	N	13	26	11	7	2	59
		%	22.0	44.1	18.6	11.9	3.4	100.0
근무 기간	5년 미만	N	41	63	41	20	4	169
		%	24.3	37.3	24.3	11.8	2.4	100.0
	6~10년	N	12	17	9	3	2	43
		%	27.9	39.5	20.9	7.0	4.7	100.0
	11년 이상	N	2	17	6	3	1	29
		%	6.9	58.6	20.7	10.3	3.5	100.0
현재 직위	시설장·부장	N	10	21	11	5	2	49
		%	20.4	42.9	22.5	10.2	4.1	100.0
	청소년지도사	N	37	67	41	20	5	170
		%	21.8	39.4	24.1	11.8	2.9	100.0
	기타	N	8	9	4	1	0	22
		%	36.4	40.9	18.2	4.6	0.0	100.0
	전체	N	55	97	56	26	7	241
		%	22.8	40.3	23.2	10.8	2.9	100.0

*p<.05

한편 〈표 4-15〉은 청소년지도사의 슈퍼비전이 어려운 이유로 과거 슈퍼비전 경험을 받아본 적이 없어서 슈퍼비전에 대한 인식 부족으로 연결되고 있지 않은지를 분석해 본 것이다.

전체적으로 보면 '매우 그렇다'가 22.8%, '그렇다'가 40.3%, '보통이다'가 23.2%, '그렇지 않다'가 10.8%, '전혀 그렇지 않다'가 2.9%로 응답하여 현장에 있는 청소년지도사들은 슈퍼비전을 인식할 기회를 갖지 못하고 있기에 슈퍼비전 자체에 쉽게 접할 수 있는 환경을 만들어 주는 노력이 매우 시급함을 잘 나타내고 있었다. 무엇보다 청소년지도사가 현장에 나가기 전 일반적인 슈퍼비전을 일상화하기 위해서는 학습과정에서 슈퍼비전이 필요하다는 점을 강조하고 그 중요성을 지각하도록 해주어야 하는데 학교현장에서 이들의 지속적 역량개발을 위한 방법 자체가 존재하지 않는다는 점이 큰 문제이다. 사실 학교에서 학생들에게 수업전개의 일환으로 슈퍼비전을 제공하고 이를 실천하는 방법을 수용하게 한다면 아마도 일선 현장에서 청소년지도사가 업무과다나 시간부족으로 인한 점을 슈퍼비전의 한계나 어려움으로 제기하지는 않을 것으로 판단된다. 그 이유는 이미 슈퍼비전을 반드시 해야 할 수단으로 인식되어 있다면 현장에서 슈퍼비전을 해야 할 필요성을 크게 고민하지 않을 것이기 때문이다.

따라서 실제 슈퍼비전을 높이기 위해서는 학교차원에서 예비청소년지도사들을 위한 교육과정의 개발과 수용의 저단계가 반드시 필요하다. 그리고 이를 변인별로 구분해 본 결과 '그렇다'에 대한 응답률이 대학원 재학 이상에서 높은 점을 미루어 볼 때 현장에서 학력이 교육에 대한 요구가 더 높은 만큼 그에 맞는 슈퍼비전의 제도를 도입이 시급하다고 보인다(김광래, 2019).

다음으로 청소년지도영역은 굳이 전문 슈퍼비전이 필요 없다는 의견에 대해서는 〈표 4-16〉과 같다.

표 4-16 일반적 특성에 따른 청소년지도영역은 굳이 전문 슈퍼비전 불필요 정도(N=241)

구분			매우 그렇다	그렇다	보통이다	그렇지 않다	전혀 그렇지 않다	전체
성별	남자	N	2	10	18	30	17	77
		%	2.6	13.0	23.4	39.0	22.1	100.0
	여자	N	8	19	39	64	34	164
		%	4.9	11.6	23.8	39.0	20.7	100.0
연령	20~29세	N	2	13	31	34	21	101
		%	2.0	12.9	30.7	33.7	20.8	100.0
	30~39세	N	7	12	15	39	17	90
		%	7.8	13.3	16.7	43.3	18.9	100.0
	40세 이상	N	1	4	11	21	13	50
		%	2.0	8.0	22.0	42.0	26.0	100.0
최종 학력	전문대졸 이하	N	1	3	4	16	4	28
		%	3.6	10.7	14.3	57.1	14.3	100.0
	대졸	N	7	16	41	58	32	154
		%	4.6	10.4	26.6	37.7	20.8	100.0
	대학원 재학 이상	N	2	10	12	20	15	59
		%	3.4	17.0	20.3	33.9	25.4	100.0
근무 기간	5년 미만	N	9	23	41	64	32	169
		%	5.3	13.6	24.3	37.9	18.9	100.0
	6~10년	N	1	3	9	17	13	43
		%	2.3	7.0	20.9	39.5	30.2	100.0
	11년 이상	N	0	3	7	13	6	29
		%	0.0	10.3	24.1	44.8	20.7	100.0
현재 직위	시설장·부장	N	2	3	11	20	13	49
		%	4.1	6.1	22.5	40.8	26.5	100.0
	청소년지도사	N	5	22	40	68	35	170
		%	2.9	12.9	23.5	40.0	20.6	100.0
	기타	N	3	4	6	6	3	22
		%	13.6	18.2	27.3	27.3	13.6	100.0
	전체	N	10	29	57	94	51	241
		%	4.2	12.0	23.7	39.0	21.2	100.0

전체적으로 보면 '매우 그렇다'가 4.2%, '그렇다'가 12%, '보통이다'가 23.7%, '그렇지 않다'가 39%, '전혀 그렇지 않다'가 21.2% 등의 응답률을 나타내었다. 결과적으로 보면 청소년지도사들이 청소년지도영역에 슈퍼비전이 필요 없다는 시각은 아닌 것으로 판단된다(김광래, 2019).

한편 기관의 관리자들이 슈퍼비전에 대한 적극적인 인식 부족 때문에 청소년지도사를 위한 슈퍼비전이 어렵다고 여기는 것에 대해서는 〈표 4-17〉과 같다.

표 4-17 일반적 특성에 따른 관리자들이 슈퍼비전에 대한 인식 부족(N=241)

구분			매우 그렇다	그렇다	보통이다	그렇지 않다	전혀 그렇지 않다	전체
성별	남자	N	13	22	28	9	5	77
		%	16.9	28.6	36.4	11.7	6.5	100.0
	여자	N	26	60	57	16	5	164
		%	15.9	36.6	34.8	9.8	3.1	100.0
연령	20-29세	N	13	37	37	9	5	101
		%	12.9	36.6	36.6	8.9	5.0	100.0
	30-39세	N	18	31	28	10	3	90
		%	20.0	34.4	31.1	11.1	3.3	100.0
	40세 이상	N	8	14	20	6	2	50
		%	16.0	28.0	40.0	12.0	4.0	100.0
최종 학력	전문대졸 이하	N	3	9	11	4	1	28
		%	10.7	32.1	39.3	14.3	3.6	100.0
	대졸	N	25	57	53	12	7	154
		%	16.2	37.0	34.4	7.8	4.6	100.0
	대학원 재학 이상	N	11	16	21	9	2	59
		%	18.6	27.1	35.6	15.3	3.4	100.0

근무 기간	5년 미만	N	25	63	57	17	7	169
		%	14.8	37.3	33.7	10.1	4.1	100.0
	6-10년	N	12	11	14	4	2	43
		%	27.9	25.6	32.6	9.3	4.7	100.0
	11년 이상	N	2	8	14	4	1	29
		%	6.9	27.6	48.3	13.8	3.5	100.0
현재 직위	시설장·부장	N	6	11	22	8	2	49
		%	12.2	22.5	44.9	16.3	4.1	100.0
	청소년지도사	N	27	61	58	16	8	170
		%	15.9	35.9	34.1	9.4	4.7	100.0
	기타	N	6	10	5	1	0	22
		%	27.3	45.5	22.7	4.6	0.0	100.0
	전체	N	39	82	85	25	10	241
		%	16.2	34.0	35.3	10.4	4.2	100.0

*p<.05 **p<.01

전체적으로는 '매우 그렇다'가 16.2%, '그렇다'가 34%, '보통이다'가 35.3%, '그렇지 않다'가 10.4%, '전혀 그렇지 않다'가 4.2%의 응답결과를 보였다. 결과적으로 보면 청소년지도사들은 관리자들이 슈퍼비전에 대해 다양한 채널을 통해 교육받기를 희망하고 있지만 이행되기 어려운 문제로 관리자의 무관심이나 적극성 부족에 대한 불만을 보이고 있음을 알 수가 있었다. 무엇보다 기관장의 슈퍼비전에 대한 적극성은 청소년지도사의 역량증진은 물론 청소년을 위한 다양한 활동의 성과를 질적으로 높이는 데 매우 중요한 과업이 될 수 있다. 하지만 슈퍼비전이 이행되지 못하는 문제에 대해 적어도 기관장의 무관심이나 문제로 인한 어려움이 크다는 점을 더 이상 제기하지 않도록 기관장의 인식개선, 사고전환 등의 방법이 각종 교육이나 평가과정에서 포함되어져야 슈퍼비전을 위한 관심도는 높아질 것으로 판단된다. 그리고 이를 변인별로 구분해 본 결과 현 직위별로 볼 때 기타 집단에서 기관장이나 관리자의 무관심에 대한 문제가 슈퍼비전을 어렵게 한다는 점의 응답결과가 높게 나타났다. 따라서 수련시설 내 청소년지도사들의 욕구를 파악하여 관리자들의 역량 계발을 도모하는 데 노력을 기울여야 할 것으로 보인다(김광래, 2019).

(3) 청소년지도사의 슈퍼비전수행의 적절성 인식

청소년지도사가 슈퍼비전을 받는다면 어느 정도의 기간이나 횟수가 적절한지를 알아본 결과는 〈표 4-18〉과 같다.

표 4-18 일반적 특성에 따른 슈퍼비전 요구 횟수(N=241)

구분			주 1회	월 1회	분기별 1회	연 1회	기타	전체
성별	남자	N	9	21	31	14	2	77
		%	11.7	27.3	40.3	18.2	2.6	100.0
	여자	N	5	39	89	27	4	164
		%	3.1	23.8	54.3	16.5	2.4	100.0
연령	20~29세	N	7	25	54	13	2	101
		%	6.9	24.8	53.5	12.9	2.0	100.0
	30~39세	N	6	26	42	13	3	90
		%	6.7	28.9	46.7	14.4	3.3	100.0
	40세 이상	N	1	9	24	15	1	50
		%	2.0	18.0	48.0	30.0	2.0	100.0
최종 학력	전문대졸 이하	N	1	10	10	6	1	28
		%	3.6	35.7	35.7	21.4	3.6	100.0
	대졸	N	10	36	81	24	3	154
		%	6.5	23.4	52.6	15.6	2.0	100.0
	대학원 재학 이상	N	3	14	29	11	2	59
		%	5.1	23.7	49.2	18.6	3.4	100.0

근무 기간	5년 미만	N	10	46	80	29	4	169
		%	5.9	27.2	47.3	17.2	2.4	100.0
	6~10년	N	4	8	22	8	1	43
		%	9.3	18.6	51.2	18.6	2.3	100.0
	11년 이상	N	0	6	18	4	1	29
		%	0.0	20.7	62.1	13.8	3.5	100.0
현재 직위	시설장·부장	N	2	11	28	8	0	49
		%	4.1	22.5	57.1	16.3	0.0	100.0
	청소년지도사	N	12	40	80	32	6	170
		%	7.1	23.5	47.1	18.8	3.5	100.0
	기타	N	0	9	12	1	0	22
		%	0.0	40.9	54.6	4.6	0.0	100.0
	전체	N	14	60	120	41	6	241
		%	5.8	24.9	49.8	17.0	2.5	100.0

*p〈.05.

청소년지도사들이 받고자 하는 슈퍼비전의 형태에 대한 반응을 보면 '주 1회'가 5.8%, '월 1회'가 24.9%, '분기별 1회'가 49.8%, '연 1회'가 17%, '기타'가 2.5%로 응답하였다. 이러한 응답결과를 보면 청소년지도사들이 요구하는 슈퍼비전의 형태가 '분기별 1회'이며 향후 슈퍼비전의 도입에 적극 참고할 사항으로 여겨진다. 그리고 이를 변인별로 구분해 본 결과 20~29세 집단과 시설장·부장 집단이 분기별 1회 정도에 가장 응답결과가 높아서 청소년수련시설에 근무하는 종사자들이 슈퍼비전을 분기별로 슈퍼비전을 받기를 원하는 것을 알 수가 있었다. 그래서 다양한 요인들을 파악해 청소년지도사들의 슈퍼비전이 청소년지도사들에게 적절히 수용될 수 있도록 고민해야 할 필요가 있어 보인다(김광래, 2019).

청소년지도사들이 슈퍼비전을 받게 된다면 받는 형태로 적절한 것은 무엇인지를 알아본 결과는 〈표 4-19〉와 같다.

표 4-19 일반적 특성에 따른 슈퍼비전 요구형태(N=241)

구분			구두/서면	슈퍼바이저의 관찰/전화	인터넷/집단토론	정기적 평가/기타	전체
성별	남자	N	36	9	24	8	77
		%	46.8	11.7	31.2	10.4	100.0
	여자	N	79	16	47	22	164
		%	48.2	9.8	28.7	13.4	100.0
연령	20-29세	N	50	10	27	14	101
		%	49.5	9.9	26.7	13.9	100.0
	30-39세	N	42	13	24	11	90
		%	46.7	14.4	26.7	12.2	100.0
	40세 이상	N	23	2	20	5	50
		%	46.0	4.0	40.0	10.0	100.0
최종 학력	전문대졸 이하	N	12	6	7	3	28
		%	42.9	21.4	25.0	10.7	100.0
	대졸	N	72	14	45	23	154
		%	46.8	9.1	29.2	14.9	100.0
	대학원 재학 이상	N	31	5	19	4	59
		%	52.5	8.5	32.2	6.8	100.0
근무 기간	5년 미만	N	81	16	50	22	169
		%	47.9	9.5	29.6	13.0	100.0
	6-10년	N	19	6	12	6	43
		%	44.2	14.0	27.9	14.0	100.0
	11년 이상	N	15	3	9	2	29
		%	51.7	10.3	31.0	6.9	100.0
현재 직위	시설장·부장	N	28	4	13	4	49
		%	57.1	8.2	26.5	8.2	100.0
	청소년지도사	N	81	18	50	21	170
		%	47.7	10.6	29.4	12.4	100.0
	기타	N	6	3	8	5	22
		%	27.3	13.6	36.4	22.7	100.0
	전체	N	115	25	71	30	241
		%	47.7	10.4	29.5	12.5	100.0

전체적으로 슈퍼비전의 받는 형태에 대해 가장 높은 응답률을 보인 항목은 '구두(면접)', '서면(기록, 보고서)'가 47.7%, '인터넷', '집단토론'이 29.5%, '슈퍼바이지의 관찰', '전화'는 10.4% 순으로 나타났다. 실제 청소년지도사들은 슈퍼비전이 이루어진다면 아직 제도화가 이루어지지 않은 상황에서 전문가와 청소년지도사가 면대면으로 이루어지는 방법이나 또는 자신이 지도한 방법에 대한 내용을 기록한 서면지도방법을 가장 선호하고 있었다. 이러한 방법론에 따라서 청소년지도사들을 혼란스럽게 하지 않게 하는 방법으로의 직접지도 또는 서면지도 등의 슈퍼비전 도입이 필요한 것으로 보인다(김광래, 2019).

3 청소년상담 및 복지영역에서의 슈퍼비전

1) 상담 슈퍼비전의 필요성

상담 슈퍼비전은 어떻게 정의할 수 있을까? 상담 슈퍼비전은 '전문성 발달을 위해 요구되는 특정한 지식과 기술이 무엇인지 알고 있으며 그 지식과 기술에 숙련되고 경험 있는 전문가가 상담 과정을 지속적으로 관찰하고 평가하는 과정'(Haynes, Corey, & Moulton, 2003)으로 정의하고 있다. 정의에서 보는 것처럼 상담에서의 슈퍼비전은 상담실무능력을 안전하고 효과적으로 향상시키기 위한 훈련을 제공하며(Yegadich, 1999), 상담자의 능력개발을 위한 핵심이라고 할 수 있다.

이처럼 전문성을 가진 상담사로 성장하기 위하여 슈퍼비전은 필수적인 수련과정 중 하나이며 상담사에게 강력한 영향을 미친다. 슈퍼비전의 강력한 영향력은 전문가로서의 성장에 중요한 부분이며 이는 연구들에서도 검증하고 있다(김민정 · 조화진, 2015; 허재경 · 김지현, 2009).

상담 슈퍼비전은 슈퍼비전에 대한 입장과 슈퍼비전을 받는 목적으로 구분해 볼 수 있다. 먼저 슈퍼비전을 하는 슈퍼바이저 입장과 슈퍼비전을 받는 슈퍼바이지 입장으로 구분할 수 있다. 슈퍼바이저는 전문가로서 인정받는 자이며, 수련생인 슈퍼바이지에게 지도자 역할을 한다. 슈퍼바이지는 전문가로 성장하기 위해 나아가는 수련생이거나 전문가가 되었지만 슈퍼비전이 필요한 경우 모두 해당될 수 있다. 두 번째는 슈퍼비전을 받는 목적에 따라 구분해볼 수 있다. 슈퍼비전을 받는 구체적인 목적은 상담심리 전문가 자격증을 취득하기 위함과 상담사가 근무하는 기관에서 요구하는 경우, 그리고 내담자의 문제를 해결하기 위하여 슈퍼바이저의 도움이 필요한 경우로 구분할 수 있다. 즉, 전문가 취득, 기관의 요구, 그리고 내담자 문제해결을 위하여 슈퍼비전이 실시된다.

다음으로 슈퍼비전 진행과정에 대해 살펴보면, 슈퍼비전은 슈퍼바이저에게 상담자가 개인적으로 요청을 하거나 상담기관이나 교육기관에서 슈퍼비전을 의뢰하여 행하게 된다. 개인적으로 요청을 받아 슈퍼비전을 하게 되는 경우, 슈퍼바이저는 슈퍼바이지에게 소정의 사례금을 지불받는 형태로 진행된다. 상담기관에서 행해지는 슈퍼비전은 기관에서 주어진 의무로 진행된다. 상담기관의 예로는 대학교 내 학생상담센터, 청소년상담복지센터, Wee센터 등이 있으며, 기관 내에서 진행되는 슈퍼비전은 교수와 학생 사이의 관계, 상급전문가와 하급 전문가 사이의 관계, 선배 직원과 후배 직원 사이의 관계 등이 해당된다.

다음은 상담 슈퍼비전을 실시하게 되는 목적에 따른 내용을 구체적으로 제시하였다.

(1) 전문가 취득

슈퍼바이저는 슈퍼비전이 개인적인 요청에 의하여 진행되어 슈퍼바이저와 슈퍼바이지 사이에서 계약을 맺어야 하는 관계인지 혹은 상담기관에서 진행되는 슈퍼비전인지를 구분하여야 한다. 상담기관에서 슈퍼바이지에게 주어진 의무인 것으로 보아야 한다. 전자의 경우 슈퍼바이저와 슈퍼바이지가 상호 협의하여 슈퍼비전의 목적과 내용을 정하면 된다. 후자의 경우 해당 기관의 정책에 대하여 정확한 이해가 수반될 필요가 있다. 상담기관의 슈퍼비전 정책이 사례관리에 국한된 것이면 그것에 맞추어서 슈퍼비전을 진행하면 되지만 슈퍼비전이 더 넓은 범위의 수준에서 요구되는지 인지하여야 할 것이다.

다음은 슈퍼바이지가 전문가 취득을 위하여 슈퍼비전을 받아야 하는 경우에 대한 내용이다. 슈퍼바이지는 상담전문가가 되기 위한 과정으로 슈퍼비전을 일정 기간 동안 받아야 한다. 슈퍼비전을 요구하는 학회의 예를 보자.

표 4-20 전문가 자격취득을 위한 슈퍼비전 요건 예시

번호	학회명	급수	슈퍼비전 횟수	
1	한국상담심리학회	1	개인상담	50회(공개사례발표 4회 포함) 이상
			집단상담	2개 집단 이상(집단별 최소 10시간 총 30시간 이상)
			심리평가	10사례 이상(1사례당 2개 이상, 그중 개인용 검사 1개 포함)
		2	개인상담	10회(공개사례발표 2회 포함)이상
			집단상담	-
			심리평가	5사례 이상(1사례당 2개 이상, 그중 개인용 검사 1개 포함)

2	한국상담학회	1	개인상담	50시간
			집단상담	10시간
		2	개인상담	20시간
			집단상담	5시간

출처: 한국상담심리학회(https://krcpa.or.kr)와 한국상담학(https://counselors.or.kr)의 자격수련 요건 재구성함.

상담을 하는 기관에 종사하기 위해서 청소년상담사와 같은 국가자격증이나 학회에서 규정하는 자격증을 취득하는 일은 매우 중요하고 필요한 일이다. 특히, 상담전문가 수준에 해당하는 한국상담심리학회와 한국상담학회에서 발급하는 1급 자격증을 취득하기 위하여 많은 상담사들은 자연스럽게 슈퍼비전 요건에 맞추어 자격기준을 충족시키고자 할 것이다.

(2) 기관의 요구

슈퍼바이지가 슈퍼비전이 필요한 두 번째 이유는 기관에서 요구하는 경우이다. 상담기관에 따라 차이가 있지만 수련을 받아야 하는 슈퍼바이지에게 슈퍼비전을 받을 수 있도록 기관차원에서 지원하고 있다. 기관 차원에서 슈퍼비전을 요구하게 되는 것은 기관에서 제공하는 상담서비스와 업무의 수준 확보와 비윤리적인 사례 발생을 예방하기 위한 차원에서 필요하다. 따라서 해당 기관에 종사하는 상담자의 경우 기관에서 요구하는 슈퍼비전을 이행해야 할 필요가 있다.

(3) 내담자 문제 해결

마지막으로 슈퍼비전이 필요한 궁극적인 이유가 있다. 다루기 어려운 상담사례가 발생하는 경우에 슈퍼비전을 필요로 하게 된다. 어려운 사례라고 경험되는 경우는 내담자요인과 상담자요인으로 구분할 수 있다. 내담자가 비협조적이거나 문제가 심각해서 다루기가 어렵거나 내담자의 자원이 부족한 경우이다. 그리고 상담자가 내담자의 문제와 관련한 지식이 부족하거나 경험이 부족할 수 있으며 상담자로서 자신감이 부족할 수 있다. 초심자일수록 상담에 대한 어려움은 가중될 수 있다. 따라서 상담에서 야기되는 다양한 문제를 해결하기 위해서 전문가의 슈퍼비전이 필요하다. 슈퍼비전은 상담자를 유능한 전문가로 성장시켜 주는 역할과 기관에서 제공하는 서비스의 질을 향상시키는 역할을 하지만 가장 중요한 것은 어려움에 처해 있는 내담자를 효과적으로 돕기 위함일 것이다. 이것이 슈퍼비전이 필요한 가장 중요한 이유이다.

2) 상담 슈퍼비전의 과정

상담 슈퍼비전이 진행되는 과정을 살펴보면, 슈퍼비전 전단계, 슈퍼비전 실시단계, 슈퍼비전 종결단계로 크게 3단계로 구분해 볼 수 있다. 슈퍼비전이 진행되는 시점별로 특성을 이해하는 것이 중요하다.

(1) 슈퍼비전 전단계

슈퍼비전을 진행하기 위해서 그 전에 준비할 할 부분들이 있다. 첫째, 슈퍼바이지가 상담을 받고자 하는 목적을 알아야 한다. 슈퍼바이저는 슈퍼바이지가 슈퍼비전이 필요한 이유와 함께 슈퍼바이지의 경력과 관련된 정보도 함께 알고 있어야 한다. 이를 위하여 공식적인 면접을 통하여 슈퍼바이지가 슈퍼바이저 중에 왜 선택했는지, 목표는 무엇인지, 슈퍼바이저와 어떠한 전문적 관계를 형성하고 싶은지 등을 확인하기 위하여 소통할 필요가 있다.

둘째, 슈퍼바이지의 현재 상담과 관련한 전문성 수준과 특성을 파악해야 한다. 슈퍼비전이 실시되기 전에 면접을 통하여 슈퍼바이지가 지향하는 상담이론, 상담개입기술, 상담영역에 대하여 이해할 필요가 있다. 이를 이해하게 되면 슈퍼바이지의 현재 발달수준에 맞는 슈퍼비전을 제공할 수 있으며, 슈퍼바이지의 욕구 또한 파악할 수 있게 된다. 이뿐만 아니라, 슈퍼바이저는 슈퍼바이지가 상담과 관련된 전문지식을 얼마나 알고 있는지 평가할 필요가 있으며, 상담자의 인간적 태도 또한 관심을 가지는 것이 좋다. 이러한 과정들은 모두 슈퍼바이지 수준과 특성에 맞는 적합하고 효율적인 슈퍼비전을 제공하게 위함이다.

셋째, 슈퍼비전은 일종의 계약 관계로 볼 수 있는데 슈퍼바이저가 슈퍼바이지의 슈퍼비전 목적과 현재 상태를 이해한 후 공식적인 계약을 하게 된다. 계약을 분명히 하게 되면 각자 자신의 책임을 분명하게 할 수 있다. 슈퍼비전을 위한 계약에 포함되는 항목은 대부분 슈퍼비전의 횟수, 기간, 방법, 슈퍼비전 비용, 슈퍼비전 준비물, 평가 기준 등이다(〈표 4-21〉 참고).

넷째, 슈퍼비전이 실시되기 전에 오리엔테이션을 하는 것이 필요하다. 슈퍼비전 계약이 이루어진 후 슈퍼바이저는 슈퍼바이지에게 필요한 것들을 안내한다. 오리엔테이션과 함께 슈퍼비전 진행 절차를 담고 있는 책자를 준비하는 것도 좋다. 해당 자료를 바탕으로 질문과 답변을 통하여 구체적으로 오리엔테이션을 하는 것이 좋다. 슈퍼바이저는 슈퍼비전 진행절차와 상담에 대한 사명감 등에 대하여 보다 깊이 있는 설명을 해줄 필요가 있다.

다섯째, 슈퍼바이지가 특수한 내담자에 대한 슈퍼비전을 받아야 하는 경우, 슈퍼바이저가 특수한 내담자에 대하여 어떠한 태도를 가지고 있는지 확인할 필요가 있다. 예를 들면, 소년범이나 그의 가족, 가정폭력 피해자 혹은 가해자, 발달장애 내담자 등 특수집단일 때 슈퍼바이저의 개인적인 신념이나 태도도 고려할 필요가 있다.

표 4-21 슈퍼비전 계약서 예시

슈퍼바이저 ______와 슈퍼바이지 ______는 다음과 같이 상담 슈퍼비전을 할 것을 약정한다. 현재(___년 ___월) 슈퍼바이저는 한국상담심리학회 상담심리사 1급 자격증 및 수련감독자 자격증을 보유하고 있으며, 슈퍼바이지는(상담 실습생, 인턴 상담원, 상담원)으로 ______에서 근무하고 있다.

1. 슈퍼비전 목표와 목적
1) 슈퍼바이지의 상담을 모니터하고, 내담자의 복지를 보장한다.
2) 슈퍼바이지의 전문상담자로서의 정체성확립과 지속적인 전문성 발달을 촉진한다.
3) 슈퍼바이지의 기관/실습에서 요구하는 학습요건들을 충족시킨다.
4) 슈퍼바이지의 상담사 자격증 취득을 위한 자격 요건들을 충족시킨다.

2. 슈퍼비전
1) 개인 슈퍼비전은 ______에서 이루어지며, 매주 ___요일, ___시부터 ___시까지 50분간 진행된다.
2) 개인 슈퍼비전에서는 축어록, 녹음/녹화테이프, 사례기록지, 대인관계 과정 회상기법이 사용된다. 이를 위해 슈퍼바이지는 매주 관련 슈퍼비전 자료를 준비한다.

3. 슈퍼비전 평가
1) 매 회기 슈퍼바이저는 슈퍼바이지에게 피드백을 제공할 것이다. 피드백은 슈퍼바이저의 상담기술, 사례개념화, 임상적 진단, 개인적 문제 등 상담을 진행하는데 있어 영향을 미치는 모든 부분을 다룬다.
2) 슈퍼비전 기간 중에 그리고 슈퍼비전 종결 시에 서술적 평가를 제공할 것이다.
3) 슈퍼바이지의 기관/실습에서 표준화된 평가를 요청하는 경우 이에 응한다.
4) 슈퍼바이저의 판단과 슈퍼바이지의 요구가 있을 경우, 슈퍼비전 노트는 서로 공유될 수 있다.
5) 슈퍼바이저의 최종 종합평가는 슈퍼바이지의 교육적·행정적 요구에 사용될 수 있다.

4. 슈퍼바이저의 의무와 책임
1) 슈퍼바이저는 슈퍼바이지의 상담목표와 계획을 검토한다.
2) 슈퍼바이저는 내담자가 제시하는 불만 사항을 검토한다.
3) 슈퍼바이저는 슈퍼바이지가 모든 상담기록을 문서화할 수 있도록 한다.
4) 슈퍼바이저는 슈퍼바이지가 사용한 상담 접근법과 상담기술에 대한 지식을 겸비한다.
5) 슈퍼바이저는 슈퍼바이지의 기초 상담기술을 지도한다.
6) 슈퍼바이저는 슈퍼바이지의 전문가로서의 성장을 조력한다.
7) 슈퍼바이저는 상담윤리를 준수하고, 슈퍼바이지의 상담윤리 준수를 감독한다.
8) 슈퍼바이저는 슈퍼바이지에게 모범을 보인다.
9) 슈퍼바이저는 내담자가 위험에 처했을 때 개입할 수 있다.
10) 슈퍼바이저는 슈퍼바이지와의 슈퍼비전을 매주 기록하고 보관한다.

5. 슈퍼바이지의 의무와 책임
1) 슈퍼바이지는 상담윤리를 준수한다.
2) 슈퍼바이지는 매주 축어록 혹은 상담회기 녹음/녹화 파일을 준비한다.
3) 슈퍼바이지는 현재 진행되는 모든 상담사례와 관련한 상담기록지, 녹음/녹화 파일을 준비한다.
4) 슈퍼바이지는 자신의 가설과 사례개념화를 타당화한다.
5) 슈퍼바이지는 자신이 사용한 접근법과 기술을 정당화한다.
6) 슈퍼바이지는 매회 사례기록을 하고 모든 기록문서는 철저하게 비밀을 보장하고 정해진 장소에 보관한다.
7) 위급상황 시 슈퍼바이지는 본 슈퍼바이저와 주 슈퍼바이저, 소속기관의 책임자에게 연락을 해야 한다.
8) 이후의 슈퍼비전에서 논의되는 슈퍼바이저의 지시를 따른다.

6. 계약 기간
1) 이 계약서는 슈퍼바이저나 슈퍼바이지의 요청이 있을 시 상호동의하에 수정가능하다. 계약에 대한 공식적인 검토는 _____년 _____월 _____일에 진행된다.

우리는 최선을 다하여 이 슈퍼비전 계약서에 명시된 지시사항을 따르기로 합의하였으며, 윤리규정을 준수하며, 전문가로서 행동할 것에 동의한다.

이 계약서는 ____________(시작일)부터 ____________(만료일)까지 유효하다.

20_____년 _____월 _____일

슈퍼바이저: ___________(서명)

슈퍼바이지: ___________(서명)

출처: 상담 슈퍼비전의 이론과 실제 2판(2019)에 제시된 슈퍼비전 계약서 양식.

(2) 슈퍼비전 실시단계

슈퍼비전 진행과정에서 가장 핵심인 슈퍼비전 실시단계에서 수행되어야 하는 것들에 대하여 살펴보겠다.

첫째, 슈퍼바이저는 상담기술을 임상장면에 적용할 기회를 주어야 한다. 슈퍼바이지가 상담기술이나 이론적 내용을 임상장면에 적용해보는 과정을 토대로 상담을 효과적으로 가르칠 수 있다. 임상장면에서 상담기술을 실습해 보는 것은 이상적이지만 내담자 입장에서 생각해본다면 어려운 일이 될 수 있다. 내담자는 상담사에게 전문적인 도움을 받지 못할 수 있거나 오히려 부정적인 영향을 받을 수 있으므로 슈퍼바이지가 바로 상담실습을 하는 것은 바람직하지 않을 수 있다. 그러기 위해서 슈퍼바이저는 슈퍼바이지가 습득한 상담기술과 상담지식을 충분히 습득한 후에 임상장면에서 편안하게 적용할 수 있고 내담자에 대한 책임을 가지고 준비가 되었다고 판단되었을 때 가능하다.

둘째, 슈퍼바이저는 슈퍼바이지와 함께 슈퍼바이지가 상담 과정에서 내담자에게 어떠한 이론적 접근방법을 적용하는지에 대한 논의를 할 필요가 있다. 슈퍼바이저는 슈퍼바이지가 상담이론에 대한 개인적이고 철학적 입장을 심사숙고하도록 권유하는 것이 좋다. 슈퍼바이지의 가치관이나 특성에 잘 맞는 상담이론에 대하여 슈퍼바이저와 슈퍼바이지가 함께 논의하는 것은 슈퍼바이이지가 지향하는 상담이론 접근을 확립하는 데 도움을 준다.

셋째, 슈퍼바이지의 사례에 대한 깊이 있는 이해를 바탕으로 내담자의 핵심문제에 접근하여 상담을 진행하였는지를 다루면서 슈퍼바이지의 발달수준에 맞추어 피드백을 해주는 것이 중요하다. 슈퍼바이지의 발달수준을 고려하지 못한 슈퍼비전은 슈퍼바이지에게 효과적으로 내용을 전달하기 어려울 수 있다. 따라서 슈퍼바이저는 슈퍼바이지의 성장을 위하여 도움이 될 수 있는 수준의 내용을 준비하여야 할 것이다. 슈퍼바이지가 요청한 상담사례에 대하여 정성을 다 하여 세심하게 피드백해주는 것이 바람직하다.

마지막으로, 슈퍼바이지가 제시한 사례뿐만 아니라 슈퍼바이지가 유능한 상담자가 되기 위하여 더 노력해야 하는 부분이 어떤 것인지 지도하는 것이 좋다.

(3) 슈퍼비전 종료단계

슈퍼비전이 종료된 후 슈퍼바이저는 슈퍼바이지에 대한 평가를 한다. 슈퍼바이지의 상담에 대한 강점, 단점, 그리고 일반적 인상 등에 대한 피드백을 구체적으로 해줌으로써 유능한 상담자로 성장할 수 있도록 도모한다. 이와 더불어 전문성 향상을 위한 방향을 제시해 주고 필요한 정보를 주는 것이 필요하다. 그리고 슈퍼바이지 입장에서 수련과정이 어렵고 힘들게 느껴지거나 상담사례에 대한 자신감 부족으로 이어질 수 있으므로 수련과정을 잘 극복할 수 있도록 충분히 격려하는 것은 매우 중요하다.

3) 슈퍼바이지 발달에 대한 이해

슈퍼바이지가 상담사로서 준비를 시작하는 초심자 단계부터 유능한 전문가로 성장하기까지 발달과정을 거치게 된다. 이때 각 과정별로 상담사들이라면 대부분 경험하는 특성들이 존재한다. 슈퍼바이저는 슈퍼바이지의 발달과정별 특성을 충분히 숙지할 필요가 있으며 이를 토대로 슈퍼비전이 실시되어야 슈퍼바이지가 슈퍼비전을 통하여 효과적으로 지도를 받고 성장할 수 있다.

(1) 슈퍼바이지 발달에 대한 이해

슈퍼바이지는 학위과정에서 배운 상담이론 관련한 상담기술과 상담지식을 토대로 임상장면에서 상담을 하면서 수련을 받고 슈퍼비전을 받음으로써 전문성 수준이 높아질 수 있다. 수련과정에서 슈퍼바이지의 끊임없는 노력이 지속된다면 전문가로 거듭나게 된다. 이에 대하여 Skovholt와 Ronnestad(1992)는 상담자가 전문성 수준이 높아지면서 상담자의 능력과 기술에 변화가 일어난

다고 하였다. 상담자의 전문성 수준이 높아지는 변화에 대한 특징을 정리하면 다음과 같다.

첫째, 전문화의 수준이 높아지면서 개별화 특징이 나타난다. 전문적인 자아와 개인적인 자아를 높은 수준에서 통합하게 되므로 상담 장면에서 개인적 신념과 전문성 간의 조화를 이루게 된다.

둘째, 상담방식이 외부 지향적이고 융통성이 부족한 방식에서 점차 내부 지향적으로 변화한다. 상담자는 상담이론과 상담기법, 그리고 대가들의 상담방식을 모델링하여 외부 지향적이고 융통성이 부족하다. 하지만 시간이 지나고 수련 경험이 축적됨에 따라 점차 자신의 판단과 감정을 자유롭게 활용하게 되어 내부 지향적으로 변화하게 된다. 이에 상담자는 보다 융통성 있고 창의적인 방식으로 상담에 임하게 된다. 이러한 내부 지향적인 방식은 상담자의 개별화된 성격과 부합한 형태로 나타나게 되어 전문성을 가지면서도 자신 내부의 특성들을 자유롭게 활용할 수 있게 된다.

셋째, 전문성의 수준이 향상되는 과정을 거치면서 상담자는 지속적으로 전문적인 자기성찰을 한다. 외부 지향적이었던 경험이 상담자 내부에서 변화가 일어나기 위해서는 상담자가 지속적인 자기성찰 과정이 필요하며 이를 통하여 상담이론과 상담개입 방법들이 상담자에게 충분히 접목되어야 비로소 내담자에게 영향력을 발휘할 수 있다. 전문성에 대한 자기성찰을 지속적으로 유지하기 위해서는 상담자가 전문적인 상담경험과 개인적인 경험에 대한 폭이 넓어야 한다. 이와 더불어 이러한 경험들을 분석할 수 있는 개방적인 태도와 지지적인 환경이 필요하며 상담자 스스로 성찰하고자 하는 자세가 동반되어야 할 것이다. 이러한 점에서 상담사로서 발달해 나가는 과정이 개인적인 성숙 또한 이룰 수 있도록 한다.

넷째, 상담자가 전문성을 더해갈수록 적극적으로 학습하여 창조적인 상담

관련 지식을 더 많이 사용한다. 초심 상담자들은 상담이론과 상담기법을 습득하며 이를 정형화된 진리로 인식하는 측면이 있다. 하지만 숙련된 상담자들은 이러한 지식을 수동적으로 습득하지 않고 계속적으로 학습하여, 상담과정에서 그 맥락에 맞는 적절한 개념체제나 개입방법을 창조적으로 구성해 나갈 수 있는 능력을 증진시키게 된다.

(2) 슈퍼바이지 발달수준에 따른 주요 발달 과제

상담자는 내담자의 변화와 성장을 도모하는 것이 그들의 역할이다. 내담자를 성장시키기 위해서 상담자 역시 성장과정을 거치게 되는 것은 필연적이다. 특히, 상담사들은 상담과정에서 내담자의 기능적인 행동을 탐색하고 변화하도록 도와서 내담자가 잠재력을 충분히 발휘하여 현실에서 원만하게 적응하여 건강한 삶을 영위하도록 돕는다. 또한, 내담자의 특성을 인정하고, 정서 문제를 다룬다.

이 과정은 초심 상담자들에게 지속적인 전문적 성장과 개인적인 발전을 요구하게 되므로 상담자 역시 성장통을 경험할 수밖에 없다. 즉, 전문적인 성장에 대한 부담, 상담에서 오는 스트레스로 인해 초심 상담자는 종종 감정적으로 과부하가 걸리며 불안, 걱정, 자기 의심을 경험한다(Woodside et al., 2007). Thériault 등(2009)은 상담자들이 직업적 정체성을 개발할 때 자기 의심과 무능의 감정을 느낀다고 하였다. 이러한 감정들은 불안, 낙담, 분노, 좌절과 같은 광범위한 부정적인 감정을 촉발시킬 수 있다. Tryssenaar와 Perkins(2001)는 상담자가 상담현장에 투입된 후 1년은 전문적인 발전을 이루는 동시에 지속적인 스트레스의 시기라고 하였다. 유능한 전문가가 되기 위해서 어려운 과정들을 거치고 인내해야만 도달할 수 있다.

■ 상담자 발달단계 이론

Skovoholt와 Ronnestad(1992)는 기존 상담자 발달 모델이 개인상담의 경험에 치우쳤다는 점을 보완하여 상담자의 발달을 개인적인 삶과 여러 환경적인 요인들을 포함시켰다. Fleming(1953)은 상담자는 경험수준에 따라 학습방법이 달라지고, Hogan(1964)은 상담자들은 상담자의 이론적 접근법과 무관하게 일련의 연속적이고 위계적인 단계를 거치며 성장한다고 하였다(심흥섭·이영희, 1998 재인용). 김진숙(2002)은 청소년상담자의 발달과정을 살펴보기 위해서는 개인내적인 과정에서 행정, 사업기획 및 진행 등과 같은 업무환경적인 요인들에 대한 범위를 확장시켜 포괄적인 접근이 필요하다고 하였다.

또한 상담자가 대학원을 졸업하고 상담현장에서 은퇴하기 전까지의 발달경로를 포함시켜 8단계의 모델을 개발하였다(Skovoholt & Ronnestad, 1992). 각 단계별 특징을 살펴보면, 1단계는 인습적 단계로 훈련되지 않은 기간에 해당되며 두드러진 정서는 동정이다. 2단계는 전문적 훈련기로의 이행단계로 대학원 과정의 첫해에 해당하며 이때 두드러진 주요 정서는 흥분과 불안정서이다. 3단계는 대가 모방단계로 대학원과정의 중간단계이며 이때는 어리둥절하고 차츰 차분해져서 일시적으로 안정된 정서를 경험한다. 4단계는 조건적 자율성 단계로 인턴십 기간으로 6개월에서 2년까지의 기간을 의미하며 가변적인 자신감을 나타낸다. 5단계는 탐구단계로 2~5년의 기간을 의미하며 이미 알려진 것 이상의 것을 탐구하며 자신감과 불안함이 교차한다. 6단계는 통합단계로 5~10년의 기간을 의미하며 이때는 만족과 희망을 경험한다. 7단계는 개별화 단계로 10~30년의 기간에 해당하며 만족과 고뇌를 경험한다. 마지막 단계는 완전단계로 퇴직을 준비하며 두드러진 정서는 수용이다.

다음 〈표 4-22〉은 Skovoholt 와 Ronnestad(1992)의 상담자 발달단계에 대한 내용으로 주된 원천과 상담역할 및 스타일, 그리고 상담효과와 만족을 측정하는 방법에 대하여 한국청소년상담원(2002)에서 제시한 표를 참고하여 재구성하였다.

상담자 발달 모델은 상담자 발달수준에 따른 차별적인 접근이 효과적이라는 가정에서 출발한다. 상담자의 발달단계에 따라 경험이 다르고 습득되는 수준이 차이가 있으므로 특히 초심상담자에게 맞는 슈퍼비전이 필요하다.

표 4-22 상담자의 발달단계 개관

단계	정의	영향력의 주된 원천	역할 및 상담스타일	상담효과와 만족을 측정하는 방법
1. 인습적 단계	훈련되지 않음	자신의 개인적인 삶	동정적인 친구	별 관심이 없음
2. 전문적 훈련기로의 이행단계	대학원 과정의 첫해	새로운 정보와 기존 정보간의 수많은 상호작용으로 인하여 압도된 느낌	불분명함/이론적 지식을 실제에 맞추기 위해 고전함	눈에 보이는 내담자의 변화와 슈퍼바이저의 반응
3. 대가 모방단계	대학원과정의 중간과정	슈퍼바이저, 내담자들, 이론/연구 동료들, 개인적인 삶, 사회·문화적 환경	상담의 기초를 경직되게 마스터지만 여전히 불분명한 스타일	내담자의 피드백과 슈퍼바이저의 반응
4. 조건적 자율성단계	인턴십 기간 (6개월~2년)	슈퍼바이저, 내담자들, 이론/연구, 동료들, 개인적인 삶, 사회 문화적 환경	전문적 역할 및 상담스타일에 보다 경직되어짐	내담자의 피드백과 슈퍼바이저의 반응에 보다 복잡한 견해
5. 탐구단계	2~5년	새로운 데이터, 새로운 직장, 전문인으로서의 자아, 그 외의 다양한 다른 요소들	외적으로 주어진 전문적 스타일을 조정해나감	점차 현실적이며 내적인 기준을 사용
6. 통합단계	5~10년	고참 전문인으로서 자아, 그 외에 다양한 다른 요소들	외적으로 주어진 경직성과 내적으로 완화된 스타일이 복합되어 나타남	점차 현실적이 되며 내적인 기준을 사용

7. 개별화단계	10~30년	경험에 기초한 일반화, 축적된 지혜, 이전의 영향력들의 내면화됨, 고참 전문인으로서의 자아	유능한 전문적 테두리 내에서 자아로 성장	현실적이며 내적임
8. 완전단계	이후	경험에 기초한 일반화, 축적된 지혜, 이전의 영향력들의 내면화됨, 고참 전문인으로서의 자아	자기 자신이 됨	매우 현실적이며 내적임

출처: 한국청소년상담원(2002). 청소년상담 슈퍼비전에 제시된 표를 재구성함.

4) 청소년상담 슈퍼비전의 필요성과 방법

청소년상담 슈퍼비전은 청소년기를 지나고 있는 내담자를 대상으로 한다는 측면에서 인간발달 시기별 특성의 차이로 인하여 일반 상담 슈퍼비전과 차이점을 가질 수 있다.

(1) 청소년상담 슈퍼비전 특성

청소년상담은 일반상담과 차이점을 가진다는 측면에서 슈퍼비전 또한 차별성을 가지고 접근할 필요가 있다. 우선 청소년과 청소년상담에 대하여 살펴보면 다음과 같은 특징을 지닌다.

첫째, 청소년은 발달과정상 신체적·인지적·정서적으로 급변하는 시기에 놓여있는 과도기적 시기이다. 이에 청소년기의 발달특성을 반영하여 슈퍼비전이 이루어져야 한다. 상담실에 비자발적으로 내방하는 청소년 내담자가 많고 상담자와 청소년내담자의 관계형성이 성인보다 어려우며 쉽게 결렬되기 쉬운 등 청소년기의 발달특성을 고려하지 않은 청소년상담은 청소년내담자를 효과적으로 돕기가 어렵고 이해하거나 공감하는 데 한계점이 존재할 것이다.

둘째, 청소년은 입시위주의 경쟁사회에 놓여있어 다양한 청소년문제를 경험할 위험에 놓여있다. 학교폭력, 인터넷중독, 비행, 청소년음주·흡연, 청소년 가면우울 등 청소년기에 나타날 수 있는 청소년문제에 대한 전문적이고 맞춤형 개입 방안이 필요하다는 점에서 청소년상담 슈퍼비전이 필요하다고 하겠다. 예컨대, 복지적인 개입이 병행되어야 하는 사례이거나 학대사례와 같이 신고를 해야 하는 사례에 대한 시기의 개입 등의 내용을 다룬다는 점에서 성인상담과 차이가 있다.

셋째, 청소년기는 아동에서 성인기로 이행하는 중간단계로 부모로부터 독립과 의존 사이에서 갈등을 경험하는 발달과정의 특성을 반영한다. 이에 청소년상담은 부모상담이 병행되어야 효과성을 나타내는 경우가 많다. 따라서 청소년상담 슈퍼비전은 청소년의 주양육자인 부모상담에 대한 슈퍼비전을 포함하여 진행해야 하는 경우가 많아 다각적인 시각에서 청소년상담에 개입해야 한다는 점에서 일반상담과 차이가 있다고 할 수 있다.

넷째, 청소년기의 발달적·시의적 특성을 고려하였을 때, 청소년심리문제의 심각성 때문에 청소년상담 슈퍼비전은 각별한 관심과 주의를 기울여야 한다. 여성가족부의 2021년 청소년백서에 의하면, 2020년 청소년이 최근 12개월 동안 2주 내내 일상생활을 중단할 정도로 슬프거나 절망감을 느껴 우울감을 경험한 적이 있는 사람이 청소년 10명 중 3명 이상인 것으로 집계되었다. 이뿐 아니라 매년 초등학교 4학년, 중학교 1학년, 그리고 고등학교 1학년을 대상으로 실시되는 인터넷·스마트폰 이용습관진단조사에서 2021년 청소년 인터넷과의존 위험군 비율에서 주의군은 10명 중에 1명 이상이고 위험군은 10명 중에 0.1명 이상인 것으로 집계되었다. 해당 비율은 2018년부터 지속적으로 증가하는 추세이다. 또한, 2021년 통계청에 의하면 10세에서 24세 사이에 해당하는 인구 중 사망원인 1위가 자살인 것으로 나타나 청소년심리문제의 심각성에 경종을 울리고 있다. 그럼에도 불구하고 한국청소년정책원구원에서 실시한 2021년 아동·청소년 인권실태조사에서 청소년이 고민을 털어놓을 수 있는 상대가 어머니가 남학생 40.1%, 여학생 35.4%로 가장 많았고 그 다음이 친구(남학생 31.1%, 여학생 38.7%)였다. 청소년상담 관련 기관 선생님은 남학생이 0.4%, 여학생이 0.2%에 불과했다. 청소년이 심리적 어려움을 경험함에도 불구하고 전문가에게 도움을 요청하는 비율이 현저히 낮다는 것을 알 수 있다. 이는 청소년기의 발달적 특성으로 인하여 상담에 자발적으로 오는 비율이 낮기도 하지만 청소년상담사가 그들에게 전문적인 도움을 줄 수 있다는 인식조차 낮은 것을 나타내는 결과라고 해석할 수도 있다.

이러한 이유들로 인하여 심리적 고통을 경험하는 청소년에게 전문적인 개입을 해서 상담 및 치료를 통하여 그들이 심신이 건강한 청소년으로 회복할 수 있도록 적극적인 개입이 필요하다. 또한 성인과는 다른 청소년기의 발달적 특성과 현실적 여건의 차이로 인하여 청소년상담 슈퍼비전은 성인상담 슈퍼비전과는 차별화가 이루어져야 할 수밖에 없으며, 청소년상담 슈퍼비전에 대한 연구가 활발히 이루어져서 현장에서 검증되고 효과적인 청소년상담 슈퍼비전의 내용들을 과학적으로 검증하고 검토할 필요가 있다.

(2) 청소년상담 슈퍼비전 지도방법

한국청소년상담원(2018)에서 청소년상담 현장 전문가의 인터뷰와 이론고찰을 통하여 청소년상담 사례지도 모형을 개발하였다. 청소년상담 사례지도 매뉴얼의 내용은 크게 준비단계, 실행단계, 그리고 평가 및 추수 지도단계로 구성되어 있다. 준비단계에서는 행정적 준비와 상담사례 준비에 대한 내용을 담고 있다. 실행단계는 필수과업, 선태과업, 그리고 기능으로 구성되어 있다.

그리고 평가 및 추수 지도단계는 사례지도 평가와 추수지도로 구성되어 있다.

표 4-23 청소년상담 사례지도 매뉴얼 구성요소

단계	세부항목		
준비단계	1. 행정적 준비	2. 상담사례준비	
실행단계	1. 필수과업	2. 선택과업	3. 기능
평가 및 추수 지도단계	1. 사례지도 평가	2. 추수지도	

① 준비단계

청소년상담 사례지도 모형 중 첫 번째 단계인 준비단계에 대하여 자세히 살펴보도록 한다. 첫째, 행정적 준비에서는 사례지도 전에 슈퍼바이저와 슈퍼바이지의 준비사항을 확인하는 준비시간 확보가 필요하다. 그리고 약식의 사례정보 양식과 슈퍼비전 사례 선정 가이드라인 제시가 포함된 오리엔테이션 자료 양식을 제공한다.

둘째, 상담사례 준비단계이다. 이를 위하여 상담 시 사례의 핵심정보를 파악하고 슈퍼바이지를 이해한다. 상담자를 이해하기 위한 상담자 발달단계별 슈퍼바이저의 역할과 윤리적 고려사항과 법적 고려사항을 숙지한다.

표 4-24 청소년상담 사례지도(준비단계)

구분	분류	세부내용
행정적 준비	준비시간 확보	• 사례지도 전 슈퍼바이저 및 슈퍼바이지 준비사항
	사례지도 양식	• 약식의 사례 정보 양식 제공
	오리엔테이션	• 오리엔테이션 자료 양식 제공 • 슈퍼비전 사례 선정 가이드라인 제시(우선순위 제공)

상담사례 준비	사례의 핵심정보 파악	• 상담면접 시 파악해야 할 정보
	슈퍼바이지 이해	• 상담자 이해 및 파악을 위한 정보 목록 제공 • 상담자 발달단계별 수퍼바이져의 역할 • 윤리적·법적 고려사항

출처: 한국청소년상담원(2018). 청소년상담 사례지도 모형 보고서에 제시된 표를 재구성함.

② 실행단계

청소년상담 사례지도에서 본격적인 단계인 실행단계에 대하여 살펴보자.

첫째, 필수적으로 수행되어야 할 과업들은 다음과 같다.

- 슈퍼바이지에게 주요 질문을 제시하여 도움 받고 싶은 점과 이전에 받은 슈퍼비전 내용을 확인한다.
- 이전 사례지도 내용을 살펴본다. 이전 사례지도에서 다루었던 사례진행 내용과 성과를 확인하고 슈퍼바이지의 장점과 단점을 확인한다.
- 사례를 파악하기 위하여 확인이 필요한 질문과 정보를 제시한다.
- 내담자의 호소문제와 의뢰한 이유에 대한 선명함을 기하기 위하여 이를 명료화한다.
- 내담자와 내담자에게 놓인 환경 특성을 파악하기 위하여 청소년내담자에게 필수적으로 파악할 영역을 보고 심리검사를 실시한다.
- 상담목표를 설정하고 상담전략과 개입방향을 설정하는 것 또한 필수적으로 수행해야 할 과업이다. 상담목표에 따른 상담자 개입의 적합성과 상담 개입의 결과 성찰을 위한 가이드라인을 제시하고 상담자 반응에 대한 피드백을 제시함으로써 상담개입 반응의 적절성을 검토한다.
- 슈퍼바이지의 학습을 확인하기 위하여 반응확인을 위한 질문목록을 제시한다.

둘째, 선택적으로 수행되어야 할 과업들은 다음과 같다.

- 역전이와 같은 슈퍼바이지의 개인적 이슈에 대한 대처방법을 제시한다.
- 청소년상담사와 한국상담심리학회 등 자격증을 부여하는 곳에서 제시하는 윤리강령을 통하여 윤리적 이슈를 확인한다.
- 청소년내담자의 위기문제 유형별로 개입방안을 검토한다.
- 지역사회 자원을 연계하기 위하여 지역사회 연계기관과 관련 서비스 리스트 제공을 통한 검토를 실시한다.
- 부모상담 여부를 결정할 때 고려사항을 통하여 부모상담 필요성을 검토한다. 그리고 부모상담 시 비밀보장의 한계와 같은 윤리적 고려사항을 비롯한 핵심과제를 검토한다.

셋째, 기능면에서 수행되어야 할 과업들은 사례를 지도할 때 슈퍼바이저의 역할이다. 점검하기와 평가하기, 그리고 교육하고 조언하기, 모델링이 되기와 자문하기가 그것이다.

표 4-25 청소년상담 사례지도(실행단계)

구분	분류	세부내용
필수 과업	도움 받고 싶은 점 확인	• 주요 질문 제시를 통한 도움 받고 싶은 점 및 이전 슈퍼비전 내용 확인
	이전 사례지도 내용확인	• 이전 사례지도에서 다루었던 사례 진행 내용 및 성과 확인 • 이전 사례지도에서 받은 슈퍼바이지의 장점 및 단점 확인
	사례정보 파악을 위한 사실 확인	• 사례에서 확인이 필요한 정보 및 질문 제시
	호소문제 혹은 의뢰문제 명료화	• 호소문제 명료화를 위한 확인 사항 • 청소년문제에 있어서 체크해야 할 사항
	내담자 및 환경 특성 파악	• 청소년 내담자 상담 시 필수 파악 영역 • 심리검사 실시 및 선택 가이드 제공
	상담목표 설정	• 상담목표 설정 시 고려할 점 제시
	상담전략 및 개입방향 설정	• 청소년문제 영역별 효과적인 상담 접근법 목록제시
	상담개입 및 반응의 적절성 검토	• 상담목표에 따른 상담자 개입의 적합성 및 개입의 결과 성찰 가이드라인 제시 • 상담자 반응에 대한 피드백 제시
	슈퍼바이지의 학습확인	• 슈퍼바이지 반응 확인 질문 목록 제시
선택 과업	슈퍼바이지의 개인적 이슈	• 개인적 이슈에 대한 대처방법 제시
	윤리적 이슈	• 청소년상담사, 한국상담심리학회 윤리강령
	위기개입 여부 검토	• 위기유형별 개입방안 제시
	지역사회 자원 연계 방안 검토	• 지역사회 연계 기관 및 관련 서비스 리스트 제공
	부모상담 필요성 및 부모상담 시 핵심과제 검토	• 부모상담 여부 결정시 고려사항 • 부모상담 시 윤리적 고려사항
기능	점검 · 평가하기	• 사례지도 시 슈퍼바이저의 역할
	교육 · 조언하기	
	모델링	
	자문하기	
	지지·공유하기	

출처: 한국청소년상담원(2018). 청소년상담 사례지도 모형 보고서에 제시된 표를 재구성함.

③ 평가 및 추수지도 단계

청소년상담 사례지도의 마지막 단계인 평가 및 추수지도 단계는 다음과 같은 내용들로 구성된다(〈표 4-26〉 참고). 첫째, 사례지도 평가이다. 이는 사례를 회기별로 평가하여 상담과정을 평가하는 것이다. 그리고 슈퍼바이저와 슈퍼바이지를 서로 평가하여 상호의사소통을 통하여 슈퍼바이지의 전문성향성을 꾀할 수 있는 최적의 방향을 강구한다. 이를 위하여 체크리스트와 간단한 서술이라는 방법을 통하여 소통할 수 있다.

둘째, 추수지도로 청소년상담 사례지도 후 슈퍼바이지가 사례지도 내용을 충분히 숙지하여 상담사례에 적용하여 이행하였는지를 확인하는 과정이다. 이로써 청소년상담 사례지도의 내용은 마무리될 수 있다.

표 4-26 청소년상담 사례지도(평가 및 추수지도 단계)

구분	분류	세부내용
사례지도 평가	사례지도 과정 평가	사례지도 회기별 평가
	슈퍼바이저 평가	슈퍼바이지의 슈퍼바이저 평가
	슈퍼바이지 수행 평가	슈퍼바이저의 슈퍼바이지 평가
추수지도	사례지도 내용 이행여부 확인	사례지도 내용에 대한 상담사례 적용 여부 확인

출처: 한국청소년상담원(2018). 청소년상담 사례지도 모형 보고서에 제시된 표를 재구성함.

5) 청소년기관의 사례회의에서 지켜야 할 내용

(1) 공통사항

청소년쉼터, 청소년수련관, 청소년문화의 집 등에서도 청소년상담은 진행되고 있고, 청소년상담 관련 사업도 활발하게 이루어지고 있다. 청소년쉼터와 같은 청소년관련 기관에서 사례회의가 이루어질 때 청소년상담사례에 대한 전문성을 기반으로 한 깊이 있는 슈퍼비전이 우선되어야 하지만 동시에 청소년상담은 특히 해당 사례가 법적 혹은 윤리적으로 고려해야 되는 사항이 적용되고 있지는 않은지 검토해야 한다. 이를테면, 해당사례가 위기사례인 경우에 더욱 그러하다. 성폭력이나 가정폭력을 경험했거나 진행 중인 위기사례라고 한다면 법적인 내용을 확인하여 신고절차를 거쳐야 한다. 이 경우 신고시기가 중요한데 무턱대고 초심상담자가 발견 즉시 신고부터했을 경우 해당 청소년의 안전이 확보되지 못하고 청소년에게 피해가 가는 상황이 생길 수 있다. 우선 청소년의 안전을 확보한 상태에서 보호자 개입과 동시다발적으로 신고절차를 밟아야 한다.

청소년기본법 제17조에 따른 청소년복지지원법 제8장 제31조에서 법으로 정하고 있는 청소년복지시설은 다음과 같다.

[참고]

(청소년복지시설의 종류) 「청소년기본법」 제17조에 따른 청소년복지시설(이하 "청소년복지시설"이라 한다)의 종류는 다음 각 호와 같다. 〈개정 2016. 5. 29., 2021. 3. 23.〉

1. 청소년쉼터: 가정 밖 청소년에 대하여 가정・학교・사회로 복귀하여 생활할 수 있도록 일정 기간 보호하면서 상담・주거・학업・자립 등을 지원하는 시설
2. 청소년자립지원관: 일정 기간 청소년쉼터 또는 청소년회복지원시설의 지원을 받았는데도 가정・학교・사회로 복귀하여 생활할 수 없는 청소년에게 자립하여 생활할 수 있는 능력과 여건을 갖추도록 지원하는 시설
3. 청소년치료재활센터: 학습・정서・행동상의 장애를 가진 청소년을 대상으로 정상적인 성장과 생활을 할 수 있도록 해당 청소년에게 적합한 치료・교육 및 재활을 종합적으로 지원하는 거주형 시설
4. 청소년회복지원시설: 「소년법」 제32조제1항제1호에 따른 감호 위탁 처분을 받은 청소년에 대하여 보호자를 대신하여 그 청소년을 보호할 수 있는 자가 상담・주거・학업・자립 등 서비스를 제공하는 시설

(2) 청소년쉼터

가족 간의 갈등과 가족해체가 원인이 되어 청소년 가출이 계속해서 증가하는 추세이다. 2021년 청소년백서에 따르면, 2018년부터 초중고학생들의 뚜렷한 추이를 보면 최근 1년간 가출한 경험이 있다고 응답한 초등학생 비율이 2018년에는 2.6%였으나 2021년에는 3.8%로 급증하였다는 것으로 가출하는 청소년의 연령이 저연령화되고 있음을 나타낸다. 청소년들의 가출연령 저연령화되는 것뿐만 아니라 이들의 6개월 이상의 장기가출과 반복적인 가출이 증가하는 추세이다. 이들은 가출하여 거리생활하게 되는데 이로 인하여 건강이 악화되는 것뿐만 아니라, 절도·폭행·성매매 등의 범죄 및 비행 문제에 연루되거나 범죄 대상이 되는 경우가 빈번히 발생하여 심각한 사회문제로 대두되었다.

따라서 청소년쉼터는 가출한 청소년을 보호하고, 상담을 실시하며, 교육문화 활동을 지원하고 있으며, 이들의 비행과 일탈을 예방하기 위한 활동도 하고 있다. 또한, 청소년쉼터는 가정 밖 청소년의 가정 복귀 및 사회적응을 지원하여 이들의 건전한 성장을 위하여 노력하고 있다.

청소년쉼터는 청소년기본법이 제정된 다음해인 1992년 최초로 설치되었으며, 가정밖청소년이 보호받을 수 있는 시설이다. 청소년쉼터는 일시쉼터, 단기쉼터, 중장기쉼터로 특성화하여 구분되며, 2022년 기준 전국에 136개소가 있다(한국청소년상담복지개발원 홈페이지의 청소년쉼터현황 참고).

청소년쉼터에 가정밖청소년이 입소하게 되는 이유와 청소년쉼터의 유형에 따라 사례개입의 성격은 다양하며 가정밖청소년의 상황과 여건에 따라 현실적인 개입을 해야 한다. 따라서 사례회의 시 일률단편적인 매뉴얼을 적용하기에는 현실적인 내용이 반영되지 못하거나 해당 가정밖청소년에게 맞춤형 개입이 이루어지기 어려울 수 있다.

따라서 가정밖청소년 사례회의를 수시로 개최하면서 전문가를 섭외하여 가정밖청소년별 맞춤형 개입방향이 설정되어야 마땅하지만 예산이나 시간상의 한계로 정식사례회의가 진행되기 어려운 경우에 수시로 슈퍼비전을 받을 수 있는 전문가 풀을 구성하여 온라인이나 전화로라도 사례지도를 받아 개입하는 것이 바람직하다.

(3) 청소년수련관, 청소년문화센터, 꿈드림센터의 청소년상담사업

청소년수련관, 청소년문화센터, 꿈드림센터 등 청소년복지관련 시설에서도 청소년상담사업은 진행되고 있다. 청소년상담복지센터처럼 상담을 주요 사업으로 하고 있는 기관만큼 청소년내담자 인원이 많지 않더라도 청소년내담자를 상담하고 있다. 하지만 상술한 시설에서 이루어지는 청소년상담의 경우 청소년상담복지센터에서 진행되는 만큼 청소년상담에 대한 충분한 정보를 공유하거나 슈퍼비전을 받기가 상대적으로 어려울 수 있다. 청소년상담복지센터는 청소년내담자와 상담진행 중 어려움이 발생했을 경우, 동료나 상사로부터 비교적 쉽게 수시로 간이 슈퍼비전을 받을 수 있다. 또한, 청소년상담복지센터의 근무자들은 청소년내담자 사례를 많이 접하기 때문에 임상경험이 풍부하여 상담을 개입하는 데 있어서 노하우가 쌓여있을 수밖에 없다. 이러한 이유들로 청소년복지관련 시설에서 청소년상담을 진행하게 되었을 때 청소년기의 발달적 특성과 비자발적 상담참여로 인한 어려움이 가중되어 청소년상담에 대한 좌절감을 경험할 확률이 높을 수 있으므로 전문가 중심으로 사례회의가 현재보다 더 빈번히 진행되어야 할 것이다. 또한, 정기적인 교육을 통하여 청소년상담에 대한 이해를 높일 수 있는 기회의 장도 지속적으로 마련될 필요가 있다.

6) 슈퍼비전 보고서 작성을 위한 사례개념화 보고서 작성

슈퍼비전을 받기 위해서 우선 청소년상담자는 해당 청소년내담자에 대한 사례개념화를 실시하여야 한다. 상담자의 전문성을 나타내는 것들 중 하나인 사례개념화는 상담 과정에서 내담자의 문제의 원인과 그와 관련된 영향을 정확하게 인식하도록 돕는다. 또한, 상담을 효과적으로 이끄는 요소이며 상담자교육에서 중요하게 다루어진다(오효정 · 오은경 · 김봉환, 2012).

아래 표는 상담에서 사례개념화를 할 때 상담이론 접근법을 넘어서서 공통적으로 포함되는 항목들이다. 청소년상담에서 청소년내담자가 자살위기, 학교폭력, 가정폭력 등 위기사례일 경우와 경제적 어려움으로 인하여 지역사회 연계 등 복지적인 개입이 필요할 경우 아래 표에서 추가적으로 해당내용을 기록하여야 한다. 그리하여 사례회의 때 청소년상담 전문가가 적합한 사례지도를 할 수 있으며, 사례회의에 참여한 구성원들로부터 청소년내담자에게 가장 효과적인 개입 방안을 들을 수 있다. 따라서 청소년상담을 하는 근무자라면 청소년내담자의 핵심문제와 필수정보만을 담은 간명한 사례개념화를 작성하기 위한 노력을 거듭하여 청소년내담자에게 최대한의 지원과 개입을 하여야 하며 이것이 청소년상담자의 전문성으로 발휘될 수 있는 부분이라 할 수 있다.

[사례개념화 구성항목]

- 내담자의 인적사항(성별, 나이, 학력)
- 내담자의 가족사항(가족구성원의 성별, 나이, 직업, 내담자와의 관계, 성격 등)
- 내담자의 호소문제
- 내담자의 강점 및 자원
- 심리검사 실시했을 경우 심리검사 결과요약
- 상담자가 이해한 내담자의 문제 이해
- 상담목표 및 전략
- 슈퍼비전에서 도움 받고 싶은 내용
- 상담회기별 요약

7) 청소년상담 슈퍼비전의 윤리적 규범

(1) 상담에서의 윤리규범

윤리적 규범은 인간의 존엄성과 가치를 존중하는 일이다. 상담 장면에서의 윤리적 규범은 내담자를 대상으로 상담자가 다양한 심리적 조력활동을 통하여 개인이 자기를 실현하는 삶을 살도록 돕는 것이다. 상담사는 내담자의 복지를 최우선 순위에 두고 전문적인 상담 개입을 통하여 내담자의 개인적 성장을 도모하며 궁극적으로는 사회적 공익에 기여하게 된다. 이를 위하여 상담사는 전문성, 성실성, 사회적 책임, 인간 존중, 다양성의 원칙을 따라야 한다. 다음은 한국상담심리학회의 상담심리사 윤리강령을 토대로 한 윤리적 규범의 내용을 자세히 살펴볼 것이다(부록 참고).

(2) 윤리적 규범의 구체적 사항

첫 번째는 '전문가로서의 태도'와 관련된 윤리규정이 제시되고 있다. 구체적으로, 상담심리사가 준비된 능력을 갖추어서 전문적인 서비스 제공에 대한 내용을 다루고 있다. 그리고 상담심리사는 내담자에게 가치, 제한점 등 상담에 미칠 영향력을 자각하며 상담의 목표와 이점 등 내담자에게 명확히 알려야 하는 것 등 상담심리사로서의 성실성을 다루고 있다. 그리고 한국상담심리학회에서 규정하고 있는 상담심리사의 자격급수와 상담경력을 정확히 알려야 하며 상담심리사는 자신의 최종 학위나 전공 등을 명확히 명시하여 자격관리에 관한 윤리적 규범을 준수할 것을 제안하고 있다.

두 번째는 '사회적 책임'으로 사회와의 관계, 고용 기관과의 관계, 상담기관 운영자로서의 사회적 책임, 상담심리사와 함께 일하는 다른 전문직과의 관계에서의 사회적 책임에 관한 내용을 다루고 있다. 그 밖에도 상담심리사는 자문을 요청한 대상에게 문제를 규명하고 해결하는 데 도움을 주어야 함을 다루고 있다. 또한 상담심리사는 자신의 자격과 상담경력을 정확하게 홍보해야 하며, 상담 관련 정보 등 전문적 활동과 관련한 전반적인 내용에 대하여 정확한 정보에 입각한 내용을 홍보해야 함을 명시하고 있다.

세 번째는 '내담자의 복지와 권리에 대한 존중'과 관련된 내용이다. 내담자의 복지를 증진하고 존엄성을 존중하는 것에 대한 중요성을 언급하고 있다. 그리고 내담자가 누려야 할 권리에 대한 내용과 상담시작 전 사전 동의를 구한 후 진행되어야 함을 명시하고 있다. 이 밖에도 상담심리사는 내담자를 성별, 장애, 나이, 성적 지향, 종교 등의 이유로 내담자를 차별하지 않고 내담자의 다양성을 존중해야 함을 설명하고 있다.

네 번째는 상담에서 중요하게 다루어지고 있는 '상담관계'와 관련된 윤리 규정이다. 상담심리사는 객관성과 전문적 판단에 영향을 미칠 수 있는 다중관계인 친구, 친인척 등 사적인 관계의 사람을 내담자로 받아들이는 것을 지양해야 함을 명시하고 있다. 그리고 내담자를 비롯하여 내담자의 보호자 혹은 중요한 타인에게 자신의 지위를 이용하여 성관련 문제를 일으키면 안 된다는 것을 설명하고 있다. 그 밖에도 상담심리사가 내담자들 간에 상충되는 역할을 해야 할 경우 그 역할을 명확히 하거나 조정하거나 벗어나야 하는 것과 집단상담도 마찬가지로 다중관계를 피하고 집단원의 권리와 자유를 존중해야 함을 명시하고 있다.

다섯 번째는 '정보의 보호 및 관리'에 관한 윤리규정으로 내담자의 사생활과 비밀보호를 철저히 지켜야 한다는 것과 상담기록, 보관, 및 폐기에 관한 규정을 준수할 것을 설명하고 있다. 그럼에도 불구하고 내담자의 비밀보호의 한계에 대한 내용을 구체적으로 다루고 있다. 그리고 집단상담과 가족상담 시 특히 비밀보장의 중요성과 한계, 사생활보호에 대한 권리를 존중해야 한다는 것을 규정으로 정하고 있다. 이 밖에도 상담 외 목적을 위한 내담자의 정보를 사용할 경우 내담자에게 피해를 주지 않아야 하며 내담자의 동의를 구해야 한다는 내용을 담고 있다.

여섯 번째는 '심리평가'와 관련한 윤리규정으로 심리검사를 통하여 내담자가 자기이해와 의사결정을 돕거나 치료계획을 수립하는 등 심리평가의 목적을 명시하고 있다. 그리고 상담심리사는 심리검사를 사용하고 내담자에게 그 결과를 해석해 줄 수 있어야 함을 다루고 있다. 그 밖에도 심리평가 전에 내담자 혹은 내담자의 법정 대리인에게 사전에 동의를 받아야 하는 것, 내담자에게 적절한 심리검사를 고려해야 한다는 것, 심리검사 결과를 해석함에 있어 내담자의 맥락적 요인들과 통합하고 비교하여 해석해야 한다는 것, 그리고 심리검사 도구가 시의적절하고 심리검사 내용이 인터넷 등에 노출되지 않도록 해야 한다는 윤리 규정이 제시되었다.

일곱 번째는 '수련감독 및 상담자 교육'과 관련된 윤리규정을 제시하고 있다. 수련감독과 내담자 복지 부분은 수련감독자가 수련생을 지도할 때 내담자의 복지를 우선적으로 고려해야 한다는 내용 등을 담고 있다. 그리고 상담교육자로서의 책임과 역할에서는 상담교육자는 상담과 관련된 지식과 능력의 범위 안에서 교육을 제공하여야 함을 설명하고 있다.

여덟 번째는 '윤리문제 해결'에 관련된 내용이다. 상담심리사는 윤리강령을 숙지해야 하는 의무가 있고, 다른 상담심리사의 윤리강령 위반을 인지한 경우 대응 방법에 대한 윤리규정을 담고 있다. 그 밖에도 상담심리사는 상벌 윤리 위원회의 업무에 협조해야 한다는 것을 제시하고 있다.

4 보호영역에서 청소년지도자로 일하기

1) 청소년 보호의 개요

현대사회를 규정하는 여러 표현 가운데 '가속도의 시대'라는 말이 있다. '가속도(加速度)', 말 그대로 속도가 점점 빨라짐을 뜻한다. 현생 인류가 출현한 이래로 사회는 끊임없이 변화해 왔다. 특히 우리가 살아가는 지금은 전체 인류 역사를 통틀어서 가장 사회변동의 속도가 빠르다고 볼 수 있다. 문제는 역사적으로 볼 때 이러한 사회변동의 속도가 점점 빨라지고 있다는 것이다. 이 같은 변동 속도는 사회의 다양한 규범과 제도 그리고 문화적 기준들의 변화를 이끈다. 여기서 중요한 것은 지속적으로 변화하는 사회가 안정된 모습으로 연속성을 지니고 존속할 수 있기 위해서는 공통의 가치와 행동양식을 지닌 사회구성원을 계속 충원해 나가야 한다는 것이다. 때문에 가족을 통한 재생산과 아동·청소년들의 올바른 사회화는 사회존속의 필수조건이다.

사회화는 개인적 차원에서는 생존과 생활을 위한 학습의 과정이지만, 사회적 차원에서 보면 안정을 위한 문화의 전승 과정이다. 그러나 아무리 사회화 과정이 정교하게 잘 진행된다 해도 세대 간 가치관과 행동양식의 차이는 생기기 마련이다. 개인은 단순히 학습내용뿐 아니라 성장환경과 다양한 일상의 경험을 통하여 자신의 고유한 퍼스낼리티(Personality)를 형성해 나가기 때문이다. 청소년은 지속적인 사회변동으로 인해 기성세대와 다른 사회 환경에서 성장하므로 자연히 기성세대와 다른 의식 구조를 가지게 된다. 특히 사회변동의 속도가 빠르고 변화의 폭이 클수록 세대 간 격차도 그만큼 커진다. 20세기 후반 이후 세계는 문명사적 전환기라 할 만큼 엄청난 사회변동을 경험하였다. 변화의 속도는 물론 내용과 폭이 상상을 초월할 만큼 획기적이었다. 그 결과 지금 청소년들은 기성세대와는 다른 가치관과 행동양식을 지닌 새로운 인성(人性)의 소유자라 해도 과언이 아니다. 문제는 이러한 변동 속도가 앞으로 더 빨라질 것이라는 것이다. 가히 가속도의 시대라고 불릴 만하다.

청소년의 중요성에 대해서는 재론할 여지도 없지만, 대부분 사람들은 청소년이 우리의 미래이며 장차 이 나라를 이끌 주역이기 때문에 중요하다고 생각한다. 그러나 사실 청소년은 미래를 위해서만 중요한 것이 아니라, 현재에도 중요하다. 청소년은 개별 가정에서는 물론 사회적으로도 기쁨과 활력의 근원이며, 다른 구성원들에게 미래의 희망을 가지게 한다. 청소년이 없는 사회는 우울하고 활기가 없다. 청소년들의 행동은 기존 제도에 무조건 순응하기보다 늘 현재를 뛰어넘는 의외성을 지니고 있으므로, 청소년은 존재 그 자체만으로도 사회에 활력과 생기를 불어 넣는다.

안정적인 사회의 지속을 위해서는 사회적 패러다임의 틀 안에서 청소년들이 건강하게 성장하면서 공통의 사회적 가치와 목표를 습득해 나갈 수 있는 환경을 만들어 주어야 한다. 청소년보호의 중요성이 바로 여기에 있다. 개인적 차원에서 단순하게 생각하면, 청소년보호란 아직 생존능력이 부족하고 약한 존재인 청소년들을 안전하게 성장할 수 있도록 잘 보살펴 주는 것이다. 이러한 시각에서 보면 청소년보호란 청소년들이 성장과정에서 위험요인에 노출되지 않도록 유해한 환경으로부터 안전하게 보호하는 것이라는 협의의 개념에 이르게 된다. 그러나 보다 넓게 사회적 차원에서 보면, 청소년보호란 미래의 바람직한 사회구성원을 양성하기 위한 것이다. 새로운 구성원은 그 사회의 가치와 규범을 공유해야 할 뿐 아니라, 미래 구성원으로서의 역할을 다할 수 있는 능력을 갖춰야 한다. 그러므로 청소년보호에 대한 광의의 개념은 위험에 노출된 청소년은 물론, 모든 청소년들이 건강한 성장을 통하여 각자의 잠재적인 역량을 최대한 계발할 수 있도록 제도적으로 보호하고 지원해 주는 것이다(배규한, 2014).

현대사회에서 청소년보호의 개념과 목적은 미래의 바람직한 사회구성원을 양성하기 위하여 위험에 노출된 청소년을 포함하여 모든 청소년이 건강한 성장을 통해 잠재적인 역량을 최대한 계발하도록 지원하는 데 있다. 특히 과거에 비해 청소년보호가 더욱 강조되는 이유는 약자를 보호하는 인간성의 발현일 수 있으나, 그보다 청소년이 잠재적으로 사회기여도가 큰 구성원이기 때문에 시대적으로 중요성과 가치가 더욱 커졌기 때문이다.

하지만 국가가 청소년보호를 목적으로 청소년의 자유권을 일부 제한하는 것이 목적상 정당하다고 인정되더라도, 이들의 자율성과 기본권을 침해하는 방식은 지양되어야 한다. 특히 청소년보호는 정책대상인 청소년에 대한 직접서비스도 있지만 유해환경을 통제하여 청소년을 보호하는 접근방식을 다수 채택하고 있다는 점에서 청소년을 둘러싼 환경체계에 대한 이해와 분석이 필수적이다.

이 장에서는 청소년보호의 정의 및 중요성을 살펴보고 보호영역에서 청소년지도자가 알아야 할 관련 행정 절차 및 주요 내용에 대해서 알아보고자 한다.

(1) 청소년보호의 개념

앞서 '청소년보호'를 광의의 개념으로 위험에 노출된 청소년뿐 만이 아닌 모든 청소년들이 건강한 성장을 통해 각자의 잠재 역량을 최대한 계발할 수 있도록 제도적으로 보호하고 지원해 주는 것으로 규정하였다. 협의의 개념으로는 다양한 정의가 제시되고 있는데 연구자마다 각자 중요하다고 판단되는 가치를 기준으로 다양하게 설명되고 있다. 사실 '청소년보호'에 대한 영문식 표기도 'Juvenile Protection'으로 활용되고 있으나 'Youth Protection'으로 제시되기도 한다. 청소년학계에서는 청소년보호에 대한 개념적 정의가 사실 명확히 합의되었다고 보기 어렵다. 청소년학이 간학문적 성격을 가진 탓에 다양한 인접학문 전공자들이 개념적 정의에 대해서 관심을 갖고 합의된 정의가 도출되었어야 하나 관련 연구가 아직 활발히 이루어지지는 않고 있다. 혹자는 사회적으로 널리 활용되는 일상용어로 커뮤니케이션에 무리가 없는 개념인데 합의된 정의를 명시적으로 규정하는 것이 뭐가 그렇게 중요하냐고 반문할 수 있다. 그러나 학술연구, 나아가서 정책대상으로서의 실효적 연구와 비교 연구를 위해서는 조작적 정의(Operational Definition)가 명시적으로 규정되어야 하고 논쟁적 정의(Controversial Definition)에서 나아가 합의된 정의(Agreed Definition)가 필요하다.

청소년보호에 대한 명시적 정의로 많이 활용되는 것이 바로 법적 정의다. 근대행정의 기본원리 가운데 하나인 '법률주의 행정'에 입각하여 공행정(Public Adminstration)은 법률에 입각해 운영이 되기에 관련법에서 규정한 법적 정의를 인지하는 것이 필요하다.

청소년보호에 대한 법적 정의는 청소년 관련 법 가운데 최상위법인 청소년 기본법 제3조에 명시되어 있다. 아울러 정책 대상자로서 청소년 연령에 대한 기준도 함께 명시되어 있다.

표 4-27 청소년 관련 법적 정의

제3조(정의) 이 법에서 사용하는 용어의 뜻은 다음과 같다.
1. "청소년"이란 9세 이상 24세 이하인 사람을 말한다. 다만, 다른 법률에서 청소년에 대한 적용을 다르게 할 필요가 있는 경우에는 따로 정할 수 있다.
2. "청소년육성"이란 청소년활동을 지원하고 청소년의 복지를 증진하며 근로 청소년을 보호하는 한편, 사회 여건과 환경을 청소년에게 유익하도록 개선하고 청소년을 보호하여 청소년에 대한 교육을 보완함으로써 청소년의 균형 있는 성장을 돕는 것을 말한다.
3. "청소년활동"이란 청소년의 균형 있는 성장을 위하여 필요한 활동과 이러한 활동을 소재로 하는 수련활동·교류활동·문화활동 등 다양한 형태의 활동을 말한다.
4. "청소년복지"란 청소년이 정상적인 삶을 누릴 수 있는 기본적인 여건을 조성하고 조화롭게 성장·발달할 수 있도록 제공되는 사회적·경제적 지원을 말한다.
5. "청소년보호"란 청소년의 건전한 성장에 유해한 물질·물건·장소·행위 등 각종 청소년 유해 환경을 규제하거나 청소년의 접촉 또는 접근을 제한하는 것을 말한다.
6. "청소년시설"이란 청소년활동·청소년복지 및 청소년보호에 제공되는 시설을 말한다.
7. "청소년지도자"란 다음 각 목의 사람을 말한다. 가. 제21조에 따른 청소년지도사 나. 제22조에 따른 청소년상담사 다. 청소년시설, 청소년단체 및 청소년 관련 기관에서 청소년육성에 필요한 업무에 종사하는 사람
8. "청소년단체"란 청소년육성을 주된 목적으로 설립된 법인이나 대통령령으로 정하는 단체를 말한다.

위에서 보면 청소년기본법상 청소년보호란 "청소년의 건전한 성장에 유해한 물질·물건·장소·행위 등 각종 청소년 유해 환경을 규제하거나 청소년의 접촉 또는 접근을 제한하는 것을 말한다"고 명시하고 있다. 이는 공행정이 청소년보호를 어떻게 보는지를 규정하는 것이며 아울러 청소년보호정책

의 기준이 되는 것이기에 필수적으로 정확히 인지할 필요가 있다.

(2) 청소년보호와 헌법

우리 헌법은 인간의 존엄과 가치에 관한 기본권(동법 제10조)을 필두로, 일반적 자유권인 행복추구권과 일반적 평등권(동법 제11조 제1항)을 보장한다. 또한 개별적 기본권으로 신체의 자유(제12조 제1항), 거주·이전의 자유(제14조), 직업선택의 자유(제15조), 주거의 자유(제16조), 사생활의 비밀과 자유(제17조), 통신의 비밀(제18조), 양심의 자유(제19조), 종교의 자유(제20조 제1항), 언론·출판·집회·결사의 자유(제21조 제1항), 학문과 예술의 자유(제22조), 재산권(제23조 제1항), 선거권(24조), 공무담임권(제25조), 청원권(제26조), 재판을 받을 권리(제27조 제1항), 형사보상청구권(제28조), 국가배상청구권(제29조 제1항), 범죄피해자구조청구권(제30조)을 보장한다. 평등권은 차별받지 않을 권리와 동전의 양면을 이루고, 이에 따라 차별사유나 차별영역에 따라 다양한 개별적 평등권 또는 개별적 차별받지 않을 권리가 기본권으로 보장된다. 또한 헌법은 사회적 기본권으로 교육 받을 권리(제31조 제1항), 근로의 권리(제32조 제1항), 노동3권(제33조 제1항), 인간다운 생활을 할 권리(제34조 제1항), 환경권(제35조 제1항) 및 주거권(제35조 제3항), 혼인과 가족에 관한 권리(제36조 제1항)와 모성권(제36조 제2항) 및 보건권(제36조 제3항)을 보장한다. 이 밖에도 "국민의 자유와 권리는 헌법에 열거되지 아니한 이유로 경시되지 아니 한다"고 규정하여(제37조 제1항), 이른바 '열거되지 않은 개별적 기본권'도 보장하고 있다.

청소년은 이러한 권리의 주체이자 동시에 보호의 대상이라는 이중적 지위를 가진다. 헌법에서도 대표적 사회적 약자로 여성, 노인, 장애인과 함께 청소년(연소자)을 명시하고 있고(제34조 제4항), 이들의 사회권을 보장하고 있다(제31조~제36조). 여기에는 청소년 근로에 대한 특별한 보호(제32조 제5항)도 포함한다.

청소년을 포함한 국민의 자유와 권리는 '국가안전보장, 질서유지 또는 공공복지'를 위하여 법률에 의해서 제한될 수 있다(제37조 제2항). 즉, 기본권은 '필요한 경우에 한하여' 제한될 수 있기 때문에 헌법이 설정한 이러한 한계를 준수할 때 기본권 제한은 정당화된다. 같은 맥락에서 헌법적 권리인 기본권을 향유할 수 있는 능력과 그것을 행사할 수 있는 능력이 구분된다. 이에 따라 기본권향유능력을 가진 주체와 기본권행사능력을 가진 주체 역시 구분되는데, '자유롭게 교육받을 권리'와 같은 기본권은 청소년도 향유능력과 행사능력을 모두 가진다. 반면 향유능력, 행사능력의 구분은 청소년의 기본권 주체성을 부인하는 논리적 근거도 된다. 즉, 청소년은 많은 기본권에 있어 향유능력은 갖지만 행사능력을 가지지 못하기도 한다. 대표적으로 선거권이 그렇다. 그러나 향유능력은 인정하면서 행사능력을 인정하지 않으면 사실상 기본권의 주체가 될 수 없기 때문에 합리적 근거가 없는 경우라면 '차별'에 해당한다. 따라서 청소년의 기본권행사능력을 부인하는 것은 기본권을 제한하는 것이므로 헌법적 원칙이 적용되어야 하고 법률에 의해서 또는 법률에 근거한 경우에 한해서만 제한될 수 있다(제37조 제2항). 인간은 태어날 때부터 헌법적 권리인 기본권의 주체가 된다. 따라서 일정한 연령을 기준으로 부여되는 권리는 일정한 연령에 달했을 때 주어지는 것이 아니라, 연령을 이유로 유보되었던 권리를 돌려주는 것으로 이해되어야 한다(김지연·정소연·최수정, 2017).

(3) 청소년보호 관련 법체계와 연령 기준의 적용

청소년보호 관련 법 가운데 대표적 법인 청소년보호법은 청소년 관련법의 기본이 되는 법이자 최상위법인 청소년기본법이 1991년 제정된 이후 최초로 독립된 법이다. 청소년보호법은 기본적으로 청소년을 규제하는 것이 아니라 청소년을 둘러싼 환경을 규제하는 데 초점을 맞추고 있다. 청소년보호법은 환경을 규제하는 것과 더불어 청소년이 유해환경에 접촉하여 피해를 입은 경우, 치료 및 재활을 지원하도록 규정하고 있다.

청소년보호법의 제정 목적은 동법 제1조에 명시되어 있는데 이는 "청소년에게 유해한 매체물과 약물 등이 청소년에게 유통되는 것과 청소년이 유해한 업소에 출입하는 것 등을 규제하고 청소년을 유해한 환경으로부터 보호·구제함으로써 청소년이 건전한 인격체로 성장할 수 있도록 함"을 목적으로 한다. 아울러 청소년보호법에서 규정하는 청소년은 만 19세 미만인 사람을 말한다(다만, 만 19세가 되는 해의 1월 1일을 맞이한 사람은 제외한다).

여기서 우리는 법적 나이에 있어서 '만 나이'와 '연 나이'를 구분해야 한다. 이는 법적 효력의 범위를 결정하기 때문이다. '연 나이'란 현재 연도에서 출생연도를 뺀 나이를 말하며, 만 나이는 태어난 때를 기산점으로 매해 생일마다 한 살씩 더하는 셈법으로 구해진 나이를 말한다. 대한민국의 모든 법에 명시된 나이는 모두 만 나이 기준으로 되어 있다는 것 또한 인지해야 한다. 법률에서 연령은 단서조항이 있어 연 나이가 명시되지 않는 한 모두 만 나이 기준이다. 청소년보호법의 경우는 앞선 바와 같이 연령에 있어 단서조항이 있다. 이는 19세 미만의 자를 청소년으로 규정하다보니 고등학교를 졸업하고 대학에 진학하였거나 바로 취업을 한 자들은 사회 통념상 성인으로 간주되고 있음에도 불구하고 여전히 청소년보호법상 각종 규제를 받게 되는 문제점이 지적

되었기에 이들이 자유롭게 사회활동을 할 수 있도록 청소년의 연령을 조정하여 단서조항을 명시한 것이다. 즉 청소년은 19세 미만이라도 당해 연도에 19세가 되는 자는 청소년의 범위에서 제외하도록 함으로써 규정의 범위가 조정된 것이다. 이러한 연령기준을 '만 나이'와 구별하여 '연 나이'라고 부른다.

참고로 1997년 제정 당시 청소년보호법에서는 청소년을 '18세 미만의 자'로 규정하였으나 1999년 미성년자보호법을 폐지하고 동법에 규정되어 있던 청소년보호 관련 규정을 통합함에 따라 청소년 범위를 19세 미만인 자로 변경하였다. 보호대상인 청소년의 범위를 확대하려는 입법의도가 반영된 것이라고 볼 수 있다.

또한 일부 법에서 단서조항을 통해 연 나이를 사용하는 이유는 개인마다 생일이 달라 특정한 나이에 도달하는 날짜가 모두 다르기 때문에, 국가 차원에서 취학 및 징병, 복지 등 국민 전체를 대상으로 한 법 집행을 통제하는 데 출생 연도 단위로 일괄적으로 끊는 것이 편리하기 때문이다. 원래 법에서 나이란 만 나이밖에 없기 때문에, 입법기술상 다음과 같은 방식으로 규정함으로써 우회적으로 연 나이를 규정하고 있다.

청소년보호법 외에 보호 관련법으로는 소년법이 있다. 소년법은 청소년 관련 가장 오래된 법률 중 하나이다. 즉 청소년기본법(1991년 제정) 그리고 그 전신인 청소년육성법(1987년 제정)보다 30여 년 빠른 1958년에 제정되었으며, 이는 일제 강점기 만들어진 조선소년령을 대체하기 위한 입법이었다.

자라나는 청소년은 발달 단계상 질풍노도의 시기, 정체감 혼돈의 시기를 겪게 되며, 신체·인지·정서·사회적 발달이 이루어지나 그중에서 반사회적 모습 또한 자연스럽게 포함하게 된다. 또한 청소년은 동일한 출발 선상에 있지도 않다. 즉 개인차가 존재한다는 것이다. 현대 청소년 중 일부는 여전히 물질적 빈곤을 겪고 있고, 물질적 빈곤이 아니더라도 시간적, 관계적 빈곤을

고 있으며, 학업 과중 및 불투명한 미래가 주는 스트레스를 떠안고 있다. 이들 문제는 청소년 개개인의 문제를 넘어서 우리 사회가 가지고 있는 구조적 문제를 반영한 것으로 볼 수 있다. 발달적·환경적으로 위기에 처한 청소년을 성인과 동일한 잣대로 처벌하게 되면 청소년의 발달을 저해할 뿐 아니라 청소년에 대한 가정·사회·국가의 책임을 청소년 개인에게 전가(轉嫁)시키는 것이다. 또한 청소년은 개인·가정·사회·국가의 노력으로 얼마든지 다른 삶을 살 수 있고 변화할 수 있기 때문에 청소년에게 변화의 기회를 부여하는 것이 마땅하다. 이 때문에 소년법의 존속과 폐지를 둘러싼 다양한 논쟁에도 불구하고 소년법이 청소년 육성제도로서 여전히 필요한 것이다(기은광, 2021).

소년법은 반사회성(反社會性)이 있는 소년의 환경 조정과 품행 교정(矯正)을 위한 보호처분 등의 필요한 조치를 하고, 형사처분에 관한 특별조치를 함으로써 소년이 건전하게 성장하도록 돕는 것을 목적으로 제정되었다. 소년법에서 규정하는 소년은 "19세 미만인 자"를 말한다. 물론 앞서 언급했듯 만 나이 기준이다.

아울러 또 다른 관련법으로 아동·청소년의 성보호에 관한 법률이 있다. 이 법은 아동·청소년대상 성범죄의 처벌과 절차에 관한 특례를 규정하고 피해아동·청소년을 위한 구제 및 지원 절차를 마련하며 아동·청소년대상 성범죄자를 체계적으로 관리함으로써 아동·청소년을 성범죄로부터 보호하고 아동·청소년이 건강한 사회구성원으로 성장할 수 있도록 함을 목적으로 지난 2000년에 제정되었다. 아동·청소년의 성보호에 관한 법률은 가장 빈번하게 개정되는 법률 중 하나이다. 아동 및 청소년을 대상으로 하는 성범죄가 지능화되는 데에 비하여 아직 사회 인식이 낮기 때문에 이를 개선하고자 관련 조항이 변경되며, 정의 또한 2020년 5월 19일에 개정이 되어서 과거 아동·청소년이용음란물이 아동·청소년성착취물로 명칭이 변경되었다. 또한 대상아동·청소년이라는 모호한 개념을 삭제하는 대신 개념을 명확히 하고 그 범위를 확대하여 성매매 피해아동·청소년의 개념을 신설하였다. 동법에서 규정하는 "아동·청소년"이란 19세 미만의 자를 말한다. 다만, 19세에 도달하는 연도의 1월 1일을 맞이한 자는 제외한다.

마지막으로 학교폭력예방 및 대책에 관한 법률이 있다. 본 법은 학교폭력의 문제를 심각한 사회적 문제로 받아들이고 이를 해결하기 위하여 지난 2004년에 제정되었다. 학교폭력은 가해경험과 피해경험이 서로 얽혀서 학교폭력의 가해자가 피해자가 되기도 하고, 반대로 피해자가 가해자가 되기도 한다. 학교폭력은 피해학생과 가해학생, 그리고 이들을 둘러싼 가족과 학교를 모두 불행하게 만드는 행동으로 심각하게 받아들여야 한다. 학교폭력은 청소년의 우울감이나 자살생각 등을 높이고, 이는 청소년의 극단적 선택으로 이어질 수 있다. 다수의 청소년이 학교에서 생활을 하고, 학교생활에 청소년의 균형 있는 성장이 매우 깊게 연결되어 있는 현실을 감안할 때 학교폭력 문제는 심각한 청소년 문제라고 할 수 있다. 위클래스 등 청소년현장에서도 학교폭력예방 및 대책에 관한 내용을 숙지하고 있어야 관련 청소년문제에 대해서 효과적으로 대처할 수 있다. 학교폭력 예방 및 대책에 관한 법률은 단순하게 가해학생을 처벌하려는 법이 아니다.

학교폭력의 상당 부분은 형법 등 다른 법률에 의해서 형사처벌이 될 수 있는 행동이다. 학교폭력 예방 및 대책에 관한 법률은 처벌의 방법보다는 가해학생을 교육·선도하고 피해학생을 보호함으로 청소년을 폭력으로부터 보호하기 위한 장치이다. 본 법에서는 별도의 연령 규정은 없다. 다만 법 효력 범위인 "학교"에 대한 규정(초·중등교육법 제2조에 따른 초등학교·중학교·고등학교·특수학교 및 각종학교와 같은 법 제61조에 따라 운영하는 학교)에 따른 학생에 대해 법률로 명시하고 있다.

2) 소년보호재판과 소년형사재판

(1) 소년보호재판의 개요

소년보호재판은 19세 미만 소년의 범죄사건 등에 대하여 소년의 환경을 바꾸고, 소년의 성격과 행동을 바르게 하기 위해 보호처분을 행하는 재판을 말한다. 여기서 보호처분이란 보호자인 부모가 소년을 돌보도록 하는 것부터 소년원에 보내는 것까지 여러 가지가 있다. 아래는 소년법상 보호처분에 대한 규정이다.

표 4-28 보호처분

제32조(보호처분의 결정) ① 소년부 판사는 심리 결과 보호처분을 할 필요가 있다고 인정하면 결정으로써 다음 각 호의 어느 하나에 해당하는 처분을 하여야 한다.

1. 보호자 또는 보호자를 대신하여 소년을 보호할 수 있는 자에게 감호 위탁
2. 수강명령
3. 사회봉사명령
4. 보호관찰관의 단기(短期) 보호관찰
5. 보호관찰관의 장기(長期) 보호관찰
6. 「아동복지법」에 따른 아동복지시설이나 그 밖의 소년보호시설에 감호 위탁
7. 병원, 요양소 또는 「보호소년 등의 처우에 관한 법률」에 따른 의료재활소년원에 위탁
8. 1개월 이내의 소년원 송치
9. 단기 소년원 송치
10. 장기 소년원 송치

소년법의 제정 목적을 보면 제1조에서 "반사회성이 있는 소년의 환경 조정과 품행 교정을 위한 보호처분 등의 필요한 조치를 하고, 형사처분에 관한 특별조치를 함으로써 소년이 건전하게 성장하도록 돕는 것을 목적으로 한다"고 규정하고 있다. 즉 처벌이 목적이 아니라 교육을 통한 개선과 만약 형사처분을 하더라도 성인과 달리 특별한 조치를 함으로써 소년보호와 함께 국가

에 대해서는 미성숙 상태의 소년을 건전하게 육성해야 하는 책임을 부여하는 등의 보호주의를 선언하고 있다(최병각, 2014).

소년범죄에 대하여 성인범죄와 다르게 특별 취급하는 이유로서는 이른바 국친사상과 소년보호주의 사상을 들 수 있다. 그러나 최근의 일명 "n번방 사건(박사방 사건)"[1]으로 알려진 미성년자와 여성을 대상으로 한 성범죄 사건을 보면, 가해자로 지목된 인물 중에는 미성년자도 포함되어 있었을 뿐만 아니라 피해자 중에도 미성년자가 다수 포함되어 있었다. 이 사건은 최근 청소년 범죄의 일반적인 양상이라 할 수 있는 성인 범죄의 모방성과 잔혹성 등을 총망라한 범죄의 전형이라고 해도 과언이 아니다. 이러한 최근 청소년 범죄의 경향성을 보면 청소년 범죄에 대하여 관대한 처벌의 태도를 취하고 있는 우리 형사법 체계를 그대로 유지하는 것이 타당한가에 대해서 학계 및 언론에서 의문이 제기되기도 하였다. 그러나 소년범죄가 보호받아야 하는 이유는 다양하다. 그중에서도 가장 핵심적인 이유는 소년범죄자들이 성인범죄와는 달리 그들의 개선 가능성에 있다고 할 수 있다. 소년은 미성숙 상태에서 쉽게 범죄에 빠지기도 하지만 또 한편으로는 쉽게 범죄에서 빠져 나올 수 있는 특성이 있다. 따라서 가정과 사회 내의 범죄 유발적 환경을 일소시키는 것이 중요하다.

소년보호사건을 처리함에 있어 처분결과뿐만 아니라 처분과정에 대하여도 소년의 보호와 복지적 관점이 반영되어야 한다. 아울러 사건의 처리기간 단축을 비롯해 강력범의 소년원 송치 지양, 개별 소년의 환경, 성격 등을 잘 파

1) 2018년 하반기부터 텔레그램 n번방과 박사방에서 자행된 성 착취 사건을 말한다. n번방과 박사방을 개설·운영한 가해자들은 미성년자를 포함한 일반 여성을 대상으로 성 착취 영상을 찍도록 협박하고, 해당 영상을 텔레그램 비밀대화방에서 판매하는 잔인한 행각을 저질렀다(네이버 지식백과).

악하여, 소년의 환경을 바꾸고 소년의 성격과 행동을 나아지게 하는 데 가장 적절한 보호처분을 하여야 한다. 이것이 바로 소년보호재판의 핵심이다.

소년보호재판의 대상이 되는 경우는 다음과 같다.

첫째, 14세 이상 19세 미만 소년이 죄를 범한 경우(범죄소년)

둘째, 10세 이상 14세 미만의 소년이 형벌 법령에 저촉되는 행위를 한 경우(촉법소년)

셋째, 10세 이상 19세 미만 소년 중에서, ① 집단적으로 몰려다니며 주위 사람들에게 불안감을 조성하거나, ② 정당한 이유 없이 가출하거나, ③ 술을 마시고 소란을 피우거나 유해환경에 접하는 버릇이 있고, 위 ①부터 ③까지의 어느 하나에 해당하면서 소년의 성격이나 환경에 비추어 앞으로 형벌 법령에 저촉되는 행위를 할 우려가 있는 경우(우범소년)

위에서와 같이 형벌 법령에 저촉되는 행위를 한 10세 이상 14세 미만의 소년은 무조건 보호처분을 받으며, 14세 이상 19세 미만 소년이 죄를 범한 경우에는 행위의 정도에 따라 보호처분을 받기도 하지만 형사처분을 받을 수도 있다. 참고로 10세 미만의 아동은 아무리 형벌 법령에 저촉되는 행위를 하여도 형사처분뿐 만이 아닌 보호처분도 받지 않는다. 이는 형법에서 규정한 형사미성년자의 연령이 14세 미만[2)]임과 아울러 보호처분의 연령은 10세 이상으로 규정되어 있기 때문이다.

2) 형법 제9조(형사미성년자) 14세가 되지 아니한 자의 행위는 벌하지 아니한다.

(2) 소년보호재판의 절차

소년보호재판의 절차를 요약하면 다음 그림과 같다.

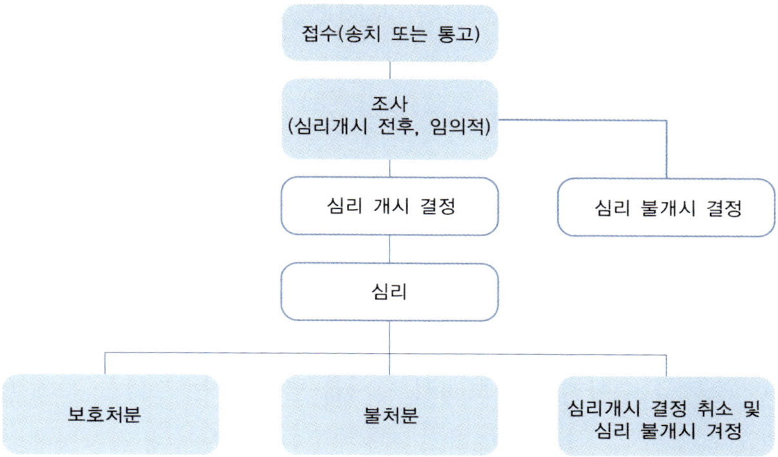

그림 4-1 **소년보호재판의 절차**

출처: 대한민국 법원(https://www.scourt.go.kr).

① 접수(송치 또는 통고) 단계

소년보호재판은 송치나 통고에 의해서 시작된다. 송치 단계로 경찰서장, 검사, 법원 등이 사건, 기록 등을 다른 관공서 등에 보내는 것을 송치라고 한다. 소년보호사건을 법원 소년부에 송치하는 경우에는 경찰서장의 송치, 검사의 송치, 법원의 송치 등 3가지가 있다. 우선 경찰서장의 송치로서 이는 촉법소년과 우범소년에 해당하는 소년이 있을 때에는 경찰서장은 직접 관할 법원 소년부에 송치하여야 한다. 또한 검사의 송치는 검사는 소년에 대한 형사사건을 수사한 결과 보호처분에 해당하는 사유가 있다고 인정한 경우에는 사건을 관할 법원 소년부에 송치하여야 한다. 마지막 법원의 송치가 있는데 법원은 소년에 대한 형사사건을 심리한 결과 보호처분에 해당할 사유가 있다고 인정하면 사건을 관할 법원 소년부에 송치하여야 한다.

추가로 통고제도에 대해서 살펴보면 범죄소년, 촉법소년, 우범소년을 발견한 보호자 또는 학교·사회복리시설·보호관찰소의 장은 이를 관할 법원 소년부에 통고할 수 있다(소년법 제4조 제3항). 통고는 보호자 등이 경찰서, 검찰청 등의 수사기관을 거치지 않고 직접 사건을 법원에 접수시키는 절차이다. 통고 제도는 소년 문제의 초기 단계에서 간편하게 법원에 소년 문제의 해결을 의뢰할 수 있는 제도라고 할 수 있다. 많은 소년 비행 사건의 경우, 초기에 보호자의 감독과 교육, 학교 또는 지역사회의 관심과 지원, 법원의 적절한 개입 등이 이루어진다면 경미한 단계에서 문제를 해결할 수 있다. 통고제도란 소년을 수사기관에 보내서 수사를 받게 하는 부담을 주지 않고 소년 문제를 해결할 수 있는 제도라고 볼 수 있다. 경찰서나 검찰청에 신고 또는 고발을 하는 경우 소년은 수사기관에서 수사를 받게 되는 부담을 가지는데, 법원에 통고하여 바로 소년보호사건으로 처리하는 경우 소년이나 학교로서는 위와 같은 부담을 줄일 수 있다.

통고는 서면으로 할 수도 있고 구술로 할 수도 있다(소년심판규칙 제6조 제1항). 다음은 통고서 양식이다.

표 4-29 통고서 양식

통 고 서 (일반용)

○○가정법원(지원) 소년부 귀중

통고인	성명				
	직장명				
	보호소년과의 관계 (□에 √ 표시)	□ 사회복리시설의 장	□ 보호관찰소장		□ 보호자
	전화번호 (집 또는 직장)	( ) –	전화번호 (휴대전화)	( ) –	

소년	성명		주민등록번호	–
	학년, 반			
	주소			
	전화번호	( ) –		
소년의 보호자	성명		소년과의 관계	
	주소			
	전화번호	( ) –		

위 통고인은 다음과 같이 보호 대상 소년을 발견하였으므로 소년법 제4조 제3항에 따라 귀 법원 소년부에 통고합니다.

통 고 사 유

○ 통고하게 된 사유의 요지(□에 √ 표시)

□ 범죄를 저지름(14세 이상 19세 미만)	
□ 형벌법령에 저촉되는 행위를 함(10세 이상 14세 미만)	
□ 형벌법령에 저촉되는 행위를 할 우려가 있음	□ 집단적으로 몰려다니며 주위에 불안감을 조성하는 성벽(버릇)이 있음
	□ 정당한 이유 없이 가출함
	□ 술을 마시고 소란을 피우거나 유해환경에 접촉하는 성벽(버릇)이 있음

○ 통고하게 된 사유의 상세(필요한 경우 별지 활용)

(일시, 장소 및 행위의 내용을 명확하고 상세하게 기재하여 주시기 바랍니다) ※참고사항:

20 . . .

통 고 인 ○ ○ ○ ㊞

통고의 경우에는 통고받은 소년부 판사가 이를 심리할 필요가 있다고 인정할 때에 비로소 소년보호사건으로 수리하게 된다. 소년부 판사는 통고서, 참고자료 등을 검토하여 사건의 수리 여부를 결정하게 된다.

② 조사

소년보호사건이 접수된 후에는 조사단계로 넘어간다. 소년보호사건의 심판절차는 크게 조사단계와 심리단계로 나누어진다. 조사란 주로 소년에 대한 보호의 필요성에 관한 자료를 수집·분석하는 것으로 생활환경조사의 기능을 가지고 있다. 조사와 비교하여 볼 때 심리란, 조사된 자료를 기초로 하여 비행 및 보호의 필요성이 있는지 여부를 판단하고 적절한 보호처분을 결정하는 것으로서 사법적 기능을 가진다.

조사활동은 소년부 판사가 관장하는 것이지만 조사의 특성을 살리기 위하여 조사는 전문가인 조사관이 판사의 지시를 받아서 하게 된다. 소년부 판사는 조사관으로 하여금 송치 또는 통고된 소년, 소년의 보호자 또는 참고인을 심문하게 할 수 있고, 그 밖에 필요한 사항을 조사하게 할 수 있다. 또한, 소년부 판사는 조사 또는 심리를 할 때에 정신과의사·심리학자·사회사업가·교육자나 그 밖의 전문가에게 진단을 의뢰하여 그 의견을 참고할 수 있다. 필요한 경우 소년분류심사원의 분류결과와 의견, 보호관찰소의 조사결과와 의견 등을 참고할 수 있다.

③ 임시조치

소년부 판사는 사건을 조사 또는 심리하는 데에 필요하다고 인정하면 소년의 감호에 관하여 결정으로써 다음 중 어느 하나에 해당하는 조치를 할 수 있다. 첫째, 보호자, 소년을 보호할 수 있는 적당한 자 또는 시설에 위탁, 둘째, 병원이나 그 밖의 요양소에 위탁, 셋째, 소년분류심사원에 위탁이다. 소년분류심사원에 위탁하는 조치를 제외한 나머지 경우 위탁기간은 3개월을, 소년분류심사원에 위탁하는 조치의 경우 그 위탁기간은 1개월을 각각 초과하지 못한다. 다만, 특별히 계속 조치할 필요가 있을 때에는 한 번에 한하여 결정으로써 연장할 수 있다. 소년부 판사는 이 같은 임시조치를 언제든지 결정으로써 취소하거나 변경할 수 있다.

④ 심리 개시 여부의 결정

소년부 판사는 조사관의 조사보고서 등에 따라 사건을 심리할 필요가 있는지 여부를 결정하게 된다. 심리 불개시 결정의 경우 소년부 판사는 송치서 또는 통고서와 조사관의 조사보고 등에 따라 사건의 심리를 개시할 수 없거나 개시할 필요가 없다고 인정하면 심리를 개시하지 아니한다는 심리 불개시의 결정을 한다. 또한 사안이 가볍다는 이유로 심리를 개시하지 아니한다는 결정을 할 때에는 소년을 훈계할 수 있고, 보호자에게 소년을 엄격히 보살피고 교육하도록 이야기할 수 있다.

표 4-30 심리 절차

(1) 소년, 보호자 등의 인적 사항 등을 확인하는 인정신문을 한다. (2) 불리한 진술을 거부할 수 있는 권리가 있다는 점을 알려 준다. (3) 어떤 비행을 하였다는 의심을 받는지를 알리고 소년의 변명을 듣는다. (4) 비행을 하였는지 여부에 대하여 심리를 한다. (5) 보호처분을 할 필요성이 있는지와 관련된 사실에 대하여 심리를 한다. (6) 조사관과 보조인이 소년에게 적절한 보호처분이 어떤 것인지에 관한 의견을 말한다. 조사관이 제출한 조사보고서나 보조인이 제출한 의견서로 대신할 수 있고, 사건에 따라서는 이러한 절차가 생략될 수도 있다. (7) 소년부 판사가 최종적인 결정을 한 다음 이를 알려 준다.

심리 개시 결정을 하는 경우 소년부 판사는 송치서 또는 통고서와 조사관의 조사보고 등에 따라 사건을 심리할 필요가 있다고 인정하면 심리 개시 결정을 한다. 심리는 비공개로 진행되고, 친절하고 온화하게 진행해야 한다(소년법 제24조). 소년보호재판은 소년을 보호하고 교육하는 것을 목적으로 하기 때문이다. 심리는 보통 다음과 같은 순서로 진행된다.

소년부 판사는 조사와 심리를 한 결과 보호의 필요성이 있는지, 그 정도는 어떠한지 등을 판단하여 다음과 같은 결정 중에서 하나를 하게 된다. 첫째, 불처분 결정으로 보호처분을 할 수 없거나 할 필요가 없다고 인정하는 경우 아무런 처분을 하지 않기로 하는 결정이다. 불처분 결정으로 사건은 종결된다. 둘째, 검사에게 송치로서 조사 또는 심리한 결과 금고 이상의 형에 해당하는 범죄 사실이 발견되고 그 동기와 죄질에 비추어 형사처벌을 할 필요가 있다고 인정하는 경우 검사에게 송치하는 결정이다. 마지막 소년보호처분 결정으로 보호처분을 할 필요가 있다고 인정하는 경우에 하는 결정이다.

(3) 보호처분의 종류

앞서 소년법 제32조에 명시된 보호처분에 대해서 열거하였다. 보호처분은 10가지 보호처분 중에서 선택을 하는데, 그 중에서 몇 가지 보호처분을 함께 묶어서 할 수도 있다. 아래는 보호처분에 대한 주요 내용이다.

① 1호 처분

보호자 또는 보호자를 대신하여 소년을 보호할 수 있는 사람에게 감호(보살피고 보호함)를 위탁하는 것이다. 여기서 보호자란 법률상 감호교육을 할 의무가 있는 사람 또는 현재 감호하는 사람을 말하는데 부모나 동거하는 고용주 등이 이에 속한다. 보호자에게 감호를 위탁하는 처분은 사실상 보호소년을 종래의 환경에 그대로 돌려놓는 것이지만, 법원의 결정에 따라 보호소년의 감호를 위탁하는 것으로서 보호자에 대한 주의 의무를 환기시키는 의미가 있고, 보호자에 대한 특별교육명령을 함께 하여 보호자를 교육할 수 있다. 소년부 판사는 보호자에게 소년에 관한 보고서나 의견서를 제출하도록 요구할 수 있고, 소년의 감호에 관한 지시를 할 수도 있다. 아울러 소년부 판사는 그 위탁기간 중에 보호처분의 내용을 다른 보호처분으로 변경할 수도 있다.

또한 소년에게 보호자가 없거나 보호자가 있더라도 그 보호자가 소년을 충분히 감호하기 어려운 경우 등에는 '보호자를 대신하여 소년을 보호할 수 있는 사람'에게 감호를 위탁할 수 있다. 대부분 법원은 보호자를 대신하여 소년을 보호할 수 있는 사람을 위촉하여 두고 있다. 보호자를 대신하여 소년을 보호할 수 있는 사람을 보통 '위탁보호위원'이라고 한다.

② 2호 처분

소년에게 일정한 내용의 강의를 듣도록 명령하는 수강명령이다. 소년부 판사는 강의를 들어야 할 총 수강시간과 집행기한을 정하여 결정한다. 소년부 판사는 수강할 강의의 종류나 방법 및 그 시설 등도 지정할 수 있다. 보호관찰소 외에 현재 서울가정법원이 명한 수강명령을 집행하는 기관으로는 청소년폭력예방재단, 서울특별시립청소년상담지원센터, (사)탁틴내일 부설 내일청소년상담소 등이 있다.

③ 3호 처분

소년에게 일정한 내용의 사회봉사를 하도록 명령하는 사회봉사명령이다.

소년부 판사는 총 사회봉사시간과 집행기한을 정한다. 소년부 판사는 사회봉사의 종류나 방법 및 그 대상이 될 시설 등도 지정할 수 있다.

④ 4호 처분

보호관찰관의 단기 보호관찰이다. 보호관찰은 그 기간에 따라 단기 보호관찰과 장기 보호관찰로 나뉘는데 단기 보호관찰은 1년이다. 보호관찰은 보호소년이 정상적인 사회생활을 할 수 있도록 하면서 전문가인 보호관찰관의 지도, 감독과 원호 등을 통하여 소년을 바르게 자라도록 하는 보호처분이다. 보호관찰은 소년이 사는 것을 관할하는 보호관찰소의 보호관찰관이 담당한다.

⑤ 5호 처분

보호관찰관의 장기 보호관찰이다. 단기 보호관찰 기간이 1년인데 비하여, 장기 보호관찰 기간은 2년이고 1년의 범위에서 한 번 연장할 수 있다.

⑥ 6호 처분

아동복지법에 따른 아동복지시설이나 그 밖의 소년보호시설에 소년의 감호를 위탁하는 것이다. 일정한 시설 내에 수용을 하도록 명령하는 보호처분인 점에서 1호부터 5호까지의 처분과는 차이가 있다. 2019년 기준 서울가정법원이 위촉한 6호 처분의 집행기관으로는 보호치료시설 효광원, 나사로 청소년의 집, 살레시오 청소년센터, 로뎀청소년학교, 마자렐로센터, (재)돈보스코 센터 등이 있다.

⑦ 7호 처분

소년을 병원, 요양소 또는 보호소년 등의 처우에 관한 법률에 따른 소년의 료보호시설에 위탁하는 처분이다. 소년에게 정신질환이 있거나 약물남용을 한 경우와 같이 의학적인 치료와 요양이 필요한 때 내려지는 처분이다.

⑧ 8호 처분

1개월 이내의 짧은 기간 동안 소년원에 송치하는 처분이다. 단기간 동안 집중적인 교육 프로그램을 통하여 소년원 수용 기간을 최소화하면서 교육의 효과를 최대한으로 높이기 위한 처분이다.

⑨ 9호 처분

단기로 소년원에 송치하는 처분이다. 단기로 소년원에 송치된 소년의 보호기간은 최장 6개월이다. 소년원에 수용된 보호소년은 각자의 특성에 따라 학교교육을 계속 받거나 직업훈련을 받게 된다.

⑩ 10호 처분

장기로 소년원에 송치하는 처분이다. 장기로 소년원에 송치된 소년의 보호기간은 최장 2년이다. 소년원에 수용된 보호소년은 각자의 특성에 따라 학교교육을 계속 받거나 직업훈련을 받게 된다.

소년의 보호처분은 그 소년의 장래의 신상에 어떠한 영향도 미치지 아니한다(소년법 제32조 제6항). 소년의 장래에 불이익을 주지 않음으로써 소년이 새로운 생활을 잘 할 수 있도록 도우려는 것이 바로 보호처분이다.

추가로 부가처분과 보호자 특별교육명령 등이 있는데 4호 단기 보호관찰 또는 5호 장기 보호관찰 처분을 할 때에는 보호소년 등의 처우에 관한 법률에 따른 대안교육 또는 소년의 상담·선도·교화와 관련된 단체나 시설에서의 상담·교육을 받을 것을 동시에 명할 수 있다. 또한 4호 단기 보호관찰 또는 5호 장기 보호관찰 처분을 할 때에는 1년 이내의 기간을 정하여 야간 등 특정 시간대에 외출하는 것을 제한하는 명령을 보호관찰대상자의 준수사항으로 부과할 수 있다.

보호자에 대한 특별교육명령제도도 있는데 소년부 판사는 보호처분을 할 때에 가정상황 등을 고려하여 보호자에게 소년원·소년분류심사원 또는 보호관찰소 등에서 실시하는 소년의 보호를 위한 특별교육을 받을 것을 명할 수 있다. 보호자가 정당한 이유 없이 특별교육 명령에 응하지 아니하면 300만 원 이하의 과태료 부과처분을 받을 수 있다.

(4) 소년분류심사원과 소년원

① 소년분류심사원

소년범죄자가 성인범죄자로 전이되기 않기 위해서는 정확한 비행원인을 진단하고, 그에 맞추어 소년의 개별특성에 적합한 처우를 제공함으로써 비행 초기에 범죄를 중단하도록 할 필요가 있다. 이러한 취지에서 소년분류심사원의 기능과 역할은 날로 그 중요성이 증대되고 있다. 소년분류심사원에서의 분류심사서는 법원송부를 통해 소년의 처분 결정 시 주요 참고자료로 활용되고 있고, 소년원과 보호관찰소에서 소년의 처우지침과 지도방향 설정에도 도움을 주고 있다. 이처럼 소년보호의 중요한 기능과 역할을 담당하고 있음에도 불구하고, 현재 우리나라에는 서울소년분류심사원이 1곳만 있어 위탁소년의 과밀화 현상이 매우 심각한 것이 현실이다.

본래 소년분류심사제도는 비행소년이 처한 가정·학교·사회의 환경적 특성과 비행 소년의 성격·능력·욕구·행동특성 등 개인적 자질에 대한 조사와 진단을 통해 그들에게 가장 적합한 처우방안을 제시하고자 하는 제도이다. 소년의 생활환경 조사 및 각종심리검사, 행동관찰, 보호자 상담, 각종 기록조회 등을 통해 요보호성 여부를 판별하는 것이 분류심사의 핵심이다. 요보호성 여부를 판별하는 기능을 하는 소년분류심사원은 법원 소년부로부터 위탁된 소년의 수용 및 교육을 위해 설치된 기관이다.

소년분류심사원은 소년에 대한 과학적 처우를 결정하기 위해 네 가지 기능을 하고 있다.

첫째, 소년분류심사원은 소년부 판사가 사건을 조사·심리하는 데 필요한 소년의 신병을 보호하는 기능을 한다. 소년부 판사가 위탁결정을 하면 1개월 이내(최장 2개월)에 비행소년을 수용·보호하는 역할을 담당하고 있다. 소년분류심사원에 위탁되는 기간은 출석일수가 인정됨으로써 학업중단을 예방하는 효과도 함께 지닌다.

둘째, 소년분류심사원은 비행원인을 규명하고 재비행을 예측 및 진단하는 기능을 한다. 의학, 심리학, 교육학, 사회학 등 전문지식을 활용하여 대상소년의 가정·학교·주변 환경 등 환경적 측면과 심리적 측면, 정신의학적 측면에서 요보호성을 과학적으로 진단한다.

셋째, 소년분류심사원은 위탁소년에 대한 교육기능을 담당하고 있다. 대상소년이 위탁되는 기간 동안 언어·행동·예절·규범 등 기초적인 생활지도뿐만 아니라, 학교폭력·강간·절도·폭력비행 예방 등의 비행예방 전문교육, 분노조절 훈련·감수성 훈련·종교 지도 등의 인성교육 등을 통해 비행예방 및 재비행 방지를 위한 교육적 기능을 수행하고 있다.

넷째, 소년분류심사원은 비행소년에 대한 처우의 개별화를 위해 기능하고 있다. 소년분류심사원의 비행진단결과는 법원에 송부되어 소년에게 가장 적합한 처분결정을 위한 자료로 활용되고, 소년원과 보호관찰소 등에서 최선의 처우를 하기 위한 자료로 활용되며, 보호자에게 자녀교육 및 사후지도 방법 등을 권고하는 기능도 담당하고 있다.

소년분류심사원은 1977년 소년감별소라는 이름으로 처음 개청되었고, 1995년 소년분류심사원으로 그 명칭이 변경되었다. 2001년 법무부가 소년범 불구속 수사원칙을 세움에 따라 수용인원이 감소함을 이유로 2005년부터 소년보호기관(소년원 및 소년분류심사원)이 대폭 축소되면서 직원 정원도 감축되었다. 2000년대 초까지 5개였던 소년분류심사원이 2003년 대전소년분류심사원 폐지, 2005년 대구소년분류심사원 폐지, 2007년 부산과 광주심사원 폐지를 거치면서, 이후 소년분류심사원은 서울 1곳을 제외하고 모두 다른 기관으로 개편되었고, 전국 6개 소년원(부산, 대구, 춘천, 제주, 광주, 대전)의 경우 위탁소년을 대행하는 역할을 하도록 하였다.

그러나 최근 소년범죄가 증가함에 따라 비행초기에 정확한 원인 분석 및 비행진단을 통해 맞춤형 교정교화가 가능하도록 할 필요가 있으나, 현재 소년분류심사기능을 6개의 소년원에서 대행하고 있어 소년분류심사 업무의 전문성을 확보하기 어려운 상황이다. 직제 개편 과정에서 분류심사원의 위탁소년이 감소함에 따라 분류심사원이 1개로 축소되었으나, 실제 분류심사업무가 감소된 것은 아니다. 이전의 분류심사업무가 소년원과 비행예방센터로 이관되면서 운영되고 있는데 그럼에도 불구하고 1인당 분류심사 업무량과 위탁소년 인원을 감안할 때, 전문적인 분류심사를 할 수 있는 여건하에 있다고 보기 어렵다(이승현·박성훈, 2015).

② 소년원

소년원은 보호소년 등의 처우에 관한 법률에 따라 설치된 법무부 범죄예방정책국 소속 특수교육기관이다. 소년법 및 보호소년의 처우 등에 관한 법률에 따라서, 가정법원 및 지방법원 소년부의 보호처분에 의하여 송치된 소년을 수용하여 교정교육을 하는 것을 임무로 한다.

소년원의 설립 배경과 현황을 자세히 살펴보면 해방 전인 1942년 서울에 설립된 '경성소년원'은 당시 국내 유일한 소년원으로서 보호 대상이 주로 일본인 소년들이었는데, 해방 후, 전쟁고아의 증가와 더불어 비행소년이 늘어나게 되자 1945년에 대구·광주·부산에도 소년원이 생겨났으며 경성소년원은 '서울소년원'으로 개칭되었다. 1960년부터는 서울·부산·대구·광주 등 4개 소년원이 초등학교 과정을 수업할 소년원으로 지정되었고, 1970년에 안양·김해·춘천·대전·충주·전주소년원이 추가로 초등학교 과정을 수업하는 소년원으로 지정되었다. 이후 사회가 발전하면서 계속되는 비행소년의 증가로 소년 수용시설에 대한 요구가 증가하며 1963년 9월 서울소년원 춘천분원, 대구소년원 동촌분원, 대전·충주·서울 서대문에 분원이 설치되었고 1967년에 전주소년원, 1982년에 대전소년원, 1987년에는 제주소년원이 신축되었다. 1988년에는 "보호소년 등의 처우에 관한 법률"이 개정되어 소년원이 교육법에 의하여 설치된 '학교'로 인정되었고 전국 11개 소년원에 초등학교, 8개 소년원에 중학교, 4개의 소년원에 고등학교를 설치하였다. 이후 1992년에는 안양소년원이 신축되었고, 1998년 서울소년원을 고봉중·실업고등학교로 개편하여 실업계 고등학교 중퇴생들이 학업을 이어나갈 수 있도록 지원하였다.

2000년에는 21세기 지식정보사회에 맞추어 외국어와 컴퓨터 교육의 중요성이 대두되어 인문계 학교인 미평중·고등학교를 제외한 전국 11개 소년원을 기존의 '중·고등학교', '직업전문학교' 체제에서 실용영어와 컴퓨터교육을 핵심으로 하는 '정보통신 중·고등학교(5개교)', '정보통신(산업)학교(6개교)' 체제로 전환하였다. 이후, 약 2년간의 짧은 기간에도 불구하고 교육이 긍정적인 성과를 내면서 2002년 대덕소년원을 대산체육중·고등학교로 개교하는 등 특성화교육을 확대하였고, 약물남용이나 정신질환, 신체결함 등 특수교육의 필요성을 인식하여 안산의료소년원이 신설되었으나 2003년에는 안산의료소년원이 안산예술종합학교로 개편되고 의료소년원의 기능은 대전의료소년원으로 이관 · 개편되었으며, 2004년 1월에는 관광정보교육 위주의 특성화 학교인 창원소년원이 개교되었다. 2007년에는 제주에 한길정보통신학교가 개교 되었고, 창원소년원과 부산소년분류심사원이 통합되었으며 읍내정보통신중 · 고등학교가 읍내정보통신학교로 명칭변경하였다. 2007년 대산체육중 · 고등학교가 대산 중 · 고등학교로 개교되었고, 대전소년원 · 대전의료소년원 · 청주소년원이 대전소년원으로 통합되어 운영되기 시작하였으며, 2009년에는 대산학교, 미평여자학교가 개교, 고봉정보통신중 · 고등학교가 고봉중 · 고등학교로 개편되면서 전국의 소년원학교가 현재의 모습을 갖추게 되었다(김지영 외, 2018).

청소년의 소년원 송치는 사회와 격리하여 신체자유를 구속하는 처분이므로 여타의 사회 내 처분과는 달리 소년의 발달과정에 중요한 영향을 미치게 된다. 소년원은 소년법에 근거하여 범죄의 처벌이 아니라 국가가 소년들의 보호자가 되는 국친사상을 근간으로 학과교육과 직업교육, 인성교육 등의 교육과정 및 의료를 담당하면서 소년의 건전한 성장을 돕는 것을 목적으로 운영된다는 점에서 또 다른 구금시설인 소년교도소와 차별된다. 이러한 목적에 부합하기 위해 현재 소년원의 공식명칭은 '○○학교'이며 소년원에 근무하는 직원들도 '교사'로 호칭된다.

(5) 소년형사재판

① 소년형사재판의 개요

소년형사사건은 죄를 범한 소년에 대하여 수사기관이 수사를 하여 공소가 제기되거나 소년법원에서 검사에 송검·송치되거나, 법원에 이송되어 형사법원에서 심판을 받아 형벌 및 그 집행에 이르는 일련의 사건을 말하며 소년형사사건에 관하여는 소년법에 특별한 규정이 없으면 일반 형사사건의 예에 따른다.

절차상의 특징을 살펴보면 소년에 대한 구속영장은 부득한 경우가 아니면 발부하지 못한다. 여기서 부득이한 경우란 구체적 사안에 따라 판단되어야 할 것이지만 사건의 발전과정에 따라 수사단계에서는 수사상 필요성의 관점에서, 공소제기 후에는 공판심리를 위한 필요성의 관점에서 각각 판단한다. 부득이한 사정이 인정되지 않으면 판사는 다른 요건이 구비되어 있더라도 구속영장신청을 각하하여야 한다.

구속영장이 발부되어 소년을 구속하는 경우에도 특별한 사정이 없으면 다른 피의자나 피고인과 분리하여 수용하여야 하는데, 이는 소년을 보호하고 처우의 개별화를 기하기 위한 것이다.

또한 소년에 대한 형사사건의 심리는 친절하고 온화하게 하며 소년의 심신상태, 품행, 경력, 가정상황 그 밖의 환경 등에 대하여 정확한 사실을 밝힐 수 있도록 특별한 유의를 하여야 한다. 또 소년형사사건이나 소년보호사건은 모두 소년의 성행, 환경 등을 참고하여야 하는 점이 동일하므로 형사사건에서의 이러한 사회조사도 소년보호사건에서와 같이 의학·심리학·교육학 기타 전문적인 지식을 활용할 필요가 있다. 그리하여 소년형사사건에서도 법원은 그 필요한 사항의 조사를 조사관에게 위촉할 수 있도록 규정되어 있다.

소년에 대한 형사사건의 심리는 다른 피의사건과 관련된 경우에도 심리에 지장이 없으면 그 절차를 분리하여야 하는데 이는 소년에 대한 처우의 개별화의 원칙을 공판절차에도 적용하기 위한 것이다. 다른 피고사건과 관련된 경우란 수인이 공동으로 또는 동시에 동일 장소에서 범한 죄, 범인 은닉죄, 증거소멸죄, 허위감정통역죄 또는 장물죄와 그 본법의 죄의 관계가 있는 경우를 말하며 1인이 수죄를 범한 경우는 이에 해당하지 않는다.

처분상의 특칙을 보면 죄를 범할 때에 18세 미만인 소년에 대하여는 사형 또는 무기형을 과할 것인 경우에는 이를 15년의 유기징역으로 한다(소년법 제59조)고 규정하고 있다. 이는 한정적인 책임능력 밖에 갖추지 못한 소년에 대하여 인도적 견지에서 중형을 피하고 사회복귀의 기회를 주려는 취지이다. 아울러 소년이 장기 2년 이상의 유기형에 해당하는 죄를 범한 때에는 그 법정형기의 범위 내에서 장기와 단기를 정하여 선고하여야 한다. 다만, 장기는 10년, 단기는 5년을 초과하지 못한다(동법 제60조 제1항). 또한 18세 미만인 소년에 대하여는 유치선고를 하지 못한다. 소년을 노역장에 유치한다는 것은 소년에게 악영향을 미칠 우려가 있기 때문이다.

마지막으로 보호처분의 계속 중일 때에 징역, 금고 또는 구류의 선고를 받은 소년에 대하여는 먼저 그 형을 집행한다. 보호처분의 계속 중에 유죄판결이 확정된 경우에 그 처분을 존속시킬 필요가 없다고 인정되면 보호처분의 취소가 가능하지만 보호처분이 취소되지 않고 징역, 금고, 구류의 형을 집행해야 하는 경우에는 그 형의 집행을 먼저 실시한다.

② 소년교도소

소년교도소란 19세 미만의 소년범죄자를 성인범죄자와 분리 처우하기 위하여 법무부장관 산하기관인 지방교정청에 소속된 기관으로 소년원과는 다르다. 2023년 기준 대구지방교정청 소속으로 김천소년교도소가 유일하게 설치되어 있다.

소년교도소에는 유죄의 확정판결로 금고 이상의 형을 선고받은 소년범(소년수형자)과 미결상태 소년수용자가 수용된다. 위에서 설명했듯 18세 미만의 소년에 대하여는 사형·무기징역이나 노역장유치를 선고할 수 없는데, 교도소에 부설된 노역장에 유치하여 노역을 하도록 하는 것은 교육을 목적으로 하지 않는 단기의 자유구속이고, 소년의 심성에 악영향을 미칠 수 있기 때문이다. 현재 소년수용자들은 김천소년교도소에 수용되어 있고, 여성은 청주여자교도소 내에서 성인과 구분하여 수용하고 있다.

소년교정처우 프로그램은 큰 틀에서는 일반 성인 수용자와 유사하다. 즉 보안 등 전통적 질서유지행정의 영역이 있고, 재사회화와 사회복귀 지원이 강조되어 온 교정행정의 추이에 따라 직업훈련·사회복귀·의료처우 등이 제공된다. 그 외에 의무교육 연령에 해당한 소년수용자들을 고려해 교육도 이루어진다. 세부적으로 살펴보면 우선 소년교도소에는 검정고시, 방송통신고등학교, 정보화교육 및 외국어 교육, 사회적응교육반을 둘 수 있고, 소장은 교육계획 수립·시행에 대한 정책재량을 갖는다. 또한 예체능 특기반도 운영할 수 있으며, 외부 강사 등의 참여도 가능하다. 즉 일반적인 중고교 과정과 유사한 편성에 특기적성교육과 같은 별도프로그램이 운영된다.

아울러 소년교도소에서는 단순작업 외에도 1년 이내의 직업훈련이 이루어진다. 이 직업훈련은 출소하여 실제로 그 기술을 활용해 생계유지가 가능한 것들이다. 그 외에도 소장은 수용여건과 소년수형자 등의 의지, 적성, 나이, 학력 등을 고려하여 과정별 교육기간과는 별도로 과정 내 다양한 분야의 단기 과정을 운영할 수 있다.

마지막으로 사회복귀 프로그램을 소개하면 이는 크게 교정시설 밖에서의 사회적 처우와 가족만남의 날 행사, 귀휴로 나뉜다. 사회견학이나 종교생활·외부 공연 관람 및 참가 등이 가능하며, 이를 준비하는 과정에서 소년수형자 사이에서의 또 다른 동질감과 성취의 경험을 제공할 수 있다. 가족만남의 날 행사는 정해진 접견 횟수와는 별개로 소년수형자와 가족들이 만나는 시간이며, 가족이 없는 경우 결연을 맺었거나 가족에 준하는 사람의 참여를 허용할 수 있다. 귀휴는 일종의 휴가와 같은 개념으로 부여된다(김도윤, 2020).

소년과 관련된 형사절차는 소년의 특수성이 고려되어야 한다는 대전제가 있다. 소년에 대하여 무한한 가능성을 열어두고, 비행에 쉽게 노출되고 물들 수 있지만 그만큼 회복과 교정도 빠르다는 것이다. 즉 소년형사정책의 기본은 아직 인격이 형성 중인 존재로 다양한 변화가능성을 가진 소년을 최대한 긍정적인 방향으로 유도하는 것이다. 위와 같은 소년의 특수성을 고려하여 소년교도소 운영의 발전적 방향을 끊임없이 모색해야 한다.

3) 근로청소년 보호

(1) 근로청소년과 청소년근로 보호 종합대책

최근 일하는 청소년의 비중이 증가하고 있고 청소년이 처한 노동 환경과 노동시장 양상이 변화됨에 따라 관련된 새로운 문제의 등장과 더불어 사회적 관심이 증가하고 있다. 청소년에게 노동기본권은 성인과 달리 단순 생계수단의 보장을 넘어 자아실현 수단으로서 중요한 의미를 갖는다는 측면에서 매우 중요한 의미를 지니며, 최근 중앙 및 지방정부 차원의 청소년 노동기본권 보장을 위한 노력이 강화되고 있는 것은 매우 고무적인 현상으로 볼 수 있다. 중앙정부와 지방정부 차원에서 청소년 노동기본권 강화를 위한 다양한 제도와 정책에 대한 관심과 노력이 진행되고 있는 시점에서 보다 체계적이고 섬

세한 대안을 모색할 필요가 있다. 근로 청소년이 당면하고 있는 문제를 단기적이고 시혜적인 차원의 접근이 아니라 청소년의 노동기본권 차원에서 접근하여 청소년들이 정당한 권리를 가지고 노동시장에 참여할 수 있는 법적·제도적·정책적 차원의 대안을 모색해야 한다.

분명한 것은 현재 청소년 노동 환경과 노동시장 양상이 변화됨에 따라 관련된 새로운 문제가 다양하게 등장하고 있다는 것이다. 청소년 노동참여 업종이 기존 단순 노동 중심에서 서비스업 위주로 확대되고 있고, 고용형태는 직접고용이 아닌 간접고용 방식으로, 일자리를 얻는 통로는 오프라인에서 온라인으로 변화되고 있다. 실제로 2000년대 초반 청소년들이 일하는 주된 업종이 전단지 배포에서 2015년은 음식점, 식당, 레스토랑 등으로 변화하였고, 본인이 누구에게 고용되어 있는지 모르는 상태에서 일을 하는 경우도 증가하고 있다(황여정 외, 2015). 노동현장에서 겪는 피해 경험 또한 개별화·다양화되고 있어 이에 대한 보다 심층적인 조사가 요구된다.

청소년의 노동기본권을 보호하려는 정부의 노력은 2005년 "청소년근로보호 종합대책"이 마련된 이후 지속적으로 추진되어 왔다. 청소년 현장에서는 근로 청소년에 대해서 그간 많은 관심을 가지지 않은 것은 사실이다. 분명한 것은 지금의 청소년지도자들은 근로 청소년에 대한 이해와 근로청소년과 관련한 국가정책에 대한 내성적 이해가 필요하다는 것이다. 여기 지난 2005년에 수립된 청소년근로 보호 종합대책의 주요 내용에 대해서 소개하고자 한다.

청소년근로 보호 종합대책은 "청소년 근로조건 보호 및 건전한 직업의식 함양"을 목표로 하여 중점과제는 ① 지도·점검 강화를 통한 연소자 법정 근로조건 보호, ② 교육내실화를 통한 노동관계법 인지도 제고, ③ 캠페인 등 홍보 강화를 통한 청소년근로 보호 인식 확산, ④ 건전한 일자리 정보 제공 및 피해구제 강화, ⑤ 제도개선을 통한 청소년 근로여건 개선이다.

본 대책은 그동안 청소년들의 소비욕구 충족과 장래 직업선택을 위한 경험 등의 목적으로 아르바이트 학생들이 계속 늘고 있어 이들의 근로여건 개선이 필요하다는 인식하에 수립되었다. 아울러, 청소년들의 경우 근로조건에 관해 학교에서 교육받을 기회가 없어 연소자 근로조건을 제대로 알지 못하고 있는 현실과 연소자를 고용하는 업체는 편의점, PC방, 주유소 등 영세 소규모임 사업장으로 연소자 법정 근로조건 보호규정을 제대로 알고 있지 못하여 청소년 근로조건 피해사례가 상존한다는 문제의식이 본 대책의 수립 배경이라고 볼 수 있다. 세부 추진계획은 다음과 같다.

표 4-31 청소년근로 보호 종합대책 세부 추진계획

1. 청소년근로 보호를 위한 지도·점검 강화 1-1. 청소년아르바이트 지도·점검 확대 강화 1-2. 관계부처 합동 점검 실시
2. 교육 내실화를 통한 청소년근로 보호 인식 제고 2-1. 중·고등학교 교사에 대한 교육 강화 2-2. 청소년 대상 연소자 근로조건 인지 교육 2-3. 연소자 다수 고용 사업주에 대한 교육 2-4. 기타교육 2-5. 청소년 직업교육 및 법정 근로조건 교육 강사 Pool 운영 2-6. 청소년의 법정 근로조건, 직업 등에 대해 사회교과목 편성(중장기 과제)
3. 캠페인 등 다양한 홍보 추진 3-1. 적극적인 캠페인 실시 등 다양한 홍보 활동 전개 3-2. 관계기관 및 중·고등학교 홈페이지 활용 교육 홍보
4. 청소년일자리 정보 제공 및 피해 구제 강화 4-1. 청소년 일자리 정보 제공을 위해 '청소년 워크넷' 개설·운영 4-2. 청소년아르바이트 피해 구제 강화 4-3. 청소년 직업지도 시 청소년근로 보호 동시 안내
5. 제도개선을 통한 연소자 근로여건 개선
6. 성과점검을 통한 평가 실시 6-1. 청소년근로 보호 T/F 팀 구성·운영 6-2. 연소근로자 실태조사 및 법정 근로조건 인지도 조사

현재 청소년의 노동참여는 대부분 공식적 채널보다는 비공식적으로 이루어지고 있으며, 경기침체로 인해 업체에서의 일자리 공급은 많지 않은 것이 현실이다. 게다가 청소년 근로에 대한 사회적 인식과 관심의 부족으로 많은 청소년들이 열악한 근로환경과 부당한 근로조건으로부터 자신들의 권리를 제대로 보호받지 못하고 있으며, 법 위반율 또한 언론을 통해 그 권리침해 사례가 끊임없이 보도되고 있다. 중요한 것은 근로 청소년들 역시 법에서 보호하고 있는 근로조건을 거의 알지 못해 본인의 권리를 제대로 찾지 못하고 있다는 점이다. 청소년 옹호자의 역할을 수행하는 청소년지도자가 알아야 할 지점이 바로 이것이다.

(2) 청소년과 직업발달

청소년기는 진로를 탐색하고, 진로 교육을 받으며, 직업에 진출하는 시기로 직업발달에 매우 중요한 시기이다. 청소년 직업발달은 1991년 제정 청소년기본법에는 들어 있지 않던 내용이 2011년 5월 19일 개정을 통하여 포함된 내용이다. 또한 2016년 3월 2일 개정을 통하여 근로청소년 관련 교육 및 상담, 홍보를 국가의 의무로 규정하였고, 2016년 12월 20일 개정에서는 근로청소년의 보호를 위한 신고를 의무화했다. 2020년 5월 19일 개정을 통해서는 근로청소년의 부당처우 해결 사업 등을 국가나 지방자치단체가 실시할 수 있도록 했다. 아래는 관련 법률 내용이다.

표 4-32 청소년기본법 내 근로청소년 관련 조항

청소년기본법 제8조 ② 국가 및 지방자치단체는 근로 청소년을 특별히 보호하고 근로가 청소년의 균형 있는 성장과 발전에 도움이 되도록 필요한 시책을 마련하여야 한다. **제8조의2** ② 국가 및 지방자치단체는 근로 청소년의 권익보호를 위하여 「근로기준법」 등에서

> 정하는 근로 청소년의 권리 등에 필요한 교육 및 상담을 청소년에게 실시하여야 하며, 청소년 근로권익 보호정책을 적극적으로 홍보하여야 한다.
>
> **제52조의2(근로 청소년의 보호를 위한 신고의무)** ① 누구든지 청소년의 근로와 관련하여 「근로기준법」, 「최저임금법」 등 노동 관계 법령의 위반 사실을 알게 된 경우에는 그 사실을 고용노동부장관이나 「근로기준법」 제101조에 따른 근로감독관에게 신고할 수 있다. ② 다음 각 호의 어느 하나에 해당하는 사람은 그 직무를 수행하면서 청소년의 근로와 관련하여 「근로기준법」, 「최저임금법」 등 노동 관계 법령의 위반 사실을 알게 된 경우에는 그 사실을 고용노동부장관이나 「근로기준법」 제101조에 따른 근로감독관에게 신고하여야 한다.

근로청소년 보호는 청소년기본법이 비교적 최근에 관심을 갖기 시작한 분야이다. 기본적인 근로 청소년보호를 위한 조항은 근로기준법이나 최저임금법 등에 규정이 되어 있다. 청소년기본법의 근로 청소년보호 조항은 근로 청소년보호를 위한 신고의무와 청소년 근로권익 보호를 위한 사업을 규정하여, 노동 관련 법령이 청소년보호를 제대로 할 수 있도록 도와주는 역할을 한다.

여기에서 근로청소년 보호를 위한 신고의무에 대해 자세히 설명하면 누구나 청소년의 근로와 관련하여 근로기준법이나 최저임금법 등 노동 관계 법령의 위반 사실을 알게 되면 고용노동부장관이나 근로감독관에게 신고할 수 있다. 또한 청소년복지지원법의 상담전화, 한국청소년상담복지개발원, 청소년상담복지센터, 이주배경청소년지원센터, 청소년복지시설의 장과 그 종사자들, 학교 밖 청소년지원센터의 장, 아동복지시설의 장과 그 종사자들은 그 직무를 수행하면서 노동 관계법령의 위반 사실을 알게 된 경우 의무적으로 신고를 하게 되어 있다. 이러한 신고 의무를 위반하였을 경우의 처벌조항은 마련되어 있지 않기 때문에 과태료나 형사처벌은 불가능하다.

청소년들의 상당수가 아르바이트를 하거나 직업을 가지고 있는 현실에서 근로 청소년을 보호할 필요가 높아지고 있다. 아울러 사회적 관계뿐 아니라 직업 세계에서의 청소년의 발달 또한 현대를 살아가는 청소년들의 중요한 문제이다.

(3) 청소년과 근로기준법

청소년의 근로자로서 권리보장은 일차적으로 근로기준법에 의한다. 청소년기본법상의 근로청소년 보호 규정은 근로기준법 등 노동관계법의 근로 청소년보호가 잘되도록 도와주는 역할을 수행한다. 근로기준법은 근로에 관한 기본적인 사항인 근로계약, 임금, 근로시간과 휴식, 여성과 소년, 안전과 보건, 직장 내 괴롭힘의 금지, 재해보상, 취업규칙 등을 담고 있다. 근로청소년의 보호도 근로기준법을 기반으로 이루어진다.

근로기준법은 모든 근로에 다 적용되는 것이 아니라 상시 5명 이상의 근로자를 사용하는 사업장에 적용이 된다. 동거하는 친족만을 사용하는 사업 또는 사업장과 가사 사용인에 대해서는 적용하지 아니한다. 상시 4명 이하의 근로자를 사용하는 사업 또는 사업장의 경우에는 대통령령에 따라 일부 규정만 적용된다.

근로기준법 내 청소년지도자가 반드시 알아야 할 청소년 관련 주요 조항을 살펴보면, 우선 청소년은 연령에 따라 근로가 제한된다는 것이다. 이는 헌법 제32조 제5항에 규정된 연소자 근로 보호를 실현하고자 하는 것이다.[3] 이는 과거 아동을 대상으로 한 노동착취가 벌어졌던 산업혁명 및 근대화 당시의 사회현실을 바탕으로 한다.

또한 연소자 증명서가 있는데 사용자[4]는 18세 미만인 청소년을 사용할 때는 청소년의 연령을 증명할 수 있는 가족관계기록 사항에 관한 증명서(가족관

3) 헌법 제32조 ⑤ 연소자의 근로는 특별한 보호를 받는다.

4) 사용자란 근로기준법 제2조 3호에 의하여 "사업주 또는 사업 경영 담당자, 그 밖에 근로자에 관한 사항에 대하여 사업주를 위하여 행위하는 자"로 정의된다. 사장, 점주 등이 사용자이다.

계증명서)와 친권자 또는 후견인의 동의서를 사업장에 두어야 한다. 또한 청소년 근로 최저 연령이 있는데 사용자는 15세 미만인 청소년을 근로자로 사용할 수 없다. 중학교에 재학 중인 18세 미만의 청소년도 15세 미만인 사람과 동일하게 근로자로 사용할 수 없다. 예외로 사용자는 고용노동부장관이 발급한 취직인허증을 지닌 15세 미만 청소년[5]을 근로자로 사용할 수 있다.

18세 미만인 청소년은 도덕상 또는 보건상 유해·위험한 사업에 사용하지 못한다. 임산부가 아닌 18세 이상 여성도 임신 또는 출산에 관한 기능에 유해·위험한 사업에는 사용이 금지된다. 즉 18세 이상 여성청소년도 임신 또는 출산에 관한 기능에 보건상 유해·위험한 사업에는 사용이 금지된다는 것이다.

근로계약과 관련한 부분을 살펴보면 친권자나 후견인은 미성년자의 근로계약을 대리할 수 없다. 이는 친권자나 후견인의 미성년자 청소년에 대한 착취를 예방하기 위한 조항이다. 이때 미성년자는 19세 미만을 의미한다. 친권자나 후견인 또는 고용노동부장관은 근로계약이 미성년자에게 불리하다고 인정하는 경우에 이를 해지할 수 있다. 또한 사용자는 18세 미만인 사람과 근로계약을 체결하는 경우에는 근로조건을 서면(전자문서 포함)으로 명시하여 교부하여야 한다. 즉 청소년에게 근로계약서를 교부하지 않으면 근로기준법 위반이 되는 것인데 근로계약서는 청소년의 근로 시 피해를 줄이기 위해 매우 중요하기 때문에 이에 대한 사회적 관심이 절실하다. 또 청소년의 근로에도 당연히 최저임금이 적용되며 종업원이 단 1명만 있어도 최저임금법은 적용된다. 최저임금은 최저임금위원회의 심의를 거쳐 고용노동부장관이 정하

5) 근로기준법 시행령 제35조(취직인허증의 발급 등) ① 법 제64조에 따라 취직인허증을 받을 수 있는 자는 13세 이상 15세 미만인 자로 한다. 다만, 예술공연 참가를 위한 경우에는 13세 미만인 자도 취직인허증을 받을 수 있다.

는데 참고로 2022년 최저임금은 9,160원이며, 2023년은 9,620원이다.

노동시간 관련한 내용으로는 청소년의 과다한 노동은 청소년의 성장·발달에 악영향을 끼치기에 근로기준법에서 청소년은 성인에 비해 보다 강화한 근로시간 규정을 적용하고 있다. 15세 이상 18세 미만인 청소년의 근로시간은 1일에 7시간, 1주에 35시간을 초과할 수 없다. 다만 당사자 사이의 합의가 있으면 1일에 1시간 1주에 5시간을 한도로 연장할 수 있다.

추가로 근로청소년을 보호하기 위하여 여성가족부에서 실시하고 있는 청소년근로보호센터 사업이 있다. 청소년근로보호센터를 이용하기 위해서는 1600-1729로 평일 오전 9시에서 오후 9시(점심시간 12시~13시)까지 전화하거나, #1388을 이용하여 문자상담, 전화상담을 요청하면 된다. 청소년현장도우미(Happy Work Manager)가 청소년 근로와 관련한 정보, 피해구제 상담, 청소년 근로보호 캠페인을 진행한다.

4) 위기 청소년 보호

(1) 청소년 폭력과 학교 안팎 청소년 폭력 예방 범부처 종합대책

최근 심각한 수준의 청소년 간 폭행사건이 연속적으로 보도되면서 청소년의 비행예방과 재범방지를 위한 정부 차원의 대책 마련 필요성이 꾸준하게 제기되고 있다. 특히 수년 전부터 잇따른 청소년 강력범죄가 언론을 통해 보도가 되며 각종 SNS에서는 소년법 폐지 청원의 글이 줄을 이었으며, 현행 형사미성년자 연령 하향 및 촉법소년 폐지 요구 등 국민적 관심이 집중되었다. 이에 대응하여 지난 2018년에는 '학교 안팎 청소년 폭력 예방 범부처 종합대책'이 마련되었다. 이는 정부가 보완이 필요한 분야를 중심으로 6대 영역 25개 과제를 수립하였고, 청소년 폭력 피해자 지원과 학교폭력 대응체제 정비 등을 위한 대책을 수립하였다.

세부적으로 살펴보면 첫째, “중대한 청소년 폭력범죄 엄정 대처 및 선도 내실화”로 중대 청소년 범죄에 엄정 대처하는 동시에 소년범 등에 대한 선도 내실화를 통해 이들이 건전한 사회인으로 성장할 수 있도록 힘쓴다.

둘째, “청소년 폭력 피해자 지원 확대”로서 소년 폭력 피해자의 치유와 회복을 위한 지원 체제를 확충한다. 이를 위해 피해학생들의 심리치유 및 정서 안정을 돕기 위해 전국단위 학교폭력 피해학생 전담기관(해맑음 센터)[6]의 리모델링을 통해 교육환경을 개선하고, 피해학생들의 이용 접근성을 높이기 위해 공립형 대안학교 형태로 추가 신설한다. 또한 Wee센터 모델을 다양화하여 정신과 전문의 상담이 어려운 지역을 대상으로 원격상담 기반의 병원형 Wee센터 모델을 개발하고, 돌봄 · 상담 · 교육을 통합 지원하는 가정형 Wee 센터도 추가로 신설한다. 이 외에도 긴급 경제적 지원제도와 심리치료 전문기관인 스마일센터[7], 지역 내 청소년 지원기관들을 연계하는 핵심기관인 지역사회청소년통합지원체계(CYS-Net)의 설치 확대 등을 통해 상담, 경제적 지원, 주거지원 서비스를 내실화한다.

셋째, “기관 간 정보공유 강화”로 보호관찰대상자와 학교폭력 가해자 등의 정보를 관련 기관 간 신속히 공유함으로써 사후관리 내실화 및 초기대응 강

6) 해맑음센터는 교육부가 지정하고 전국 17개 시·도 교육청의 대안교육 위탁 지정을 받아 운영하고 있는 학교폭력피해학생 및 학부모를 위한 전국 단위의 심리·예술 치유 기관이다. 해맑은 미소처럼 숨겨진 자신감을 회복하는 단계를 거쳐 자신만의 미래의 꿈을 마련한다는 의미로 학교폭력 피해학생 및 학교폭력의 두려움으로 인해 도움이 필요한 학생을 대상으로 대안교육형 중, 단기 위탁 프로그램을 운영하는 기숙형 종합지원센터이다(http://uri-i.kr/v3).

7) 전국 주요 도시에 설립된 스마일센터는 외상후스트레스장애(PTSD), 우울증, 불안장애 등 심리적 어려움을 겪는 피해자들과 그 가족들을 위하여 심리평가, 심리치료, 법률상담, 사회적 지원 연계 등의 서비스를 제공한다. 또한 범죄 발생 후 신변 보호가 필요하거나 본인의 집에서 생활하기 곤란한 피해자들에게 임시주거가 가능한 쉼터를 제공하고 있다(https://resmile.or.kr).

화에 주력한다. 특히, 학교폭력으로 인한 자살 시도 등 위기상황 발생 시 골든타임을 놓치지 않도록 정보통신 사업자가 자살시도 추정자의 정보를 경찰 등에 제공할 수 있는 법적 근거를 마련하고, 이후 민간상담기관 및 경찰 등 관련 기관 간 긴급 구조를 위한 협력을 추진한다.

넷째, "학교폭력 대응체제 정비"로 학교폭력 대응에 있어 학교의 교육적 기능을 회복하고 다양한 형태의 학교부적응 학생 등의 상담·치유를 종합 지원하는 체제를 구축한다.

다섯째, "청소년 폭력 예방 및 문화개선 추진"으로 청소년 폭력에 대한 근본적인 해소를 위해 학생·학부모 대상 예방교육을 강화하고 지속적인 청소년 문화 개선운동을 추진한다.

마지막으로 "민관 파트너십 구축을 통한 정책 패러다임 전환"이다. 이는 청소년 폭력을 현장에서 대응하는 민간단체들이 정부정책 모니터링 및 정책 제언을 통해 대책을 함께 만들어 가는 민·관 파트너십을 구축한다.

이 같은 범부처 종합대책이 이어져 오며 학교폭력예방 및 대책에 관한 법률도 수차례 개정이 이어지고 있다. 또한 지난 2020년부터는 이전 학교에 두고 있는 학교폭력대책자치위원회를 교육지원청으로 상향 이관하여 학교폭력대책심의위원회를 두고 전체위원의 3분의 1 이상을 학부모로 구성하도록 하고, 2주 이상의 신체적·정신적 치료를 요하는 진단서를 발급받지 않은 경우 등 경미한 학교폭력의 경우 학교의 장이 자체적으로 해결할 수 있도록 하는 한편, 학교폭력대책지역위원회와 시·도학생징계조정위원회로 이원화되어 있는 피해학생과 가해학생에 대한 재심기구를 행정심판위원회로 일원화하였다.

(2) 위기청소년의 개념과 예방적 개입의 중요성

청소년기는 인생 전반을 살펴볼 때, 인간의 성장에서 매우 중요한 단계이고 자신의 정체감을 발견하기 위해 다양한 시도와 고민을 하는 시기이다. Erikson(1956)은 청소년기를 아동기에서 성인기로 이행하는 과도기로 신체적, 정신적, 사회적으로 중요한 변화와 성숙이 이루어지는 발달적 위기를 겪게 되는 시기라 하였다. 또한, 청소년기에는 정체감 확립이라는 개인적인 차원 외에도 경제적 어려움, 역할 모델과 교육 기회의 부족으로 청소년기를 정상적으로 통과하는 데 어려움을 겪기도 한다(Abrams, 2000). 따라서 청소년기는 많은 변화에 적응해야 하는 시기이며, 쉽게 위기상황에 노출되는 취약한 단계이다. 그러나 청소년은 성인에 비해 위기를 극복할 자원이 부족하면서도 도움의 필요성을 인식하지 못하거나 의도적으로 도움받기를 거절하기 쉽다(조현진, 2008). 여전히 언론을 통해 위기 청소년들의 문제는 수시로 우리에게 목격되고 있으며 가출, 범죄, 마약중독, 자살 등 여러 부적응적 문제들의 심각성으로 인한 사회적인 우려의 목소리가 높다.

청소년이 스트레스 상황에 노출되거나 문제행동을 하게 되면 그들은 사회적, 정서적, 인지적, 신체적 발달에 부정적인 영향이 있을 수밖에 없으며, 그대로 방치된다면 문제청소년으로 낙인 찍혀 더욱 일탈행위를 할 가능성이 크다. 따라서 위기상황에 처한 청소년을 적절하게 도움을 주는 것은 청소년보호에 있어 매우 중요하다고 볼 수 있다.

'위기청소년'이라는 용어는 심리학이나 상담학에서는 정서적으로 곤란을 겪으며 적응 문제로 시달리고 있는 청소년 개인을 지칭하며, 일반적으로 사회 안전망에서 이탈할 가능성이 있거나 이탈한 청소년을 지칭하는 보편적인 의미로 사용되고 있다(윤명희 · 장아름, 2007). 오경자 외(2005)는 청소년 개인,

가족, 학교, 또래, 지역사회에서 다양한 문제가 존재하고 이러한 문제들이 서로 상호작용하여 더욱 발달하거나 완화될 수 있는 상태의 청소년이라고 칭하였다. 통상적으로 국내에서는 위기 청소년 또는 위기가능청소년이라는 개념을 동일한 의미로 사용하고 있는데, 구본용 외(2005)는 위기(가능)청소년이라는 용어를 사용하여 개인적·환경적 위험에 노출되어 위험요인들이 상호작용하여 행동적·심리적 문제를 경험할 가능성이 높고, 적절한 개입이 필요한 청소년으로 지칭하였으며, 윤철경 외(2005)는 가정, 학교로부터 적절한 보호와 교육을 받지 못해 건강한 성장이 어려우며 문제행동을 보일 가능성이 높은 청소년을 위기(가능)청소년으로 보았다. 한편 외국에서는 OECD의 위기청소년(At-risk Youth) 개념이 일반적으로 사용되고 있는데, 위기청소년은 '학교생활에 적응하지 못해서 직업을 갖거나 성인으로서의 삶을 성취하지 못할 것 같은 청소년, 그 결과 사회에 긍정적인 기여를 하지 못하는 청소년'으로 정의한다. 이 정의에서는 학교생활에 대한 적응이 위기를 정의하는 매우 중요한 기준으로 보고 있다(Evans, 2005). 또한, 영국의 커넥션즈(Connexions) 사업에서는 위기청소년을 '특별한 요구를 가지고 있는 청소년'으로 보고, 기초생활수급대상자 청소년, 소년소녀가장, 보호시설 청소년, 가출청소년, 미혼모나 임신학생, 국제 난민, 영어가 모국어가 아닌 청소년, 약물복용 청소년, 무단결석자, 퇴학자, 학습부진아, 학습장애 청소년, 정신건강 상의 문제를 가지고 있는 청소년, 낮은 자존감과 동기 등 행동적 문제를 가지고 있는 청소년을 위기 청소년의 범주에 포함시키고 있다. 학습부진과 학업중단자뿐만 아니라 요보호청소년, 문화적 배경이 다른 청소년, 성, 약물, 가출과 같은 행동적, 심리·정신적 문제를 가지고 있는 청소년을 위기청소년으로 범주화하고 있다(윤철경 외, 2005).

위에서 언급한 개념적 정의를 종합해 보면 학자마다 정의가 다소 상이하지만 분명한 것은 사회부적응 및 개인적·환경적 위험에 노출되어 있다는 것이다.

위기청소년을 위한 개입은 예방이 중요하다고 볼 수 있다. 사회적으로 청소년 문제에 대한 관심은 범죄 차원에서 관심이 되어 왔고, 주로 문제를 일으킨 청소년 개인의 특성으로 인식되어 사회적 이슈로 다루어진 경향이 있었다. 분명한 것은 청소년의 문제는 개인 문제라기보다는 가정, 사회, 개인특성들의 상호작용에 의해 일어나는 현상이라는 점이다. 따라서 위기청소년을 위한 개입은 생태학적인 차원에서 예방적 접근이 중요하다. 우리나라에서는 청소년 문제가 청소년 비행을 중심으로 주로 연구되었다(권현용 · 김현미, 2011). 이제는 문제 발생 사후 대책이 아닌 사전 개입을 위한 노력 그리고 시기를 놓치지 않는 개입을 위한 시스템의 구축이 필요하다. 청소년지도자는 청소년보호에 있어 예방적 개입의 중요성을 반드시 인지하여야 한다.

5) 청소년유해환경 개선

(1) 청소년유해환경에 대한 정의

청소년유해환경이란 청소년유해매체물, 청소년유해약물 등 청소년유해업소 및 청소년폭력·학대를 말한다. 이러한 정의는 청소년보호법상의 정의로서 법률주의 행정에 입각한 공행정(公行政)의 정책 및 사업 영역을 규정한 것이기에 반드시 인지해야 한다. 이를 풀어서 설명하면 청소년의 유해환경은 청소년에게 유해한 물질·물건·장소·행위 등을 들 수 있다. 청소년기본법 제52조 제1항은 유해물질 및 유해물건, 제2항은 유해장소, 제3항은 유해행위를 규정하고 있다. 청소년기본법 제52조에는 국가 및 지방자치단체가 청소년에게 유해한 매체물과 약물 등이 유통되지 않도록 노력해야 하며(제1항), 청소년들이 유해한 업소에 출입하거나 고용되지 않도록 하고(제2항), 폭력 · 학대 · 성매매 등 유해한 행위로부터 청소년을 보호 · 규제하도록 되어 있다(제3항).

청소년 유해환경 규제와 관련해서 청소년보호법 등 별도의 법률을 통해서 따로 규정하며(제4항), 청소년기본법에는 그 체계만을 담고 있다.

표 4-33 청소년기본법 내 유해환경 규제 조항

청소년기본법 제52조(청소년 유해환경의 규제) ① 국가 및 지방자치단체는 청소년에게 유해한 매체물과 약물 등이 유통되지 아니하도록 하여야 한다. ② 국가 및 지방자치단체는 청소년이 유해한 업소에 출입하거나 고용되지 아니하도록 하여야 한다. ③ 국가 및 지방자치단체는 폭력 · 학대 · 성매매 등 유해한 행위로부터 청소년을 보호 · 구제하여야 한다. ④ 제1항부터 제3항까지의 규정에 따른 청소년에게 유해한 매체물 · 약물 · 업소 · 행위 등의 규제에 관하여는 따로 법률로 정한다.

다음으로 청소년보호법상 청소년유해매체물, 청소년유해약물 등 청소년유해업소 등의 성립 요건에 대해서 살펴보고자 한다.

우선 청소년유해매체물의 성립은 다음의 요건을 갖추어야 한다. 첫째, 매체물이어야 하고, 둘째 청소년에게 유해하여야 하며, 셋째 여성가족부 장관이 법적 요건에 따라 고시하여야 한다. 청소년유해매체물은 청소년보호위원회(음반)나 간행물윤리위원회(간행물), 영상물등급위원회(영화 및 비디오), 게임물관리위원회(게임물), 방송통신심의위원회(정보통신물, 방송 프로그램) 등 매체물에 대한 심의기관, 매체물 제작자 등이 청소년에게 유해한 것으로 결정 혹은 심의하거나 확인한 것을 여성가족부장관이 고시한 것을 말한다.

청소년유해약물 등은 청소년유해약물과 청소년유해물건으로 구성된다. 청소년유해약물은 청소년에게 해를 끼치는 것으로 인정된 약물로 술이나 담배, 마약, 환각물질 등이 있다. 이들 약물은 청소년들에게 습관성, 중독성, 내성 등을 유발하여 청소년에게 유해한 약물로 청소년보호법이 명시적으로 규정한 약물들이다. 이들 약물 이외에 신종 청소년유해약물이 등장하는 것에 대비하여 청소년보호위원회가 관계기관의 의견을 들어 결정하고 여성가족부장관이 고시하여 청소년유해약물을 규정할 수 있다. 법이 예상하지 못한 신종 청소년유해약물의 경우에는 습관성, 중독성, 내성 등을 유발하여 인체에 유해하게 작용할 수 있는 약물 중에서 청소년보호위원회가 결정하고 여성가족부장관이 고시하여 청소년유해약물로 규정할 수 있다. 이어서 청소년유해물건은 청소년에게 해를 끼칠 수 있는 물건이다. 청소년유해물건은 청소년유해약물의 담배나 술, 마약 등과 같이 미리 나열하는 방식으로 규정하지 않고, 유해물건의 종류마다 일일이 판단하여 청소년유해물건으로 결정·고시하는 방식을 사용하고 있다. 청소년유해물건의 종류에 따라서 청소년유해성 여부를 판단하는 기준은 다음과 같다. 성기구의 경우에는 음란한 행위를 조장하는 성기구로 청소년의 사용을 제한하지 아니하면 청소년의 심신을 심각하게 손상시킬 우려가 있는 성관련 물건이다. 완구류의 경우, 음란성·포악성·잔인성·사행성 등을 조장하는 완구류로 청소년의 사용을 제한하지 아니하면 청소년의 심신을 심각하게 손상시킬 우려가 있는 물건이다. 전자담배와 같이 청소년유해약물과 유사한 형태의 제품의 경우에는, 청소년의 유해약물 이용 습관을 심각하게 조장할 우려가 있는 물건이다. 이들 성기구, 완구류, 전자담배 등 청소년유해약물과 유사한 형태의 제품과 관련하여 대통령령에 구체적인 기준이 설정되어 있다.

마지막으로 청소년유해업소는 청소년의 출입·고용 또는 고용이 제한되기 때문에 그 범위를 규정하는 것이 매우 중요하다. 청소년유해업소도 법에 명문화된 업소들만 해당되기 때문에 신종 청소년유해업소가 생겼다고 하더라도 법에 정해져 있지 않으면 규제하기가 힘들다. 이 때문에 환경 변화에 따라서 지속적으로 청소년유해업소 정의를 수정 및 보완하여 신종 청소년유해업소를 법에 포함시키고 있다. 이러한 청소년유해업소는 청소년의 출입과 고용이 모두 금지되는 청소년 출입·고용금지업소와 청소년의 출입은 가능하나 고용은 금지되는 청소년고용금지업소로 구분된다. 이를 예를 들어 설명하면 다음과 같다. 단란주점과 같은 식품접객업소는 청소년출입·금지업소로 청소년을 직원으로 고용하여서도 안 되고 청소년을 출입시켜서도 안 된다. 반면, 만화대여소의 경우에는 청소년고용금지업소이기 때문에 일정 범위를 제외하고는 청소년의 출입이 가능하나, 청소년을 만화대여소의 직원으로 고용하여서는 안 된다(기은광, 2021).

(2) 가상공간과 유해환경

오늘날 발전된 디지털융합 환경은 생활 편의성 향상 측면에서 상당한 이점을 가져다주고 있지만, 무분별한 정보의 접근은 오히려 새로운 사회문제를 발생시키고 있다. 특히 청소년이나 어린이들의 인터넷 이용 인구의 증가로 인터넷상의 유해정보로부터 야기되는 부정적인 영향에 대한 우려가 커지고 있다. 최근에는 스마트폰 태블릿 PC 등 모바일 단말기를 통한 인터넷 이용 증가에 따른 영향도 증가하고 있다. 인터넷은 활용 방법에 따라 청소년들의 교육이나 창의성 발달의 도구이자 새롭고 폭넓은 의사소통 채널로 활용될 수도 있다. 하지만 청소년은 성인보다 사회적 경험이 적고 위험 요인에 대한 인지력이 낮아 유해정보로부터 부정적인 영향을 받기 쉽다. 따라서 제한 없는 접속이 가능한 환경에서는 성인보다 더욱 큰 악영향을 일으킬 가능성이 높다. 특히 청소년에게 유해한 콘텐츠들을 가상공간 내에서는 손쉽게 발견할 수 있다. 아울러 기존 가상공간 창궐 이전에 존재했던 음란물, 마약 등은 가상공간이 중간재이자 매개체가 되어 접촉의 용이성을 촉진하고 있다.

음란물의 경우 소셜 미디어가 그 중심에 서 있다. 소셜 미디어(Social Media)란 사람들의 의견, 생각, 경험, 관점 들을 서로 공유하기 위해 사용하는 온라인 도구나 플랫폼을 말한다. 이러한 소셜 미디어는 텍스트, 이미지, 오디오, 비디오 등의 다양한 형태를 가지고 있는데 트위터(Twitter), 페이스북(Facebook), 인스타그램(Instagram), 틱톡(TikTok)과 같은 소셜 네트워킹 서비스(social networking service: SNS)뿐만 아니라 유튜브(YouTube)나 1인 방송 플랫폼 또한 소셜 미디어의 종류 중 하나라고 볼 수 있다. 이 같은 소셜 미디어는 기존 레거시 미디어(Legacy media)에서 생산되었던 제한된 콘텐츠를 뛰어넘어 양방향성을 핵심으로 한 다양한 콘텐츠의 제작을 통해 미디어 시청자들의 열렬한 호응을 받게 되었다. 소셜 미디어 내에서 생산자와 소비자의 장벽은 허물어지며 누구나 콘텐츠를 소비하면서 동시에 생산하는 활동을 하고 있다. 여기에 지난 2019년 코로나19의 확산으로 대면활동의 축소는 비대면활동의 확장으로 이어졌으며 이는 온라인 기반 활동을 촉진하였고 이제 사실상 전 국민이 소셜 미디어를 이용한다고 봐도 과언이 아닌 시대가 도래하였다. 이 같은 소셜 미디어의 확장 속에 다양한 콘텐츠들이 우리에게 보이는데, 가상공간을 기반으로 한 소셜 미디어에서 생산된 콘텐츠는 공유와 확산 속도가 빨라 그 파급력 역시 크다는 점이 특징이다. 때문에 콘텐츠의 내용에 사회 통념상 용인되기 어려운 부분이 있을 시 그 부작용은 심각하다. 특히 선정적이고 폭력적이며 반사회적인 요소들이 포함된 콘텐츠는 사회화 과정에 놓여 있는 유아 그리고 청소년의 자아정체성 형성에 부정적인 효과를 일으킬 수 있다. 때문에 청소년학, 사회학, 심리학, 사회복지학, 교육학 등에서 이 같은 문제점을 지적한 연구들은 여전히 왕성하게 이루어지고 있다. 특히 최근의 청소년 일탈에 있어서 가상공간은 독립변수이자 필수적인 매개변

수로 위치하고 있다.

우리는 흔히 가상공간을 열린 공간이라고 표현한다. 성·연령 및 물리적 환경이 달라도 누구나 소통할 수 있으며 집단을 형성할 수 있다. 하지만 가상공간을 '최첨단 디지털 골방'이라고 부르기도 한다. 불특정인이 그리고 불특정다수가 가상공간 어디에서든 폐쇄된 비밀공간을 만들어 그들끼리 새로운 담론을 형성하고 있기 때문이다(조민식, 2021). 우리는 언론의 뉴스 등을 통해 텔레그램 n번방 사건을 비롯해 랜덤채팅을 통한 성매매 및 성폭행 사건과 같은 반사회적 문화를 접하고 있다. 분명한 것은 최첨단 디지털 골방은 수시로 형성 및 확산 그리고 소멸을 반복하고 있다는 것이다. 청소년들이 자주 접하는 개인방송의 여러 채널에서 성인물을 뛰어넘는 음란물도 수시로 창출되며 확산되고 있으며, 각종 SNS에는 선정적인 옷차림뿐만이 아닌 자위하는 장면, 실제 성관계를 맺는 장면도 분명히 보이고 있다. 심지어 얼굴이 앳된 누가 봐도 청소년이라고 할 수 있는 BJ들도 전신을 노출하고 시청자와 서로 돈(사이버 머니)을 주고받으며 노출의 수위와 음란성의 수위를 조절하고 있다. 개인방송 공간이 유사성행위 업소로 변모한 느낌마저 드는 것이 사실이다.

아동·청소년 성착취물의 제작 및 배포 행위는 「아동·청소년의 성보호에 관한 법률」 제11조에 의거 무기징역 또는 5년 이상의 유기징역에 처하는 중범죄이다. 영리를 목적으로 아동·청소년성착취물을 판매·대여·배포하는 자도 5년 이상의 징역에 처한다. 이 같은 범죄 행위가 지금 규제의 사각지대인 인터넷 개인 방송 및 소셜 미디어를 통해 이루어지며 음란물이 유아·청소년에게 전달되고 있다. 지금도 소셜 미디어에서 양산되는 음란물을 지금 우리의 청소년 누군가는 과몰입하고 있다. 음란물에 대한 정부의 규제 강화도 중요하지만 자율규제 및 음란물 중독 예방 교육 또한 절실한 상황이다.

청소년유해약물의 경우도 마찬가지다. 가상공간이 유해약물의 접근성을 높이고 있다. 청소년기는 그들이 경험하는 정서적 혼란과 갈등이 매우 크고 자기통제와 조절능력은 약해져 있는 시기이기 때문에 쉽게 좌절하고 불안, 우울, 외로움을 경험한다. 때문에 이를 해소하기 위해 약물에 의존하게 되고 음주와 흡연에서 더 자극적인 것을 찾게 되어 약물남용으로 빠지게 된다(김귀분·이경호, 2000). 물론 청소년의 약물남용은 한국 사회의 특유 현상이 아닌 과거부터 문제시 되어 왔던 전 지구적인 사회문제이다. 이 같은 약물중독의 원인으로는 치열한 입시전쟁 및 학업에 대한 과도한 스트레스로 인해 현실을 도피하고 외로움과 불안, 좌절을 잊기 위해 이용한다는 연구가 주를 이루어 왔다. 청소년 약물남용이 본격적으로 사회문제로 대두된 시기를 살펴보면 1980년대에 들어와서 본드 및 부탄가스 남용으로 인한 피해자가 속출하고 이를 주요 언론사에서 보도를 하기 시작하며 관심 있는 공중(Public)이 확산되었고 관련 학계에서도 청소년의 주요 문제로 다루기 시작하였다. 90년대에 들어서면서 본드, 부탄가스뿐만이 아닌 필로폰, 합성마약 등을 복용하는 청소년들이 증가하면서 이제 청소년 약물남용문제는 청소년 마약문제로까지 확대되기에 이른다. 이제는 검색만을 통해도 마약을 거래하는 루트를 발견할 수 있다. 유해환경 규제 및 청소년보호에 있어 가상공간은 이제 필수적으로 고려되어야 할 주요 변수가 되었다.

6) 미래를 여는 청소년을 위한 청소년보호

오늘의 시대처럼 청소년에 대한 관심이 높았던 적은 없었다. 물론 1890년경부터 1920년경 사이에 학자들이 '청소년' 개념을 창안하기 시작하였음을 고려할 수 있겠지만 정체성을 형성하고, 경제적 자립을 준비해야 할 청소년시기에 다양한 일탈 및 범죄행위가 늘어나고 있으며 이 가운데 현생 인류가 출현한 이래로 사회 변화 속도가 가장 빠른 '가속도의 시대'에 살고 있는 현재의 청소년에 대한 관심은 당연히 증가할 수밖에 없다(조민식 외, 2014). 청소년의 문제는 개인의 문제가 아닌 중요한 사회문제이기에 청소년에 대한 올바른 이해가 더욱 절실히 요구되어지고 있다.

청소년을 보호해야 한다는 데는 이론의 여지가 없다. 중요한 것은 청소년도 자신의 권리를 주체적으로 행사할 수 있는 능력을 지닌 자율적 존재임을 인정하는 시각이다. 청소년은 독립적 인격체일 뿐 아니라 스스로 판단하고 자신의 행위에 책임을 지며 권리를 주장할 수 있는 존재이므로, 단순한 보호 차원을 넘어 청소년의 인권과 주체성을 존중해 주어야 한다. 또한 청소년이 스스로 미래 정보사회에 부응하는 가치관을 형성하고 역량을 강화할 수 있도록 지원해 주는 것이 진정한 보호라고 볼 수 있다.

또 한 가지 언급할 것은 청소년 보호 정책은 청소년에게 유해한 환경을 통제하거나 청소년들로부터 차단하는 부정적 접근(Negative Approach)이라는 것이다. 이는 청소년 대상의 정책이라기보다 청소년을 대상으로 하는 공급자 및 환경에 대한 규제정책이다. 그러나 법에 의한 유해환경 통제는 상업주의에 부딪혀 실효성이 떨어지는 경우가 많다(김기봉, 2003). 법망을 빠져 나가는 편법이나 단속의 실효성도 문제지만, 법 제정에는 시간이 걸리는데 비해 상업주의는 늘 한걸음 앞서 가기 때문이다. 또 현실적으로 청소년과 성인의 생활환경을 분리하기도 어렵지만, 분리가 반드시 바람직한 것도 아니다. 청소년은 지역사회 속에서 생활하고 있으므로 청소년의 활동 반경을 제한하는 데는 한계가 있다. 그리고 타율적으로 생활환경을 제약하는 것은 오히려 청소년의 호기심을 자극하거나 반발을 불러일으킬 수 있으며, 길게 보면 일상생활에 대한 청소년의 자기 적응력을 떨어뜨릴 수도 있다는 것이다(배규한,

2014). 때문에 청소년 보호는 정부의 규제도 중요하지만 산업 생태계의 자율 규제를 포함한 일종의 "청소년보호 생태계의 구축"이 필요하다. 미래의 인적 자본은 청소년이다. 청소년정책이 새로운 미래창조를 지향하기 위해서는 청소년을 보호의 객체가 아닌 미래를 여는 주체로 인식하고, 청소년보호정책 수립과 집행의 관점을 청소년의 입장에 맞출 수 있어야 한다.

사회 전반에 걸친 변화 속도는 대단히 빠르며, 그 한가운데 지금의 청소년 일상이 놓여 있다. 빠르게 변화하는 매체환경을 포함한 청소년 일상을 우리는 주목하고 끊임없이 청소년과 소통하며 보호방안을 모색해야 한다. 그 한가운데 청소년지도자가 있다.

5 실습에서의 슈퍼비전

실습 슈퍼비전은 청소년실천현장에서 실습생이 하는 일을 그 일에 대한 사전 경험이 풍부한 실습지도자가 지도 감독하는 일을 지칭한다. 즉 기관 차원에서 업무 및 과업과 관련되어 구체적으로 체계를 갖추어 슈퍼바이지를 교육·지도하여 실습생이 스스로 전문가로서 성장할 수 있도록 도모하는 것이다. 그러므로 슈퍼비전은 실습생이 하는 일을 가장 잘 아는 직속상관의 위치에 있는 사람이 제공하는 것이 가장 바람직하다.

슈퍼바이저는 직원 슈퍼비전과 실습 슈퍼비전의 차이점을 고려해야 한다. 직원 슈퍼비전은 기관과 직원 간의 계약이고 실습 슈퍼비전은 학교와 기관 간의 계약으로 학교에서 학생을 기관에 배치하여 진행되는 것이다. 따라서 실습 슈퍼비전은 기관과 학교 모두에 이중책임을 져야 하며 실습 슈퍼비전은 교육적 기능에, 직원 슈퍼비전은 행정적 기능에 우선순위를 둔다(Pettes, 1979). 실습 슈퍼비전을 잘 제공하기 위해서는 실습 슈퍼비전의 모델을 비롯한 슈퍼바이저의 역할에 대해 잘 알아두어야 한다.

1) 실습 슈퍼비전의 모델

슈퍼비전 모델은 일반적으로 슈퍼바이저의 기능과 목적, 기능하는 역할, 핵심 측면을 제시하고 강조한다. 슈퍼비전의 모델로는 발달모델, 과정모델, 과업모델 등이 있다.

(1) 발달모델

전문가의 성장이란 단기간에 이루어지는 것이 아니며 평생에 걸쳐 이루어져야 하듯이 슈퍼바이지로서 성장하는 데 있어서 발달의 중요성이 강조되고 있다. 1950년대부터 다양한 슈퍼비전 발달모델이 발전하기 시작하여(Fleming, 1953), 여러 학자에 의한 다양한 종류의 발달모델이 존재한다. 이 장에서는 기존의 여러 가지 모델을 통합하여 발전시킨 호킨스와 쇼헷(Hawkins & Shohet, 2006)의 발달모델(developmental approach)을 살펴보겠다. 이 발달모델은 슈퍼바이저가 일정한 스타일과 접근방식을 가질 필요가 있다고 주장하며, 이러한 슈퍼바이저의 스타일과 접근방식은 경험을 통하여 다듬어지면서 독특한 자신만의 발달단계로 들어가게 된다고 한다. 슈퍼바이지는 인간의 발달단계와 같이 슈퍼바이지의 관심과 초점이 어디에 있느냐에 따라 독립적 슈퍼바이저가 될 때까지 발전해 나간다. 호킨스와 쇼헷은 슈퍼바이저가 되기 위하여 필요한 슈퍼바이지의 발달을 4단계로 구분하였는데, 각각의 단계는 다음과 같다.

• 1단계: 자기중심(self-centered)단계

먼저 자기중심단계는 슈퍼바이지의 슈퍼바이저에 대한 의존이 특정인 단계로, 슈퍼바이지는 자신의 역할과 그 역할을 수행하는 데 필요한 기술에 대해 불안해 하지만 한편으론 매우 동기화되어 있는 단계이다. 슈퍼바이지는 평가에 대해 걱정하고 객관적 자기인식(objective self-awareness)을 해야 함으로 불안하게 된다. 슈퍼바이지는 자신의 수행을 평가할 근거들을 발전시킬 경험이 없으므로 결과적으로 자신의 일을 평가하는 슈퍼바이저에게 의존감을 느낄 수 있다. 이러한 걱정은 자신의 훈련이나 업무평가에서 공식적 평가 역할을 하는 슈퍼바이저에게로 연결될 수 있다.

또한 슈퍼바이저가 자신이 업무를 어떻게 보고 있는지, 슈퍼바이저가 슈퍼비전 주고 있는 다른 슈퍼바이지들과 어떻게 비교하는지에 관해 매일매일 염려하게 된다. 특히 슈퍼바이저가 수행했던 업무를 녹음한 것이나 축어록을 가져오라고 요청하게 되면 이러한 염려가 더욱 두드러진다. 그러나 슈퍼비전이란 슈퍼바이지가 자기 자신을 돌아보도록 돕는 것이어야 하므로 슈퍼바이지에게 불안감이 유발되는 것은 피할 수 없는 것이다.

1단계에서 청소년지도자는 청소년의 활동(서비스) 이력, 현재 상황이나 성격, 사정 등 구체적인 자료에 초점을 두는 경향이 있다. 전체적인 수행 결과는 오히려 정보의 작은 조각에서 기인할 수 있다. 슈퍼바이저는 청소년과 슈퍼바이지 스스로에 대한 성급한 판단에 빠져나와서 실제로 일어나고 있는 현상에 집중할 수 있도록 슈퍼바이지를 격려하고 긍정적 피드백을 주는 것을 포함하여 명확하게 구조화된 환경을 제공할 필요가 있다. 지지와 불확실성의 사이에서 균형을 맞추는 것은 슈퍼바이저가 당면한 주요 과제이다.

• 2단계: 청소년중심단계

2단계인 청소년중심(client-centered)단계에서 슈퍼바이지는 초기의 불안은 극복했지만 의존성과 자율성 사이를 오가며, 지나친 확신과 지나치게 압도된 것 사이에서 동요하기 시작한다. 청소년과 일하는 과정에서 2단계에 있는 슈퍼바이지는 청소년과 자기 자신의 훈련의 발달단계 모두를 덜 단순하고 덜 단일화된 시각으로 보기 시작한다. 또한 슈퍼바이지는 감정적 수준에서 전문가가 되는 것은 길고도 힘든 과정이라는 것을 깨닫기 시작한다. 그리고 슈퍼바이지는 어떤 상황에서는 효과적 기술과 개입방법이 또 다른 상황에서는 그렇지 않을 수도 있다는 것을 알게 된다.

2단계는 인간의 발달단계에 비유한다면 청소년기에 비유할 수 있다. 일부 슈퍼바이지는 슈퍼바이저가 자신에 대한 책임이 있다고 보며 분노하기도 한다. 이때 슈퍼바이저는 슈퍼바이지가 정말 필요할 때 성공하게 하지 못했던 무능력하거나 미숙한 인물로 보이기도 한다. 2단계는 슈퍼바이저의 권위를 시험하는 점, 슈퍼바이지 기분의 동요가 있는 점, 슈퍼바이지가 실수로부터 배울 수 있는 자리를 남겨 둘 필요성, 보유와 억제의 정도 등으로 슈퍼바이저로 하여금 청소년지도자를 지도한다는 느낌을 갖게 한다. 2단계에서 슈퍼바이저는 1단계보다 슈퍼바이지에게 보다 덜 구조화되고 덜 설교적일 필요가 있다. 그러나 슈퍼바이지가 스스로 일을 잘못하거나 대처능력이 없다고 느낄 때의 우울감과 흥분감 사이를 왕복하는 감정을 슈퍼바이저는 잘 처리해 줄 필요가 있다.

• 3단계: 과정중심단계

3단계 과정중심(process-centered)단계에서의 슈퍼바이지는 전문가적 자기확신에 대한 증가가 나타나며 슈퍼바이저에 대해 단지 조건적 의존성만을 보인다. 슈퍼바이지는 통찰력이 증가하고 좀 더 안정적인 동기를 보여준다. 슈퍼비전은 전문적·개인적 직면으로 상호 공유와 예시가 증가되면서 보다 더 동료적인 관계가 된다.

3단계의 슈퍼바이지는 특정 상황에서 청소년의 개인적이고 특별한 욕구를 충족시키기 위해 자신의 접근법을 잘 조정할 수 있다. 또한 좀 더 넓은 맥락에서 청소년을 볼 수 있으며, 소위 '헬리콥터 기술(helicopter skills)'을 발전시킨다. 헬리콥터 기술이란 사업 수행 동안 청소년과 충분한 상호작용을 하면서 동시에 (1) 치료적 관계의 전체 과정, (2) 청소년의 개인 역사와 인생 패턴, 청소년의 외부적 삶의 환경, (3) 청소년 인생의 단계, 사회적 맥락과 인종에 대한 기초지식 등의 맥락에서 현재의 내용과 과정을 볼 수 있는 시각을 가지고 있는 것을 의미한다. 3단계의 슈퍼바이지는 학습한 기술을 사용한다기보다는 이미 훈련받은 것을 자신의 성격의 일부분으로 통합하게 되는 단계이다. 그러나 슈퍼바이지가 훈련받아 온 내용을 정확하게 인식하기는 어렵다.

- 4단계: 맥락과정중심단계

4단계 맥락과정중심(process-in-context-centered)단계에서 슈퍼바이지는 '숙련자(master)'단계에 도달한다. 숙련자 단계에 도달되었음을 알려주는 특징으로는 개인적 자율성, 통찰력 있는 인식, 개인적 안정감, 안정적 동기와 자신의 개인적·전문가적 문제를 직면하기 위해 필요한 인식 등이다. 이 단계에서 슈퍼바이지는 그들 자신도 슈퍼바이저가 되는데, 이러한 경험은 자신의 학습을 더욱 심화·통합시켜 준다. 4단계는 더 많은 지식을 습득하는 것이 아니라 지혜로워지기 위해 지식을 심화시키고 통합하는 단계이다. 초심자로서 시작한 청소년지도자는 확실하게 제 일을 해내는 사람이 되고, 그 후 독립적인 장인이 되며 마침내 대가 장인이 된다.

표 4-34 슈퍼바이지 발달단계

1단계	자기중심단계	'내가 이 일을 잘 해낼 수 있을까?'
2단계	청소년중심단계	'내가 이 청소년이 잘 해내도록 도울 수 있을까?'
3단계	과정중심단계	'청소년과 내가 어떻게 관계를 맺고 있는가?'
4단계	맥락과정중심단계	'과정이 어떻게 융합되고 있는가?'

출처: Hawkins & Shohet(2006). p. 74.

이상에서 살펴본 바를 요약·정리해 보면, 먼저 1단계는 자기중심단계로서 실습평가에 대해 걱정하고, 객관적 자기인식(objective self-awareness)을 해야 함으로 불안해하게 된다. 자신의 수행을 평가할 근거 있는 범주를 발전시킬 경험이 없어 자신을 평가하는 슈퍼바이저에게 의존감을 강하게 느낀다. 또한 슈퍼바이저가 자신이 업무를 어떻게 보고 있는지, 슈퍼바이저가 슈퍼비전 주고 있는 다른 슈퍼바이지들과 어떻게 비교하는지에 관해 매일매일 염려하게 된다. 그러나 슈퍼비전이란 일반적으로 슈퍼바이지가 자기 자신을 돌아보도록 돕는 것이므로 슈퍼바이지에게 불안감이 유발되는 것은 피할 수 없는 사항이다.

2단계인 청소년중심(client-centered)단계에서 슈퍼바이지는 초기의 불안은 극복했지만 의존성과 자율성 사이를 오고 가며, 지나친 확신과 지나치게 압도된 것 사이에서 동요하기 시작한다. 청소년과 일하는 과정에서 2단계에 있는 슈퍼바이지는 청소년과 자기 자신의 훈련의 발달단계 모두를 덜 단순하고 덜 단일화된 시각으로 보기 시작한다.

3단계 과정중심(process-centered)단계에서의 슈퍼바이지는 전문가적 자기확신의 증진을 보여주며 슈퍼바이저에게 조건적 의존성만을 보인다. 점점 통찰력이 증가하고 좀 더 안정적인 동기를 보여준다. 3단계의 슈퍼바이지는 특정 상황의 청소년의 개인적이고 특별한 욕구를 충족시키기 위해 자신의 접근법을 잘 조정할 수 있다. 이들은 또한 좀 더 넓은 맥락에서 청소년을 볼 수 있으며, 학습한 기술을 사용한다기보다는 이미 훈련받은 것을 자신의 성격의 일부분으로 통합하게 되는 단계이다.

4단계 맥락과정중심(process-in-context-centered)단계에서 슈퍼바이지는 그들 자신도 슈퍼바이저가 될 수 있다. 실습 동료 슈퍼바이저로서 이러한 경험은 자신의 학습을 더욱 심화·통합시켜 준다. 이 단계에 이르게 되면 청소년 업무에 관해 더 많은 지식을 습득하기보다 청소년 사업을 수행하는 데 있어 지혜로워지기 위해 지식을 심화시키고 통합한다.

(2) 과정모델

과정모델은 호킨스(Hawkins, 1985)가 초기에 '더블 매트릭스 모델(double-matrix model)'이라고 명명했던 것을 보완하여 '세븐아이 슈퍼비전 모델(seven-eved supervision model)'로 발전시킨 것이다. 호킨스(Hawkins, 2006)는 슈퍼비전이란 최소한 슈퍼바이저, 슈퍼바이지, 청소년, 실천 장면(work context)의 네 가지 필수요소가 관여하게 된다고 하였다. 물론 현장(live) 슈퍼비전이 아닌 이상 슈퍼바이저와 슈퍼바이지만이 직접적으로 슈퍼비전 회기에 등장하지만, 청소년의 실천 장면은 슈퍼바이지가 의식적 또는 무의식적 차원에서 슈퍼비전 회기에 끌어들이게 된다. 따라서 슈퍼비전 과정은 이 네 가지 요소 중 다음의 두 가지 상호 연결된 체계 혹은 매트릭스와 관련된다. 슈퍼비전 매트릭스는 슈퍼바이지/청소년 매트릭스에 관심을 기울이고, 이런 한 관심이 어떻게 제공되느냐에 따라 슈퍼비전 스타일이 달라진다.

① 청소년 / 슈퍼바이지 매트릭스
② 슈퍼바이지 / 슈퍼바이저 매트릭스

과정모델에서 슈퍼비전의 스타일은 다음의 두 가지 유형으로 나눌 수 있다.

① 슈퍼바이지와 청소년 매트릭스에 직접적 관심을 갖는 슈퍼비전: 청소년과의 회기에 대한 보고, 문서 또는 녹화기록 등을 통해 슈퍼비전이 이루어짐
② 슈퍼비전 과정에서의 지금-여기의 경험을 통하여 슈퍼바이지와 청소년 매트릭스에 관심을 갖는 형식

위의 두 가지 유형의 슈퍼비전 스타일은 다시 어디에 초점을 두느냐에 따라 각각 세 가지 유형으로 나뉠 수 있다. 이에 따라 여섯 가지 방식의 슈퍼비전 유형이 생기며, 이에 덧붙여 슈퍼비전과 청소년의 작업이 일어나고 있는 더 넓은 맥락에 초점을 두는 7번째 방식이 첨가된다. '세븐아이 슈퍼비전 모델(the seven-eyed model of supervision)'은 슈퍼바이저, 슈퍼바이지, 청소년, 실천 장면의 네 가지의 필수요소에 대한 초점과 청소년/슈퍼바이지 매트릭스와 슈퍼바이지/슈퍼바이저 매트릭스 안에서 일어나는 슈퍼비전 과정에 대한 초점, 전체 맥락에 대한 초점에 따라 슈퍼비전에는 일곱 가지 초점이 존재한다.

① 청소년과 청소년이 제시하는 내용과 방식에 대한 초점

청소년이 자신의 문제를 제시하는 방식, 공개하기로 선택한 정보, 인생의 어떤 영역을 탐색하고자 하는지, 이전 회기와 관계있는 이번 회기의 내용은

무엇인지 등 회기 중에 일어나는 실제 현상에 초점이 집중된다. 이 형태의 슈퍼비전 목적과 목표는 청소년 자신과 청소년이 선택하는 것, 청소년 인생의 다양한 측면 간의 연결에 슈퍼바이지가 집중할 수 있도록 돕는 것이다.

② 슈퍼바이지의 전략과 개입방식에 대한 탐색

슈퍼바이지가 선택한 개입이 여기에서의 초점이다. 어떤 개입이 사용되었는지 뿐만 아니라 언제, 그리고 왜 사용되었는지를 탐색한다. 대안적 전략과 개입방법이 개발될 수도 있으며 그 결과를 예측해 볼 수 있다. 이러한 형태의 슈퍼비전의 주된 목표는 개입에 대한 슈퍼바이지의 선택과 기술을 증가시키는 것이다.

③ 청소년과 슈퍼바이지의 관계에 대한 탐색

여기에서 슈퍼바이저가 관심을 두는 것은 슈퍼바이지와 청소년 간에 의식적, 무의식적으로 일어나는 관계에 관한 것이다. 즉, 회기가 어떻게 시작되고 종결되는지, 회기의 경계를 둘러싸고 일어난 것은 무엇인지, 떠오르는 은유와 이미지, 양자 모두의 목소리와 자세의 변화 등이 해당한다. 이러한 형태의 슈퍼비전의 주된 목표는 슈퍼바이지가 자기 자신만의 관점에서 벗어나 더 큰 통찰력을 특정 청소년과의 작업관계에서 역동에 대한 이해를 발전시키도록 돕는 것이다.

④ 슈퍼바이지에 대한 초점

여기에서 슈퍼바이저는 슈퍼바이지가 청소년과 전문적 관계에서 의식적, 무의식적으로 어떻게 영향을 받는지에 집중한다. 이것은 슈퍼바이지의 발달과 그들이 자기 자신을 어떻게 자원으로 활용하는지에 관해 초점을 맞추는 것을 포함한다. 이러한 형태의 슈퍼비전의 주요 목적은 슈퍼바이지가 청소년과 관계를 맺고 효과적으로 잘 반응할 수 있는 능력을 증가시키는 것과 관련된다.

⑤ 슈퍼비전 관계에 대한 초점

여기서 슈퍼바이저는 슈퍼비전 회기에서의 관계에 초점을 둔다. 이는 두 가지 측면에서 중요하다고 할 수 있다. 즉, 첫째는 슈퍼바이저와 슈퍼바이지 양자 간의 협력관계의 질에 규칙적으로 관심을 갖고자 하는 것이고, 둘째는 슈퍼바이저와 슈퍼바이지의 관계가 무의식적으로 어떻게 펼쳐지는지 또는 이 관계가 청소년과의 작업에서 숨겨진 역동과의 유사한 부분을 탐색하기 위한 것이다. 따라서 만일 청소년이 슈퍼바이지에게 은연중에 수동 공격적 방식으로 행동한다면, 이것은 슈퍼비전에서 그 특정 청소년에 대해 토의하면서 슈퍼바이지가 슈퍼바이저에게 무의식적으로 수동 공격적이 되는 것을 통해 나타날 수 있다. 목표는 슈퍼바이지로 하여금 인식하지 못했던 역동을 인식할 수 있도록 하는 것이다.

⑥ 슈퍼바이저 자신의 과정에 대한 초점

여기서 슈퍼바이저는 슈퍼비전에서 자기 자신의 지금-여기에서의 경험, 즉 특정 슈퍼바이지와 작업하면서 공휴하게 되는 특정 자료에 대한 반응에서 어떤 감정, 사고, 이미지들이 떠오르는지에 주로 관심을 갖도록 한다. 슈퍼바이저는 이러한 반응을 슈퍼비전 또는 청소년과의 관계에서 벌어지고 있을 수 있는 또 다른 정보로 사용한다. 의식적 수준에서는 슈퍼바이지로부터 들어 본 적도 없는 슈퍼바이지/청소년 회기에서의 무의식적 자료들이 슈퍼바이저의 사고, 감정, 이미지에 나타날 수도 있다.

⑦ 슈퍼바이저-청소년 관계: 환상 속의 관계

이 모델의 6번째 초점까지는 청소년-슈퍼바이지 관계와 슈퍼바이지-슈퍼바이저 관계의 두 가지 관계 간의 상호작용을 주로 탐색하였다 그러나 삼각관계의 셋째 영역인 청소년과 슈퍼바이저 간의 소위 '환상속의 관계'를 잊고 있다. 슈퍼바이저는 슈퍼바이지의 청소년을 만난 적은 없지만 그들에 대한 온갖 종류의 환상을 가지고 있다. 청소년 또한 자신과 함께 일하고 있는 사회복지사의 슈퍼바이저에 대한 환상을 가지고 있을 수 있다. 이러한 환상 속의 관계는 삼각관계를 완성시켜 주며, 다른 삼각관계의 과정이 갈등과 복잡성을 내포하는 것과 비슷하다고 할 수 있다.

슈퍼바이저가 청소년에 대해 가지고 있는 사고와 감정은 특히 '① 청소년에 대한 초점'과 '⑥ 슈퍼바이저 자신의 과정에 대한 초점'에 분명히 유용하다. 슈퍼바이저가 슈퍼바이지와의 경험에서 이상하다고 느끼는 측면이 슈퍼바이저가 느끼는 청소년-슈퍼바이지 관계에서 거부되고 있는 측면의 일부분일 수 있기 때문이다.

⑧ 실천이 이루어지고 있는 더 넓은 맥락에 대한 초점

이상의 여섯 가지의 초점들이 청소년과 슈퍼비전의 매트릭스 안에서의 모든 과정을 포함하고 있을지라도, 슈퍼비전과 청소년의 관계는 그 과정에 영향을 미치는 더 넓은 맥락 안에서 또한 존재하는 것이다. 슈퍼바이저는 청소년-슈퍼바이지-슈퍼바이저 이 세 가지가 맥락(context) 없이는 수행할 수가 없다. 그 맥락에는 전문가의 강령과 윤리, 조직의 요구사항과 압박, 사회, 문화, 정치적, 경제적 맥락뿐만 아니라 다른 관련된 기관과의 관계가 존재한다. 이러한 모든 것들이 포함되고 고려되어야 할 필요가 있다.

세븐아이 슈퍼비전 모델은 바람직한 슈퍼비전은 이러한 일곱 가지 초점 간의 이동이 골고루 일어나는 형태가 되어야 한다는 것을 제시한다. 또한 일곱 가지 초점을 구분하여 슈퍼비전을 인식하는 것은 다음과 같은 이점이 있다. 즉, 슈퍼바이저로 하여금 자신만의 스타일, 강점과 약점을 인식하게 해주며, 익숙함이나 연습의 부족 또는 습관 때문에 벗어나지 못하고 있는 슈퍼비전 방식을 명확히 인식하도록 해준다. 슈퍼바이지에게는 슈퍼비전 스타일의 변화를 타협해야 할 경우 사용할 수 있는 적절한 언어를 제공하며, 슈퍼비전을 평가하고 정기적 검토 시 유용한 도구로 활용될 수 있다.

(3) 과업모델

과업모델은 슈퍼비전을 통해 달성해야 하는 과업을 슈퍼바이저와 슈퍼바이지가 단계적으로 학습하는 방법과 역량 있는 슈퍼비전을 설계하는 방법을 제시한 미들맨과 로우즈(Middleman & Rhodes, 1985)의 슈퍼비전의 과업을 본 저자들이 사회복지 실무자를 대상으로 임상 워크숍을 준비하면서 현장에서 적용의 유용성에 착안하여 슈퍼비전 과업모델로 발전시킨 것이다.

미들맨과 로우즈(Middleman & Rhodes, 1985)는 '역량 있는 슈퍼비전'의 개념을 제시하며 슈퍼바이저와 슈퍼바이지 양자 모두가 갖추어야 할 역량을 제시하였다. 슈퍼비전이란 슈퍼바이저와 슈퍼바이지 양자 모두가 일정한 역량을 갖추어 나갈 수 있도록 함께 학습해 나가는 일련의 과정이라고 볼 수 있다. 따라서 각 역량을 갖추기 위해 필요한 과업과 학습에 필요한 구체적 전략과 기술을 제시해 놓은 것이 본 과업모델의 특징이라고 할 수 있다. 역량을 갖춘 슈퍼바이저는 슈퍼바이지에게 필요한 역량을 슈퍼바이지가 학습해 나갈 수 있도록 체계적 단계를 따라 계획을 세워 접근하게 된다.

과업모델은 슈퍼비전에서 제시하는 학습목표를 이루기 위해 슈퍼비전을 구체적으로 설계하고, 단계별로 실천하며, 슈퍼비전의 궁극적 목표를 확인하는 데 유용한 지침이 될 수 있다는 점에서 실용적 모델이라고 볼 수 있다. 과업모델의 개념을 살펴보면 다음과 같다.

① 실천역량

청소년실천현장에서 슈퍼바이저와 슈퍼바이지 모두가 공통적으로 갖추어야 할 역량은 과업역량, 맥락역량, 관계역량, 자기역량의 네 가지로 볼 수 있다.

가. 과업역량

과업역량(task competencies)이란 핵심과업이 활성화되도록 하는 특별한 활동으로 슈퍼바이저가 갖추어야 할 과업역량은 행정, 평가, 교육, 전문직사회화, 인간화, 긴장관리, 옹호, 촉매, 변화 등이 해당한다. 슈퍼바이저가 위의 과업을 달성하기 위해 요구되는 각 과업별 구체적 지식과 기술의 예는 〈표 4-35〉와 같다.

표 4-35 슈퍼바이저에게 요구되는 과업지식과 기술의 예

행정	예산집행, 회계, QA, 프로그램 평가 및 검토(PERT), 목표중심경영(MBO), 프로포절 신청, 마케팅, 광고홍보, 직무분석, 우선순위결정, 회의주재
평가	욕구사정, 프로그램 평가, 모니터링, 정보추적시스템, QA, 컴퓨터 사용, 연구방법론, 목표개발
교육	역할극, 모의실험, 목표설정, 학습계약, 인지스타일, 학습, 특수영역, TA, 최면술
전문직사회화	역량사정, 윤리, 시간관리, 인생목표
인간화	의사소통, 가치명료화, 차별철폐조처, 평생직 계획
긴장관리	협상, 교섭, 교환이론, 스트레스 예방, 긴장완화기법, 갈등관리, 권력, 소진, 주장훈련
옹호	로비, 설득, 강연, 토론, 법률체계

촉매	명목그룹기법, 델파이기법, 브레인스토밍, 창조성, 인간잠재성, 두뇌, 동기화
변화	힘의 영역 분석, 조사, 네트워크 개발, 연합체 개발, 집단의 역동과 과정, 연구설계, 자료분석

출처: Middleman & Rhodes(1985). p. 229.

슈퍼바이저가 갖추어야 할 과업역량은 역할수행, 서비스전달, 지역사회와의 연계, 자원개발의 네 가지 영역이다.

- 역할수행: 청소년이나 전달체계의 요구와 전문직과 조직의 규칙에 따라 타인을 다룰 수 있는 역할을 갖추어야 한다(의논상대자 또는 상담가, 중개자, 중재자, 옹호자 등의 역할)
- 서비스 전달: 관계 확립, 사정하기, 치료전달(개인, 집단 또는 가족 접근), 과정평가, 의뢰하기, 종결하기, 사후관리하기와 관련된 역량이다.
- 지역사회와의 연계: 지역사회에 대한 인구학적·지리적·심리적·문화적 요소의 이해, 조직적 목표에 영향을 미칠 수 있는 타인과 연락하고 상호작용하여 그 목적을 성취하도록 촉진하기, 지역사회의 관심과 욕구를 위한 가시적 옹호활동과 관련된 역량이다.
- 자원개발: 이미 존재하고 있거나 존재하도록 만들 자원에 대하여 평가하기, 우선순위 설정과 자원의 명확성을 강화하는 방법 계획하기, 자원개발과 창조 시 타인 포함시키기를 갖추어야 한다.

나. 맥락역량

맥락역량(context competencies)은 특수한 조직, 프로그램, 집단에 의해 요구된 활동과 관련된다. 그 예로 서비스 체계의 법적 선례와 요소, 정책 다루기, 일상적 절차, 규칙, 책임적 요구사항, 프로그램과 조직 내의 역할 다루기, 활용된(또는 회피한) 서비스 접근방법 다루기, 일에서 '기밀'이나 터부시되는 것 다루기, 작업 · 스케줄 · 업무할당 다루기 등이 있다.

다. 관계역량

관계역량(relationship competencies)은 일과 작업과정에서 목적성취와 관련된 사람과 관련된다. 이는 과업역량과 맥락역량과 밀접하게 관련되어 있으며, 일을 하는 방법을 다루는 능력이라 할 수 있다. 관계역량은 전문적인 교육을 강조하고, 임상기술로 일컬어지는 것으로 전문적 교육을 통해 공식화되는데, 가치기반과 윤리강령의 일부가 되었다. 또한 이 역량은 슈퍼비전 수준에서 도구적 가치를 가지고 있어 아홉 가지 슈퍼비전의 기능을 성취하는 데에도 영향을 미친다. 관계역량을 활용함으로써 '협력하는' 방법을 결정하도록 하고, 모든 형태의 상호작용에서 목적이 성취될 수 있도록 해주며, 슈퍼비전 수준에서 관계역량은 타인에 대한 고려 및 민감성과 관여된다.

라. 자기역량

자기역량(self competencies)은 자기인식과 자기이해, 자신의 행동패턴과 정서적 민감성에 대한 통찰력, 타인에 대한 민감성과 지속성을 다룰 수 있는 능력과 관련된 역량이다. 이 역량은 다른 세 가지 역량과 관련되며 특히 관계역량과 깊은 관련을 가진다. 인간에 대한 직접적 실천을 다루는 모든 전문직에 있어서 근간을 이루며, 아동기, 학령기, 성인 초기 등 주요 인생주기를 통해 자신을 알게 된다. 부모, 학교 선생님, 동료, 친구 등이 교사역할을 하며, 그들과 상호작용을 통해 직접적 영향을 미친다. 자기역량은 매우 경험적인 특성이 있어 통찰력과 정서적 민감성과 관련이 있는데, 통찰력은 상호작용적 행동패턴에 대한 지식과 관련된다. 정서적 민감성은 대인관계 상호작용과정 동안 일어나는 감정의 인식과 관련되며, 자기역량은 타인과의 관계에서의 일관성에 대한 필요조건이라고 할 수 있다. 이렇게 자기역량은 모든 개인에게 중요하며, 특히 청소년지도자와 같이 서비스의 도구로서 타인과의 관계를 이용하는 사람에게 가장 중요한 요소이다.

② 교육방법

과업모델에서는 슈퍼바이저와 슈퍼바이지가 각자의 과업을 달성해 감으로써 일정한 역량을 갖추게 되는데 이러한 역량은 슈퍼바이저와 슈퍼바이지 상호 간의 학습과정에 의해 달성될 수 있다. 슈퍼바이저와 슈퍼바이지 상호 간에 이루어지는 학습에서 교육방법은 크게 교훈적 방법과 환기적 방법으로 나눌 수 있으며, 학습자와 스타일에 따른 네 가지 하위타입은 다음과 같다.

가. 교훈적 방법

교훈적 방법에서는 목표가 명확해지고, 쉽게 공식화되며, 슈퍼바이저와 슈퍼바이지에 의하여 목표가 처음부터 알려진다. 목적은 명확한 정보에 대한 숙련 또는 기술의 습득, 반복과 실천을 통하여 인지적 지식과 기술숙련을 강조한다. 즉, 반영 없이 자동적 또는 반자동적 반응이 되어야 하며, 문제해결이 강조되므로 무엇에 대하여 학습할 것인지가 아닌 어떻게 학습할 것인지가 강조된다. 발견 또는 탐구를 통해서보다는 사실과 일반적 내용에 대한 전달, 지시, 기억에 강조점이 주어지며 교사는 궁극적인 권한을 가지게 된다.

나. 환기적 방법

환기적 방법은 탐구와 발견을 통하여 학습을 촉진시키는 것이다. 자신과 타인에 의한 실천영역에 무엇이 알려져 있는지를 발견하는 것을 강조하며,

학습되기 위한 내용, 교사, 학습자가 중요하다.

다. 학습자의 네 가지 하위 타입

- 원칙(사실 중심적 타입): 이 타입은 학습되는 데 필요한 체계적 적용범위에 관한 원칙, 개념, 여러 종류의 내용에 초점을 둔다. 주요한 정보를 학습자에게 직접 제공하며, 발견과 탐구를 통한 학습을 증진시키도록 학습자를 촉진시킨다. 이러한 타입의 좌우명은 "나는 내가 알고 있는 것을 가르친다."라고 할 수 있다.
- 교사(중심적 타입): 이 타입은 자신을 모델로 간주하고 체계적 내용 적용에는 관심을 덜 가진다. 문제를 다루는 전문가로서의 방법을 증명하기 위해 선택된 내용을 샘플링 하는 것에 더 관심을 가지며, 이 타입의 좌우명은 "나는 내가 누구인지를 가르친다."라고 할 수 있다.
- 학습자(지성 타입): 이 타입은 학습자가 무엇을 아는가보다는 지식을 획득하는 방법, 즉 과정에 초점을 둔다. 내용의 완벽한 적용범위를 알기 위한 시도는 하지 않으며, 샘플은 선택되고 조직되기 때문에 학습자는 다양한 지적 기술(언어적, 분석적, 합리적, 해결방안에 대한 자료분석)을 쉽게 발전시키기 위한 복잡한 지적 활동을 수행할 수 있게 된다. 이 타입의 좌우명은 "나는 지성을 훈련한다."라고 할 수 있다.
- 학습자(인간 타입): 이 타입은 개인적 성장의 총체를 포함한 전체로서의 인간발달에 초점을 둔다. 학습자는 지적·정서적·심미적 존재이며, 발달적 잠재성이 있다고 간주된다. 동료 – 집단 상호작용이 강조되는 학습방법 중 하나이며, 이 타입의 좌우명은 "나는 인간으로서의 학습자와 함께 일한다."라고 할 수 있다.

③ 기술학습과정의 위계

과업모델에서 슈퍼바이지가 슈퍼비전을 통하여 기술을 학습하고 일련의 위계적 단계를 거쳐 비로소 자신의 스타일로 자리 잡게 된다. 즉 기술을 학습하기 위해서는 초기에는 슈퍼바이지가 관찰, 개념화, 모방 등의 방법을 통하여 기술을 강화시킬 필요가 있다. 슈퍼바이지는 점차 '정밀화'와 '조정단계'를 거쳐 자신의 것으로 만드는 '습관화 단계'에 도달한다. 마지막 단계는 슈퍼바이지 자신도 타인을 가르칠 수 있는 '교수/가르침 단계'와 자신만의 스타일을 갖게 되는 '스타일화 단계'가 된다. 그러나 모든 슈퍼바이지가 스타일화 단계까지 도달할 수 있는 것은 아니므로, 개개인의 노력을 통하여 평생 학습하는 자세가 중요하다.

표 4-36 기술학습과정의 위계

기술학습과정단계		설 명	학습강화수단	비고
비공식적 준비단계		특정한 수단 없이 자료와 구성요소를 실험하고 탐구하는 것을 강조	연습, 준비운동, 관심활동추구에 의한 학습된 시행착오	준비 단계
I	1. 관찰단계	수행될 활동의 이상적 연출을 보고 듣는 것을 강조	슈퍼바이저의 실연 관찰하기, 비디오테이프 보기, 오디오테이프 듣기	기술강화 단계
	2. 개념화 단계	서류 열람 및 정밀한 분석(묶고 풀어 보는 작업), 확인과 분석 강조	차트, 강연, 서면정보와 토론	
	3. 모방단계	연속적으로 활동요소를 복사하고 재생산하는 것을 강조	역할극과 피드백, 자신의 행동을 비디오로 녹화, 상호작용게임(자기개방 연습)	
II	4. 정밀화 단계	정확성, 정밀성, 충실함 강조, 실수를 줄여 나가도록 조정하는 것을 강조	paper and pencil activities (과거의 경험에 비추어 자신의 행동을 분석해 보는 것), 집단토론, 역할극과피드백, 자신의 관찰을 위한 거울과 테이프 기록 활용	평생학습 단계

	5. 조정단계	정확성 및 스피드와 페이스조절을 위한 활동을 관련시키고 통합시키는 것을 강조	역할극과 피드백 제공, 상호작용게임, 자기테이프 활용	
Ⅲ	6. 습관화 단계	일상적 반복활동, 항상성, 자동화, 자연스럽게 몸에 배어나도록 하는 것을 강조	타인과의 실제상황에서(연습이 아닌) 신중하게 활용하기	
Ⅳ	7. 교수/ 가르침단계	2~6단계의 학습과정을 탐구하고 경험하도록 하기 위하여 다른 학습자에게 명확한 방법으로 디자인을 설계하고 학습자를 실제로 가르쳐 보도록 강조	서면과 언어적 피드백과 함께(학습자로부터의 테스트, 평가) 교수방법시도의 영향력 개발, 제공, 분석하는 과정 반복	
	8. 스타일화 단계	모든 활동에 있어 개성, 인간성, 단정함, 단순성, 융통성, 직관력, 예술성, 따뜻함을 강조	타인으로부터의 피드백 및 지속적 자기 지향적 분석 반복	

출처: Middleman & Rhodes(1985). p. 251.

④ 기술교육방법

슈퍼바이지의 기술학습을 촉진시킬 수 있는 유용한 기술교육 방법으로는 과정기록, 실제사실 후 토론/비판적 삽화, 작업 샘플/사례기록, 심리사회적 요약, 사례회의 등이 있다.

- 역할극과 자극받은 경험, 빈 의자 기법
- 한 사람 또는 다수에 의한 직접적 관찰, 토론
- 개별 또는 가족면담에 참석하기, 집단 공동 진행하기
- 대안적 시나리오 구성(구두 또는 서면으로)
- 관찰, 피드백과 교환
- 구두보고, 자기보고서(서면), 경과기록(log), 저널(journals)
- 구별된 역할에 있어서의 기술실천: 원조자, 원조 받는 자, 관찰자
- 지각과 반영 실천하기: 침묵 경험하기, 보지 않고 듣지 않고 움직이지 않

기 경험하기
- 브레인스토밍, 정반대 양극단의 의견 검토하기, 유사한 것과 양분되는 것, 연속성과 불연속성 대비하기
- 모델링, 실제 상황(live), 비디오테이프, 오디오테이프
- 구성된 과업(paper and pencil activity), 상호작용적 과업
- 체크리스트, 프로파일, 이론에 대한 토론이나 개인화된 통찰력으로 이끄는 도구
- 비언어적 또는 행동기법, 그리기, 움직이기, 팬터마임, 지도 그리기, 도식화하기

⑤ 슈퍼비전의 업무

이상과 같이 슈퍼바이저와 슈퍼바이지의 역량을 달성하고 슈퍼바이지의 학습목표를 달성하기 위하여 슈퍼바이저는 교육을 수행한다. 이러한 과업을 수행하기 위해서 과업모델 슈퍼비전에서 이루어야 할 슈퍼비전의 업무는 〈표 4-37〉과 같다.

표 4-37 과업모델 슈퍼비전의 업무

슈퍼비전 업무	내용
1. 교수/학습상황계획	맥락, 관계, 구조, 과정의 측면을 판단할 수 있음
2. 슈퍼바이지의 학습요구사정	조직에서 요구한 과업상황, 슈퍼바이지의 이전 인생경험 및 공식적 학습과 경력, 기대나 관심, 능력, 신뢰감 등과 관련된 슈퍼이지와의 실제적 대화 등으로부터 정보를 획득. 대화와 관찰을 통해 슈퍼바이지 학습스타일의 장점 파악
3. 슈퍼바이지와 계약	지도감독 합의의 규칙이 세워지고 슈퍼바이지의 관점으로부터 바람직한 교수의 강조점이 구체화
4. 서비스 및 학습을 위한 주요 목적을 공식화	시간계획표와 과정에 대한 평가방법, 그리고 목적달성 등 활용할 수단에 대해 토론하고 점검

5. 목적, 하위목적, 수행목표 등의 선택과 순서 매김	우선순위, 주의를 기울여야 할 차례, 강조점 등을 선정할 수 있도록 해줌
6. 학습을 위한 조건결정	목적(가르치는 방법, 학습과정에 더 포함시켜야 할 사람, 내용, 과정, 적용할 수 있는 구조적 요소 등)을 구체화
7. 슈퍼바이지와 함께 상호 계획된 슈퍼비전의 디자인 시작	슈퍼비전 실시
8. 학습목표성취에 대하여 피드백을 주고 토론	교수의 일부로서, 정규적으로(주별 또는 월별로) 실시되어야 함
9. 슈퍼비전 디자인 업데이트	어떤 학습목표가 성취되었거나 예기치 않은 문제가 발생했을 때, 상호 협력에 의하여 다른 또는 새로운 학습목표를 대치하거나 추가하고, 구체화된 시간의 과정을 사정하며, 새롭게 강조할 점이나 또 다른 교수·학습의 구성을 명확히 함
10. 슈퍼비전 디자인을 새롭게 정리	업데이트된 슈퍼비전 디자인을 새롭게 정리

출처: Middleman & Rhodes(1985).

2) 실습과정에 따른 슈퍼바이저의 역할

슈퍼비전은 실습교육을 받기 위해 기관에 온 실습생을 교육시키는 목적으로 이루어지는 활동이므로 실습생의 전문적 능력을 증진시키고 전문적인 실천에 포함된 중요한 요소들을 가르치며 실습생의 전공적합성 및 적성 등을 발견하게 하는 것이 목표이다. 따라서 실습에서 슈퍼바이저는 실습생이 미래의 전문사회복지실천가로서 성장하기 위해 필요한 지식과 기술을 개발할 수 있도록 도우며, 학교에서 배운 이론을 실천에 적용할 수 있도록 기회를 마련해 주고, 긍정적인 학습자극을 제공해 주어야 한다. 실습 슈퍼바이저는 실습 슈퍼비전에 있어 실습생에게 보다 개방적이고 자유롭게 대함으로써 실습생의 불안을 감소시켜 주고, 실습생을 위한 교육계획과 평가를 실시해야 한다. 그리고 실습생과 규칙적인 슈퍼비전 시간을 통해 개별 또는 집단으로 지도·감독하여 실습활동상의 장·단점을 개발하고, 단점에 대해서는 학습할 기회를 가질 수 있도록 적절한 피드백이 이루어져야 한다.

① 준비 및 초기과정

- 학생 슈퍼비전에 대한 문헌 검토, 관련 세미나 참석, 동료들과의 토론 등으로 실습 슈퍼바이저로의 전환을 준비
- 기관에서 제공할 수 있는 학습 기회들에 대해서 조직구성원과 논의, 결정
- 실습생이 담당할 사례의 선별 및 할당 작업
- 학생들과의 실습의 목적 및 서로의 역할과 책임에 대한 명확화
- 학생에 대한 정보를 입수하여 교육적 진단, 실습계약 수행

② 실습 슈퍼비전 과정

- 실습지도에 있어 다양한 의사소통 방법 및 슈퍼비전 기법을 익히고 사용
- 실습과정기록에 대한 지도
- 청소년, 담당 청소년지도자 및 동료들과 갈등 시 이에 대한 조율, 문제해결
- 행정적, 교육적, 지지적 영역의 슈퍼비전 제공

③ 평가 및 종결 과정

- 평가시작 전 평가목적에 대한 설명
- 학생들의 업무와 학습에 초점을 두고 평가
- 담당 청소년지도자로부터 실습평가 의견 수렴
- 실습평가서 작성
- 학생들의 실습지도에 대한 피드백을 수렴

Appendix

부록

Y·o·u·t·h·W·o·r·k·e·r·T·h·e·o·r·y

한국상담심리학회 상담심리사 윤리강령

한국상담심리학회는 인간의 존엄성과 가치를 존중하고 다양한 심리적 조력활동을 통해 개인이 자기를 실현하는 삶을 살도록 돕는다. 본 학회는 이러한 목적을 구현하기 위하여 상담 심리사 자격제도를 운영한다. 본 학회에서 인증한 상담심리사(1급, 2급)와 상담심리사 수련과정에 있는 학회원은 전문가로서의 능력과 자질을 향상시키며 상담심리사의 역할을 하는 데 있어 내담자의 복지를 최우선 순위에 둔다. 상담심리사는 전문적인 상담 활동을 통해 내담자의 개인적인 성장을 넘어 국민의 심리적 안녕을 도모함으로써 사회적 공익에 기여한다. 이러한 책무를 다하기 위해 상담심리사는 전문성, 성실성, 사회적 책임, 인간 존중, 다양성 존중의 원칙을 따른다. 윤리강령의 준수는 내담자와 상담자 보호 및 상담자의 전문성 증진에 기여한다. 이를 위하여 상담심리사는 다음과 같은 윤리 강령을 숙지하고 준수할 것을 다짐한다.

1. 전문가로서의 태도

가. 전문적 능력

- 상담심리사는 자신의 능력의 한계를 인정하고 교육과 수련, 경험 등에 의해 준비된 역량의 범위 안에서 전문적인 서비스와 교육을 제공한다.
- 상담심리사는 자신이 가진 능력 이상의 것을 주장하거나 암시해서는 안 되며, 타인에 의해 능력이나 자격이 오도되었을 때에는 수정해야 할 의무가 있다.
- 상담심리사는 문화, 신념, 종교, 인종, 성적 지향, 성별 정체성, 신체적 또는 정신적 특성에 대한 자신의 편견을 자각하고, 이를 극복하기 위해 노력해야 한다. 특히 위와 같은 편견이 상담 과정을 방해할 우려가 있을 경우 자문, 사례지도 및 상담을 요청해야 한다.
- 상담심리사는 자신의 활동분야에 있어서 최신의 과학적이고 전문적인 정보와 지

식을 유지하기 위해 지속적인 교육과 연수의 필요성을 인식하고 참여한다.

- 상담심리사는 자신의 전문적 능력에 대해 정확히 인식하고 정기적으로 전문인으로서의 능력과 효율성에 대해 자기점검 및 평가를 해야 한다. 상담자로서 직무를 수행하는데 방해가 되는 개인적 문제나 능력의 한계를 인식하게 될 경우 지도감독이나 전문적 자문을 받을 책무가 있다.

나. 성실성

- 상담심리사는 자신의 신념체계, 가치, 제한점 등이 상담에 미칠 영향력을 자각해야 한다.
- 상담심리사는 내담자에게 상담의 목표와 이점, 한계와 위험성, 상담료 지불방법 등을 명확히 알린다.
- 상담심리사는 능력의 한계나 개인적인 문제로 내담자를 적절하게 도와줄 수 없을 때, 전문적 자문과 지원을 받는 등의 적절한 조치를 취한 뒤, 직무수행을 제한할지 아니면 완전히 중단할지 여부를 결정해야 한다.
- 상담심리사는 자신의 질병, 죽음, 이동, 퇴직으로 인한 상담의 갑작스런 중단가능성에 대비하고 있어야 하며, 또한 내담자의 이동이나 재정적 한계 등과 같은 요인에 의해 상담이 중단될 경우, 이에 대해 적절한 조치를 취해야 한다.
- 상담심리사는 내담자가 더 이상 도움을 필요로 하지 않거나, 상담을 지속하는 것이 더 이상 내담자에게 도움이 될 가능성이 없거나, 오히려 내담자에게 해가 될 것이 분명하다면 상담 관계를 종결해야 한다. 내담자가 다른 전문가를 필요로 할 경우에는 적절한 과정을 거쳐 의뢰하거나 관련 정보를 제공한다.
- 상담심리사는 개인의 이익을 위해 상담전문직의 가치와 품위를 훼손하는 행동을 해서는 안 된다.
- 상담심리사는 자신이 지도감독 내지 평가 하거나 기타의 권위를 행사하는 대상, 즉 내담자, 학생, 수련생, 연구 참여자 및 피고용인을 물질적, 신체적, 업무상으로

착취하지 않는다.

- 상담심리사는 자신의 기술이나 자료가 다른 사람들에 의해 오용될 가능성이 있는 활동에 참여해서는 안 되며, 이런 일이 일어난 경우에는 이를 바로잡거나 최소화하는 조치를 취한다.

다. 자격관리

- 상담심리사는 자신의 자격급수와 상담경력을 정확히 알려야 하며, 자신의 자격을 과장하지 않는다.
- 상담심리사는 자신이 상담 관련 분야에서 취득한 최종 학위 및 전공을 정확히 명시하고, 그 이외의 분야에서 취득한 학위가 있더라도 그것을 마치 상담 관련 학위인 것처럼 알리지 않는다.
- 상담심리사는 자신의 전문자격을 유지하기 위하여 지속적인 교육, 연수를 받아야 한다. 만약 자격이 정지되었을 경우에는 이에 따른 책임을 지며 자격을 회복하기 위해 노력한다.

2. 사회적 책임

가. 사회와의 관계

- 상담심리사는 사회의 윤리와 도덕기준을 존중하고, 사회공익과 상담분야의 발전을 위해 최선을 다한다.
- 상담심리사는 필요시 무료 혹은 저가의 보수로 자신의 전문성을 제공하는 사회적 공헌 활동에 참여한다.
- 상담비용을 책정할 때 상담심리사들은 내담자의 재정상태를 고려하여야 한다. 책정된 상담료가 내담자에게 적절하지 않을 때에는, 대안적 서비스를 받을 수 있도록 돕는다.
- 상담심리사는 상담자 양성에 도움이 되는 다양한 전문적 활동에 참여한다.

나. 고용 기관과의 관계

- 상담심리사는 자신이 종사하는 기관의 목적과 방침에 공헌할 수 있는 활동을 할 책임이 있다. 기관의 목적과 방침이 상담자 윤리와 상충될 때에는 이를 해결하기 위해 노력해야 한다.
- 상담심리사는 근무기관의 관리자 및 동료들과 상담업무, 비밀보장, 직무에 대한 책임, 공적 자료와 개인자료의 구별, 기록된 정보의 보관과 처분에 관하여 상호 협의해야 한다. 상호 협의한 관계자들은 협의 내용을 문서화하고 공유한다.
- 상담심리사는 자신이 속한 기관의 효율성에 제한을 줄 수 있는 상황에 대해 미리 알려주어야 한다.

다. 상담 기관 운영자

- 상담기관 운영자는 기관 내에서 이루어지는 제반 상담활동을 관리 감독함에 있어, 내담자의 권리와 복지를 최우선으로 고려해야 한다.
- 상담기관 운영자는 방음, 편안함, 주의집중 등을 고려하여 상담 및 심리평가에 적합한 독립된 공간을 제공해야 한다.
- 상담기관 운영자는 상담심리사를 포함한 피고용인의 권리와 복지 보장 및 전문성 제고를 위해 최선의 노력을 다 할 책임이 있다.
- 상담기관 운영자는 업무에 적합한 전문성을 갖춘 상담심리사를 고용하고, 이들의 증명서, 자격증, 업무내용, 기타 상담자와 관련된 다른 정보 등을 정확하게 파악하고 관리하여야 한다.
- 상담기관 운영자는 직원들에게 기관의 목표와 활동에 대해 알려주어야 한다.
- 상담기관 운영자는 고용, 승진, 인사, 연수 및 지도 시에 성별, 장애, 나이, 성적 지향, 성별 정체성, 사회적 신분, 외모, 인종, 가족형태, 종교 등을 이유로 차별적인 행동을 해서는 안 된다.
- 상담기관 운영자는 고용을 빌미로 상담심리사가 원치 않는 유료 상담, 유료 교육,

내담자 모집을 강제해서는 안 된다.

라. 다른 전문직과의 관계

- 상담심리사는 함께 일하는 다른 전문적 집단의 특성을 존중하고, 상호 협력적 관계를 도모한다.
- 공적인 자리에서 개인 의견을 말할 경우, 상담심리사는 그것이 개인적 의견에 불과하며 상담심리사 전체의 견해나 입장이 아님을 분명히 해야 한다.
- 상담심리사는 내담자가 다른 정신건강 전문가의 서비스를 받고 있음을 알게 되면, 내담자로 하여금 상담 사실을 그 전문가에게 알리도록 권유하고, 긍정적이고 협력적인 치료관계를 맺도록 노력한다.
- 상담심리사는 내담자 의뢰나 소개와 관련한 비용을 수취하거나 요구하지 않는다.

마. 자문

- 자문이란 개인, 집단, 사회단체가 전문적인 조력자의 도움이 필요하여 요청한 자발적인 관계를 말한다. 상담심리사는 자문을 요청한 개인이나 기관의 문제 혹은 잠재된 문제를 규명하고 해결하는 데 도움을 준다.
- 상담심리사는 자신이 자문에 참여하는 개인 또는 기관에게 도움을 주는 데 필요한, 자질과 능력을 갖추었는지를 스스로 검토하고 자문에 임해야 한다.
- 상담심리사는 자문에 임할 때 자신의 가치관, 지식, 기술, 한계성이나 욕구에 대한 깊은 자각이 있어야 하고, 자문의 초점은 문제를 가진 사람이 아니라 풀어나가야 할 문제 자체에 두어야 한다.
- 자문 관계는 자문 대상자가 스스로 성장해 나가도록 격려하고 고양하는 것이어야 한다. 상담심리사는 이러한 역할을 일관성 있게 유지해야 하고, 자문 대상자가 스스로의 의사결정자가 되도록 도와주어야 한다.
- 상담활동에서 자문의 활용에 대해 홍보할 때는 학회의 윤리강령을 성실하게 준수

해야 한다.

바. 홍보

- 상담심리사는 전문가로서의 자신의 자격과 상담경력에 대해 대중에게 정확하게 홍보해야 하며, 오해를 일으킬 수 있거나 거짓된 내용을 전달해서는 안 된다.
- 상담심리사는 일반인들에게 상담의 전문적 활동이나 상담 관련 정보, 기대되는 상담효과 등을 정확하게 알려주어야 한다.
- 상담심리사는 출판업자, 언론인, 혹은 후원사 등이 상담의 실제나 전문적인 활동과 관련된 잘못된 진술을 하는 경우 이를 시정하고 방지하도록 노력한다.
- 상담심리사가 워크숍이나 상담 프로그램을 홍보할 때는 참여자의 선택을 위해서 정확한 정보를 제공해야 한다.
- 상담심리사는 상담자의 품위를 훼손하지 않도록 책임의식을 가지고 홍보해야 한다.
- 상담심리사는 홍보에 활용하기 위하여 내담자에게 소감문 작성이나 사진 촬영 등을 강요하지 않는다.
- 상담심리사는 자신이 실제로 상담 및 자문 활동을 하지 않는 상담기관이 자신의 이름을 기관의 홍보에 사용하지 않도록 해야 한다.

3. 내담자의 복지와 권리에 대한 존중

가. 내담자 복지

- 상담심리사의 일차적 책임은 내담자의 복지를 증진하고 존엄성을 존중하는 것이다.
- 상담심리사는 내담자의 잠재력을 개발하여 건강한 삶을 영위하도록 도움을 주며, 어떤 방식으로도 해를 끼치지 않는다.
- 상담심리사는 상담관계에서 오는 친밀성과 책임감을 인식해야 한다. 상담심리사의 개인적 욕구충족을 위해서 내담자를 희생시켜서는 안 되며, 내담자로 하여금 의존적인 상담관계를 형성하지 않도록 노력해야 한다.

- 상담심리사는 직업 문제와 관련하여 내담자의 능력, 일반적인 기질, 흥미, 적성, 욕구, 환경 등을 고려하면서 내담자와 함께 노력하지만, 내담자의 일자리를 찾아 주거나 근무처를 정해줄 의무가 있는 것은 아니다.

나. 내담자의 권리와 사전 동의

- 내담자는 상담 계획에 참여할 권리, 상담을 거부하거나 상담 개입방식의 변화를 거부할 권리, 그러한 거부에 따른 결과에 대해 고지 받을 권리, 자신의 상담 관련 정보를 요청할 권리 등이 있다.
- 상담심리사는 상담을 시작할 때 내담자가 충분한 설명을 듣고 선택할 수 있도록 적절한 정보를 제공해야 하고, 상담자와 내담자 모두의 권리와 책임에 대해서 알려줄 의무가 있다. 이러한 사전 동의 절차는 상담과정의 중요한 부분이며, 내담자와 논의하고 합의된 내용을 적절하게 문서화한다.
- 상담심리사가 내담자에게 설명해야 할 사전 동의 항목으로는 상담자의 자격과 경력, 상담 비용과 지불 방식, 치료기간과 종결 시기, 비밀보호 및 한계 등이 있다.
- 상담심리사는 내담자에게 상담 과정의 녹음과 녹화 가능성, 사례지도 및 교육에의 활용 가능성에 대해 설명하고, 내담자에게 동의 또는 거부할 권리가 있음을 알려야 한다.
- 내담자가 미성년자 혹은 자발적인 동의를 할 수 없는 경우, 상담심리사는 내담자의 최상의 복지를 고려하여, 보호자 또는 법정 대리인의 사전 동의를 구해야 한다.
- 상담심리사는 미성년인 내담자를 상담할 때, 필요하면 부모나 보호자가 상담에 참여 할 수 있음을 내담자에게 알린다. 이 경우, 상담자는 부모 혹은 보호자의 참여에 앞서 그 영향을 고려하고 내담자의 권익을 보호하도록 한다.

다. 다양성 존중

- 상담심리사는 모든 인간의 기본적인 권리, 존엄성, 가치를 존중하며 성별, 장애,

나이, 성적 지향, 성별 정체성, 사회적 신분, 외모, 인종, 가족형태, 종교 등을 이유로 내담자를 차별하지 않는다.

- 상담심리사는 내담자의 다양한 문화적 배경을 이해하려고 적극적으로 시도해야 하며, 상담심리사 자신의 고유한 문화적 정체성이 상담과정에 어떤 영향을 주는지 인식해야 한다.
- 상담심리사는 자신의 고유한 가치, 태도, 신념, 행위를 인식하고, 내담자에게 자신의 가치를 강요하지 않는다.

4. 상담관계

가. 다중 관계

- 상담심리사는 객관성과 전문적인 판단에 영향을 미칠 수 있는 다중 관계는 피해야 한다. 가까운 친구나 친인척, 지인 등 사적인 관계가 있는 사람을 내담자로 받아들이면 다중 관계가 되므로, 다른 전문가에게 의뢰하여 도움을 준다. 의도하지 않게 다중 관계가 시작된 경우에도 적절한 조치를 취해야 한다.
- 상담심리사는 상담 할 때에 내담자와 상담 이외의 다른 관계가 있다면, 특히 자신이 내담자의 상사이거나 지도교수 혹은 평가를 해야 하는 입장에 놓인 경우라면 그 내담자를 다른 전문가에게 의뢰한다.
- 상담심리사는 내담자와 상담실 밖에서 연애 관계나 기타 사적인 관계(소셜 미디어나 다른 매체를 통한 관계 포함)를 맺거나 유지하지 않는다.
- 상담심리사는 내담자와의 관계에서 상담료 이외의 어떠한 금전적, 물질적 거래를 해서는 안 된다.
- 상담심리사는 내담자의 선물로 인해 발생할 수 있는 문제를 숙고해야 한다. 선물의 수령 여부를 결정함에 있어서 상담 관계에 미치는 영향, 선물의 의미, 내담자와 상담자의 동기, 현행법 위반 여부 등을 신중하게 고려해야 한다.

나. 성적 관계

- 상담심리사는 내담자 및 내담자의 보호자, 친척 또는 중요한 타인에게 자신의 지위를 이용하여 성희롱 또는 성추행을 포함한 성적 접촉을 해서는 안 된다.
- 상담심리사는 내담자 및 내담자의 보호자, 친척, 또는 중요한 타인과 성적 관계를 가져서는 안 된다.
- 상담심리사는 이전에 연애 관계 또는 성적인 관계를 가졌던 사람을 내담자로 받아들이지 않는다.
- 상담심리사는 상담관계가 종결된 이후 적어도 3년 동안은 내담자와 성적 관계를 맺지 않아야 한다. 그 후에라도 가능하면 내담자와 성적인 관계는 갖지 않는다.

다. 여러 명의 내담자와의 관계

- 상담심리사가 두 명 이상의 사람들에게 상담 서비스를 제공하는 경우(예: 남편과 아내, 부모와 자녀), 누가 내담자이며 각각의 사람들과 어떤 관계를 맺어갈지를 명확히 하고 상담을 시작해야 한다.
- 만약에 상담심리사가 내담자들 사이에서 상충되는 역할을 해야 된다면, 상담심리사는 그 역할에 대해서 명확히 하거나, 조정하거나, 그 역할로부터 벗어나도록 한다.

라. 집단상담

- 상담심리사는 집단 목표에 부합하는 집단원들을 모집하여 집단상담이 원활히 진행되도록 한다.
- 상담심리사는 집단참여자를 물리적 피해나 심리적 외상으로부터 보호하기 위해 충분한 주의를 기울인다.
- 집단리더는 지위를 이용하여 집단원의 권리와 복지를 훼손하지 않는다. 또한, 집단 과정에서 집단원의 선택의 자유를 존중하고, 이들이 집단 압력으로부터 보호받을 권리가 있음을 유념한다.

- 집단 리더는 다중관계가 될 수 있는 가까운 친구나 친인척, 지인 등을 집단원으로 받아들이지 않는다. 또한, 집단상담이 끝난 후 집단원과 사적인 관계를 맺거나 유지하지 않는다.

5. 정보의 보호 및 관리

가. 사생활과 비밀보호

- 상담심리사는 상담과정에서 알게 된 내담자의 민감 정보를 다룰 때 특별히 주의해야하고, 상담과 관련된 모든 정보의 관리에 있어 개인정보 보호와 관련된 법을 준수해야한다.
- 상담심리사는 사생활과 비밀유지에 대한 내담자의 권리를 최대한 존중해야 할 의무가 있다.
- 내담자의 사생활 보호에 대한 권리는 존중되어야 하나, 때로 내담자나 내담자가 위임한 법정 대리인의 요청에 의해 제한될 수 있다.
- 내담자의 사생활 보호가 제한되는 경우라 하더라도, 상담심리사는 내담자의 사생활 침해를 최소화하기 위해 노력해야하고, 문서 및 구두 보고 시 사생활에 관한 정보를 포함시켜야 할 경우 그 목적과 밀접한 관련이 있는 정보만을 포함시킨다.
- 상담심리사는 강의, 저술, 동료자문, 대중매체 인터뷰, 사적 대화 등의 상황에서 내담자의 신원확인이 가능한 정보나 비밀 정보를 공개하지 않는다.
- 상담심리사는 상담 기관에 소속된 모든 구성원과 관계자들에게도 내담자의 사생활과 비밀이 보호되도록 주지시켜야 한다.

나. 기록

- 상담기관이나 상담심리사는 상담의 기록, 보관 및 폐기에 관한 규정을 마련하고 준수해야 한다.
- 상담심리사는 법, 규정 혹은 제도적 절차에 따라, 상담기록을 일정기간 보관한다.

보관 기간이 경과된 기록은 파기해야한다.

- 공공기관이나 교육기관 등은 각 기관에서 정한 기록 보관 연한을 따르고, 이에 해당하지 않는 경우에는 3년 이내 보관을 원칙으로 한다.
- 상담심리사는 상담의 녹음 및 기록에 관해 내담자의 동의를 구한다.
- 상담심리사는 면접기록, 심리검사자료, 편지, 녹음 파일, 동영상, 기타 기록 등 상담과 관련된 기록들이 내담자를 위해 보존된다는 것을 인식하며, 상담기록의 안전과 비밀보호에 책임을 진다.
- 상담심리사는 내담자가 합당한 선에서 기록물에 대한 열람을 요청할 경우, 열람할 수 있도록 한다. 단, 상담심리사는 기록물에 대한 열람이 내담자에게 해악을 끼친다고 사료될 경우 내담자의 기록 열람을 제한한다.
- 상담심리사는 내담자의 기록 열람에 대한 요청을 문서화하며, 기록의 열람을 제한할 경우, 그 이유를 명기한다.
- 복수의 내담자의 경우, 상담심리사는 각 개별 내담자에게 직접 해당되는 부분만을 공개하며, 다른 내담자의 정보에 관련된 부분은 노출되지 않도록 한다.
- 상담심리사는 기록과 자료에 대한 비밀보호가 자신의 죽음, 능력상실, 자격박탈 등의 경우에도 보호될 수 있도록 미리 계획을 세운다.
- 상담심리사는 상담과 관련된 기록을 보관하고 처리하는데 있어서 비밀을 보호해야 하며, 이를 타인에게 공개할 때에는 내담자의 직접적인 동의를 받아야 한다.

다. 비밀보호의 한계

- 내담자의 생명이나 타인 및 사회의 안전을 위협하는 경우, 내담자의 동의 없이도 내담자에 대한 정보를 관련 전문인이나 사회에 알릴 수 있다.
- 내담자가 감염성이 있는 치명적인 질병이 있다는 확실한 정보를 가졌을 때, 상담심리사는, 그 질병에 위험한 수준으로 노출되어 있는 제 삼자(내담자와 관계 맺고 있는)에게 그러한 정보를 공개할 수 있다. 상담심리사는 제 삼자에게 이러한 정보를

공개하기 전에, 내담자가 자신의 질병에 대해서 그 사람에게 알렸는지, 아니면 스스로 알릴 의도가 있는지를 확인한다.

- 법원이 내담자의 동의 없이 상담심리사에게 상담관련 정보를 요구할 경우, 상담심리사는 내담자의 권익이 침해되지 않도록 법원과 조율하여야 한다.
- 상담심리사는 내담자 정보를 공개할 경우, 정보 공개 사실을 내담자에게 알려야 한다. 정보 공개가 불가피할 경우라도 최소한의 정보만을 공개한다.
- 여러 전문가로 구성된 팀이 개입하는 상담의 경우, 상담심리사는 팀의 존재와 구성을 내담자에게 알린다.
- 비밀보호의 예외 및 한계에 관한 타당성이 의심될 때에 상담심리사는 동료 전문가 및 학회의 자문을 구한다.

라. 집단상담과 가족상담

- 집단 상담을 할 경우, 상담심리사는 그 특정 집단에 대한 비밀 보장의 중요성과 한계를 명백히 설명한다.
- 가족상담에서 상담심리사는 각 가족 구성원의 사생활 보호에 대한 권리를 존중한다. 한 가족 구성원에 대한 정보는, 해당 구성원의 허락 없이는 다른 구성원에게 공개될 수 없다. 단, 미성년자 혹은 심신미약자가 포함된 경우, 이들에 대한 비밀 보장은 위임된 보호자에 의해 제한될 수 있다.

마. 상담 외 목적을 위한 내담자 정보의 사용

- 교육이나 연구 또는 출판을 목적으로 상담관계로부터 얻어진 자료를 사용할 때에는 내담자의 동의를 구해야 하며, 각 개인의 익명성이 보장되도록 자료 변형 및 신상 정보의 삭제와 같은 적절한 조치를 취하여 내담자에게 피해를 주지 않도록 한다.
- 다른 전문가의 자문을 구할 경우, 상담심리사는 사전에 내담자의 동의를 구해야 하며, 적절한 조치를 통해 내담자의 사생활과 비밀을 보호하도록 노력한다.

바. 전자 정보의 관리 및 비밀보호

• 전자기기 및 매체를 활용하여 상담관련 정보를 기록·관리하는 경우, 상담심리사는 기록의 유출 또는 분실 가능성에 대해 경각심과 주의의무를 가져야 하며 내담자의 정보보호를 위해 적극적인 노력을 해야 한다.

• 내담자의 기록이 전산 시스템으로 관리되는 경우, 상담심리사는 접근 권한을 명확히 설정하여 내담자의 신상이 드러나지 않도록 조치를 취한다.

6. 심리평가

가. 기본 사항

• 심리평가의 목적은 심리검사를 활용하여 내담자의 자기이해 및 의사결정을 돕고 치료계획을 수립하는 데 있다.

• 상담심리사는 규정된 전문적 관계 안에서만 심리검사를 활용한 진단, 평가 및 개입을 한다.

• 심리평가에 대한 상담심리사의 결과해석, 소견 및 권고는 충분한 정보와 근거를 바탕으로 이루어져야 하며, 상담심리사는 이에 대한 내담자의 알권리를 존중한다.

• 상담심리사는 심리검사의 결과나 해석을 오용해서는 안 되며, 전문적 자격을 갖추지 않은 사람에 의한 심리검사의 개발, 출판, 배포, 사용에 대해서는 적절한 조치를 취한다.

• 상담심리사는 내담자 혹은 내담자의 법정대리인의 동의가 있는 경우에만 내담자의 개인정보가 포함된 심리평가 관련 자료를 공개한다. 단, 공개 대상은 자료를 해석할만한 충분한 자격을 갖춘 전문가로 제한한다.

나. 검사를 사용하고 해석하는 능력

• 상담심리사는 심리평가를 수행함에 있어 평가 도구의 채점, 해석과 사용, 관리에 대한 책임이 있으며, 자신이 훈련받은 검사와 평가만을 수행해야 한다. 이는 온라

인 검사의 경우에도 해당된다.

- 상담심리사는 검사도구의 타당도와 신뢰도, 검사도구의 개발과 사용 지침에 대해 이해하고 있어야 한다.
- 상담심리사는 검사의 실시, 채점 및 해석이 제공되는 온라인 검사의 경우에도 원 검사의 구성 및 해석에 대해 숙지하고 있어야 한다.
- 상담심리사는 수련생이 심리검사를 유능하게 수행할 수 있는지 지속적으로 감독해야 한다.

다. 사전 동의

- 상담심리사는 심리평가 전에 내담자 또는 내담자의 법정 대리인에게 사전 동의를 받아야 한다. 사전 동의를 구할 때에는 검사의 목적과 용도, 비용에 대해 내담자가 이해할 수 있도록 설명해야 한다.
- 상담심리사는 검사결과를 제공할 때 내담자 혹은 내담자가 사전 동의한 수령인에게 결과를 전달하고 적절한 해석을 제공해야 한다. 이는 집단으로 실시된 검사도 해당된다.

라. 검사의 선택 및 실시

- 상담심리사는 내담자에게 적절한 심리검사를 선택해야 하며 검사의 타당도와 신뢰도, 제한점 등을 고려한다.
- 상담심리사는 다문화 배경을 가진 내담자를 위한 심리검사 선택 시, 그의 사회문화적 맥락을 신중히 고려해야 한다.
- 상담심리사는 표준화된 조건에 따라 검사를 시행한다. 검사가 표준화된 조건에서 시행되지 않거나, 검사 수행 중 일반적이지 않은 행동 혹은 예외적인 상황이 발생할 경우, 그러한 내용을 기록해야 하고, 그 검사결과의 타당성을 의심하거나 무효 처리할 수 있다.

• 상담심리사는 신뢰할 수 있는 검사결과를 얻기 위해 검사지 및 검사도구가 노출되지 않도록 주의하고 그 내용을 언급하지 않을 책임이 있다.

마. 검사 결과의 해석과 진단

• 상담심리사는 검사 해석에 있어서 성별, 장애, 나이, 성적 지향, 성별 정체성, 사회적 신분, 외모, 인종, 가족형태, 종교 등의 영향을 고려하고, 다른 관련 요인들과 통합 비교하여 검사 결과를 해석한다.

• 상담심리사는 경험적으로 입증되지 않은 평가 도구를 사용할 경우, 그 도구를 사용하는 목적을 내담자에게 설명하고 결과 해석에 신중해야 한다.

• 상담심리사는 정신장애에 대한 평가를 하는 경우 각별한 주의를 기울여야 한다. 내담자를 위한 치료 방향, 치료 유형 및 후속조치를 결정하기 위해서 개인 면담 및 평가 방법을 신중하게 선택하고 사용한다.

• 상담심리사는 내담자의 문제가 그가 속한 문화의 영향을 받는다는 것을 인지하고, 정신장애 진단 시 사회경제 및 문화적 경험을 고려해야 한다.

• 상담심리사는 정신장애를 진단하는 것이 내담자나 다른 사람들에게 해가 된다고 판단할 경우, 진단 혹은 진단 결과의 보고를 유보할 수 있다. 상담자는 진단이 지니는 긍정적, 부정적 함의를 신중하게 고려한다.

바. 검사의 안전성

• 상담심리사는 공인된 검사의 전부 또는 일부를 발행자 허가 없이 사용, 재발행, 수정하지 않는다.

• 상담심리사는 실시한 지 오래된 검사 결과에 기초한 평가를 피하고, 시대에 뒤떨어진 검사 도구를 사용하지 않는다.

• 상담심리사는 심리검사의 요강, 도구, 자극, 또는 문항이 대중매체, 인터넷(온라인) 등을 통해 노출되지 않도록 해야 하며, 또한 특정한 반응에 대한 구체적인 해석이

대중적으로 공개되지 않도록 해야 한다.

7. 수련감독 및 상담자 교육

가. 수련감독과 내담자 복지

- 수련감독자는 수련생이 진행하는 상담을 지도·감독할 때, 내담자의 복지를 우선적으로 고려해야한다.
- 수련감독자는 수련생이 내담자들에게 상담 서비스를 제공함에 있어서, 자신의 자격 요건을 명확히 알리도록 지도한다.
- 수련감독자는 사전 동의 및 비밀보장 등의 권리가 내담자에게 있음을 수련생에게 주지시킨다.

나. 수련감독자의 역량과 책임

- 수련감독자는 사례지도 방법과 기법들에 대한 교육과 훈련을 받음으로써, 사례지도 역량을 향상시키기 위해 노력한다.
- 수련감독자는 전자 매체를 통하여 전송되는 모든 사례지도 자료의 비밀 보장을 위해서 주의하고, 필요한 조치를 취한다.
- 수련감독자는 사례지도를 진행할 때, 학회에서 권고한 사례지도 형식과 시간을 준수해야 한다.
- 수련감독자는 사례지도를 시작하기 전에, 진행 과정에 대해 충분히 설명한 후 동의를 받음으로써, 수련생의 적극적 참여를 독려할 책임이 있다.
- 수련감독자는 수련생에게 그들이 준수해야 할 전문가적 · 윤리적 규준과 법적 책임을 숙지시킨다.
- 수련감독자는 지속적 평가를 통해 수련생의 한계를 파악하고, 그가 자신의 한계를 인식하고 보완할 수 있도록 돕는다.
- 자격 심사 추천을 하는 주 수련감독자는 수련생이 합당한 역량을 모두 갖추었다고

여겨질 때에만 훈련과정을 확인 및 추천한다.

다. 수련감독자와 수련생 관계

- 수련감독자는 수련생과 상호 존중하며 윤리적, 전문적, 개인적, 그리고 사회적 관계를 명료하게 정의하고 유지한다.
- 수련감독 관계의 변화나 확장이 있을 경우, 수련감독자는 그로 인한 문제가 발생하지 않도록 적절한 전문적 조치를 취한다.
- 수련감독자와 수련생은 성적 혹은 연애 관계를 갖지 않는다.
- 수련감독자와 수련생은 상호 성희롱 또는 성추행을 해서는 안 된다.
- 수련감독자는 가족, 친구, 동료 등 상대방에 대한 객관성을 유지하기 힘든 사람과 수련감독 관계를 맺지 않는 것을 원칙으로 한다.

라. 상담 교육자의 책임과 역할

- 상담 교육자는 상담과 관련된 자신의 지식과 능력 범위 안에서 교육을 제공하며, 상담 분야에서의 가장 새로운 정보와 지식을 활용한다.
- 상담 교육자는 교육과정에서 상담자의 다양성 인식 증진 및 다문화적 역량 향상을 도모한다.
- 상담 교육자는 교육생들이 상담이라는 전문직의 윤리적 책임과 규준을 숙지할 수 있도록 지도하고, 교육자 스스로 윤리적인 역할 모델이 될 수 있도록 노력한다.
- 상담 교육자는 자신이 속한 기관의 정책과 실제가 수련과정의 취지와 어긋난다면, 가능한 범위에서 그 상황을 개선하도록 노력한다.
- 상담 교육자는 수련중인 학회 회원의 상담료나 교육비를 책정할 때 특별한 배려를 함으로써 상담자 양성에 기여한다.
- 강의나 수업 중에 내담자, 학생, 혹은 수련생에 관한 정보나 이야기를 사례로 활용할 경우, 신상 정보를 충분히 변경하여 그 개인이 드러나지 않도록 보호한다.

- 상담 교육자는 교육생들이 훈련프로그램 중 상담자의 역할을 할 경우에도, 실제 상담자와 동일한 윤리적 의무와 책임이 있음을 인식하도록 지도한다.
- 상담 교육자는 평가대상이 되는 학생과 상담 관계를 맺지 않는다. 단 학교 현장에서 교육의 목적으로 이루어지는 집단 상담의 경우는 예외로 한다.
- 상담 교육자와 교육생은 성적 혹은 연애 관계를 갖지 않는다.
- 상담 교육자와 교육생은 상호 성희롱 또는 성추행을 해서는 안 된다.

8. 윤리문제 해결

가. 숙지의 의무

- 상담심리사는 본 윤리강령 및 적용 가능한 타 윤리강령을 숙지해야 할 의무가 있다. 본 윤리강령에 대해 모르고 있거나, 잘못 이해했다고 해도 비윤리적 행위가 정당화될 수는 없다.
- 상담심리사는 현행법이 윤리강령을 제한할 경우, 현행법을 우선적으로 적용한다. 만약 윤리강령이 현행법이 요구하는 것보다 엄격한 기준을 설정하고 있다면 윤리강령을 따라야 한다.
- 특정 상황이나 행위가 윤리강령에 위반되는지 불분명할 경우, 상담심리사는 윤리강령에 대해 지식이 있는 다른 상담심리사, 해당 권위자 및 상벌윤리 위원회의 자문을 구한다.
- 상담심리사는 사실이 아닌 일을 만들거나 과장해서 위반 사례로 신고하거나 이를 조장하지 않는다.

나. 윤리위반의 해결

- 상담심리사는 다른 상담심리사의 윤리강령 위반을 인지한 경우, 그 위반이 심각한 해를 끼치지 않는다면, 우선 해당 상담심리사에게 윤리문제가 있음을 인식시킨다.
- 명백한 윤리강령의 위반으로 개인이나 조직이 실질적인 해를 입거나 그럴 가능성

이 있는 경우, 그리고 개별적인 시도로 해결되지 않는 경우, 상담심리사는 상벌윤리 위원회에 신고한다.

- 소속 기관 및 단체와 본 윤리강령 간에 갈등이 있을 경우, 상담심리사는 갈등의 본질을 명확히 하고, 소속 기관 및 단체에 윤리강령을 알려서 이를 준수하는 방향으로 해결책을 찾도록 한다.

다. 상벌윤리 위원회와의 협조

- 상담심리사는 상벌윤리 위원회의 업무에 협조한다. 상담심리사는 윤리강령을 위반한 것으로 신고 된 사건 처리를 위한 상벌윤리 위원회의 조사, 요청, 기타절차에 협력한다.

9. 회원의 의무

본 학회의 모든 회원(정회원, 준회원)은 상담심리사 자격취득 여부와 상관없이 본 윤리강령을 준수할 의무가 있다. 윤리강령에 어긋나는 행위를 한 상담심리사는 윤리강령과 상담심리학회 회칙에서 정한 절차에 따라 징계를 받을 수 있다. 또한, 징계 결과를 학회원, 다른 기관이나 개인에게 알릴 수 있다.

청소년상담사 윤리강령

가. 제정 목적

1. 청소년상담사의 책임과 의무를 분명하게 제시하여 내담자를 보호한다.
2. 청소년상담사가 직무 중에 발생하는 문제를 처리할 수 있는 기준을 제공한다.
3. 청소년상담사의 활동이 전문직으로서의 상담의 기능 및 목적에 저촉되지 않도록 기준을 제공한다.
4. 청소년상담사의 활동이 지역사회의 도덕적 기대에 부합하도록 준거를 제공한다.
5. 대한민국 청소년들의 건강·성장을 책임지는 전문가로서의 청소년상담사를 보호하는 기준을 제공한다.

나. 청소년상담사로서의 전문적 자세

1. 전문가로서의 책임

가) 청소년상담사는 청소년 기본법에 따라 청소년의 권리와 책임을 다 할 수 있게 지원해야 한다.

나) 청소년상담사는 자기의 능력 및 기법의 한계를 인식하고, 전문적 기준에 위배되는 활동을 하지 않도록 한다.

다) 청소년상담사는 검증되지 않고 훈련 받지 않은 상담기법의 오·남용을 하지 않도록 유의한다.

라) 청소년상담사는 청소년과 관련된 정책, 규칙, 법규에 대해 정통해야 하고 청소년 내담자를 보호하며 청소년 담자가 최선의 발달을 이루도록 노력해야 한다.

2. 품위유지 의무

가) 청소년상담사는 전문상담자로서 품위를 손상하는 행위를 하지 않는다.

나) 청소년상담사는 현행법을 우선적으로 준수하되, 윤리강령이 보다 엄격한 기준

을 설정하고 있다면, 윤리강령을 따른다.

다) 청소년상담사는 상담적 배임행위(내담자 유기, 동의를 받지 않은 사례 활용 등)를 하지 않는다.

3. 보수교육 및 전문성 함양

가) 청소년상담사는 자신의 전문성을 유지·향상시키기 위해 법적으로 정해진 보수교육에 반드시 참여한다.

나) 청소년상담사는 다양한 사람들을 상담함에 있어 상담에 필요한 이론적 지식과 전문적 상담 및 연구능력을 향상시키기 위해 교육, 자문, 훈련 등 지속적인 노력을 기울여야 한다.

다. 내담자의 복지

1. 내담자의 권리와 보호

가) 청소년상담사는 내담자의 복지를 증진하고 존엄성을 존중하는 것에 최우선 가치를 둔다.

나) 청소년상담사는 내담자가 상담 계획에 참여할 권리, 상담을 거부하거나 개입방식의 변경을 거부할 권리, 거부에 따른 결과를 고지 받을 권리, 자신의 상담 관련 자료를 복사 또는 열람할 수 있는 권리 등을 보장해주어야 한다. 단, 기록물에 대한 복사 및 열람이 내담자에게 해악을 끼친다고 판단될 경우 내담자의 기록물 복사 및 열람을 제한할 수 있다

다) 청소년상담사는 외부 지원이 적합하거나 필요할 때 의뢰를 요청할 수 있으며 이를 청소년 내담자 및 보호자(만 14세 미만 내담 청소년의 경우)에게 알리고 서비스를 받을 수 있도록 노력한다.

라) 청소년상담사는 자신의 질병, 죽음, 이동, 퇴직 등으로 인하여 상담을 중단해야 하는 경우 이에 대한 적절한 조치를 취해야 한다.

마) 청소년상담사는 청소년 내담자에게 무력, 정신적 압력 등을 사용하지 않는다.

2. 사전 동의

가) 청소년상담사는 상담을 시작할 때 내담자가 충분한 설명을 듣고 선택할 수 있도록 적절한 정보를 제공해야 하고, 상담자와 내담자 모두의 권리와 책임에 대해 알려줄 의무가 있다.

나) 청소년상담사는 내담자에게 상담 과정의 녹음과 녹화 여부, 사례지도 및 교육에 활용할 가능성에 대해 설명하고, 내담자에게 동의 또는 거부할 권리가 있음을 알려야 한다.

다) 청소년상담사는 내담자가 만 14세 미만의 청소년인 경우, 보호자 또는 법정대리인의 상담 활동에 대한 사전 동의를 구해야 한다.

라) 청소년상담사는 내담자에게 상담의 목표와 한계, 상담료 지불 방법 등을 명확히 알려야 한다.

3. 다양성 존중

가) 청소년상담사는 모든 인간의 기본적인 권리, 존엄성, 가치를 존중하며 성별, 장애, 나이, 성적 지향, 사회적 신분, 외모, 인종, 가족형태, 종교 등을 이유로 내담자를 차별하지 않는다.

나) 청소년상담사는 내담자의 다양한 문화적 배경을 이해하고, 청소년상담사 자신의 고유한 문화적 정체성이 상담과정에 영향을 주지 않도록 노력해야 한다.

다) 청소년상담사는 자신의 개인적 가치, 태도, 신념, 행위를 자각하고 내담자에게 자신의 가치를 강요하지 않는다.

라. 상담관계

1. 다중관계

가) 청소년상담사는 법적, 도덕적 한계를 벗어난 다중 관계를 맺지 않는다.

나) 청소년상담사는 내담자와 연애 관계 및 기타 사적인 관계를 맺지 않는다.

다) 청소년상담사는 내담자와 상담 비용을 제외한 어떠한 금전적, 물질적 거래 관계도 맺지 않는다.

라) 청소년상담사는 내담자와 상담 이외의 다른 관계가 있거나, 의도하지 않게 다중관계가 시작된 경우에는 적절한 조치를 취해야 한다.

2. 부모/보호자와의 관계

가) 청소년상담사는 부모(보호자)의 권리와 책임을 존중하고, 청소년 내담자의 건강한 성장을 위해 부모(보호자)에게 상담자의 역할에 대해 설명하여 협력적인 관계를 성립하도록 노력한다.

나) 청소년상담사는 내담자의 성장과 복지에 필요하다고 판단되는 경우, 내담자의 동의하에 부모(보호자)에게 내담자에 관한 최소한의 정보를 제공한다.

3. 성적 관계

가) 청소년상담사는 내담자 및 내담자의 가족, 중요한 타인에게 자신의 지위를 이용하여 성적 접촉 및 성적 관계를 가져서는 안 된다.

나) 청소년상담사는 이전에 연애 관계 또는 성적인 관계를 가졌던 사람을 내담자로 받아들이지 않는다.

마. 비밀보장

1. 사생활과 비밀보장의 의무

가) 청소년상담사는 내담자와 부모(보호자)의 사생활과 비밀보장에 대한 권리를 최대한 존중해야 한다.

나) 청소년상담사는 상담기관에 소속된 모든 구성원과 관계자·슈퍼바이저·주변

인들에게도 내담자의 사생활과 비밀이 보호되도록 주지시켜야 한다.

다) 청소년상담사는 청소년 내담자 상담 시 사전에 상담에 대한 내담자의 동의를 받고 상담 과정에 부모나 보호자가 참여할 수 있으며, 비밀보장의 한계에 따라 정보를 제공할 수 있음을 알린다.

라) 청소년상담사는 청소년 내담자 상담 시, 상담 의뢰자(교사, 경찰 등)에게 내담자 및 보호자(만 14세 미만 내담 청소년의 경우)의 동의하에 정보를 제공할 수 있다.

마) 청소년상담사는 비밀보장의 의미와 한계에 대하여 청소년 내담자의 발달단계에 적합한 용어로 알기 쉽게 설명해 주어야 한다.

바) 청소년상담사는 강의, 저술, 동료자문, 대중매체 인터뷰, 사적 대화 등의 상황에서 내담자의 신원확인이 가능한 정보나 비밀 정보를 공개하지 않는다.

2. 기록 및 보관

가) 청소년상담사는 내담자에게 전문적인 서비스를 제공하기 위해 상담 내용을 기록하고 보관한다.

나) 기록의 보관은 공공기관이나 교육기관 등은 각 기관에서 정한 기록 보관 연한을 따르고, 이에 해당하지 아니한 경우에는 3년 이내 보관을 원칙으로 한다.

다) 청소년상담사는 기록 및 녹음에 관해 내담자의 사전 동의를 구한다.

라) 청소년상담사는 면접기록, 심리검사자료, 편지, 녹음 및 동영상 파일, 기타 기록 등 상담과 관련된 기록을 보관하고 처리하는 데 있어서 비밀을 준수해야 한다.

마) 청소년상담사는 원칙적으로 내담자 및 보호자(만 14세 미만 내담 청소년의 경우)의 동의 없이 상담의 기록을 제3자나 기관에 공개하지 않는다.

바) 청소년상담사는 내담자와 보호자가 상담 기록의 삭제를 요청할 경우 법적, 윤리적 문제가 없는 한 삭제하여야 한다. 상담 기록을 삭제하지 못할 경우 타당한 이유를 내담자와 보호자에게 설명해 주어야 한다.

사) 청소년상담사는 퇴직, 이직 등의 이유로 상담을 중단하게 될 경우 기록과 자료를 적절한 절차에 따라 기관이나 전문가에게 양도한다.

아) 전자기기 및 매체를 활용하여 상담관련 정보를 기록·관리하는 경우, 기록의 유출 또는 분실 가능성에 대해 경각심과 주의 의무를 가져야 하며 내담자의 정보보호를 위해 적극적인 노력을 해야 한다.

자) 내담자의 기록이 전산 시스템으로 관리되는 경우, 접근 권한을 명확히 설정하여 내담자의 신상이 공개되지 않도록 조치를 취한다.

3. 상담 외 목적을 위한 내담자 정보의 사용

가) 청소년상담사는 자신의 사례에 대해 보다 나은 전문적 상담을 위해 내담자 및 보호자(만 14세 미만 내담 청소년의 경우)의 동의를 구한 후 내담자에 대해 사실적이고 객관적인 정보만을 사용하여 동료나 슈퍼바이저에게 자문을 받을 수 있다.

나) 청소년상담사는 교육이나 연구 또는 출판을 목적으로 상담 관련 자료를 사용할 때에는 내담자 및 보호자(만 14세 미만 내담 청소년의 경우)의 동의를 구해야 하며, 신상 정보 삭제와 같은 적절한 조치를 취하여 내담자에게 피해를 주지 않도록 한다.

4. 비밀보장의 한계

가) 청소년상담사는 상담 시 비밀보장의 1차적 의무를 내담자의 보호에 두지만 비밀보장의 한계가 있는 경우 청소년의 부모(보호자) 및 관계기관에 공개할 수 있다.

나) 비밀보장의 한계가 있는 경우는 다음과 같다.

1) 청소년상담사는 내담자의 생명이나 사회의 안전을 위협하는 경우 비밀을 공개하여 그러한 위험의 목표가 되는 사람을 보호하기 위한 합당한 조치

등 안전을 확보한다.

2) 청소년상담사는 법적으로 정보의 공개가 요구되는 경우 내담자에게 그 사실을 알리고 최소한의 정보만을 제공한다.

3) 청소년상담사는 내담자에게 감염성이 있는 치명적인 질병이 있을 경우 관련 기관에 신고하고, 그 질병에 노출되어 있는 제3자에게 정보를 공개할 수 있다.

다) 청소년상담사는 아동학대, 청소년 성범죄, 성매매, 학교폭력, 노동관계 법령 위반 등 관련 법령에 의해 신고의무자로 규정된 경우 해당 기관에 관련 사실을 신고해야 한다.

바. 심리평가

1. 심리검사의 실시

가) 청소년상담사는 심리검사를 실시하고 해석할 수 있는 능력을 배양해야 한다.

나) 청소년상담사는 심리검사 실시 전에 내담자 및 보호자(만 14세 미만 내담 청소년의 경우)에게 사전 동의를 받아야 한다.

다) 청소년상담사는 검사 도구를 선택, 실시, 해석함에 있어서 모든 전문가적 기준을 고려하여 사용한다.

라) 청소년상담사는 내담자에게 적절한 심리검사를 선택해야 하며 검사의 타당도와 신뢰도, 제한점 등을 고려한다.

마) 청소년상담사는 다문화 배경을 가진 내담자를 위한 검사 선택 시 내담자의 사회문화적 맥락을 신중히 고려해야 한다.

2. 심리검사의 해석

가) 청소년상담사는 심리검사 해석에 있어 성별, 나이, 장애, 성적 지향, 인종, 종교, 문화 등의 영향을 고려하여 검사 결과를 해석한다.

나) 청소년상담사는 청소년이 이해할 수 있도록 심리검사의 목적, 성격, 결과에 대한 설명을 제공한다.

다) 청소년상담사는 심리검사 결과를 다른 이들이 오용하거나 외부에 유출하지 않도록 하여야 한다.

사. 슈퍼비전

1. 슈퍼바이저의 역할과 책임

가) 슈퍼바이저는 사례지도 방법과 기법들에 대한 교육과 훈련을 지속적으로 받음으로써 사례지도 역량을 향상시키기 위해 노력한다.

나) 슈퍼바이저는 전자 매체를 통하여 전송되는 모든 사례지도 자료의 비밀 보장을 위해서 주의하고, 필요한 조치를 취한다.

다) 슈퍼바이저는 사례지도를 시작하기 전에, 진행 과정에 대해 충분히 설명한 후 동의를 받음으로써 슈퍼바이지의 적극적 참여를 독려할 책임이 있다.

라) 슈퍼바이저는 슈퍼바이지에게 전문가적·윤리적 규준과 법적 책임을 숙지시킨다.

마) 슈퍼바이저는 지속적 평가를 통해 슈퍼바이지의 한계를 파악하고, 그가 자신의 한계를 인식하고 보완할 수 있도록 돕는다.

2. 슈퍼바이저와 슈퍼바이지의 관계

가) 슈퍼바이저는 슈퍼바이지와 상호 존중하며 윤리적, 전문적, 개인적 그리고 사회적 관계를 명료하게 정의하고 유지한다.

나) 슈퍼바이저와 슈퍼바이지는 성적 혹은 연애 관계, 그 외에 사적인 이익관계를 갖지 않는다.

다) 슈퍼바이저와 슈퍼바이지는 상호 간에 성희롱 또는 성추행을 해서는 안 된다.

라) 슈퍼바이저는 가족, 친구, 동료 등 상대방에 대한 객관성을 유지하기 힘든 사람과 슈퍼비전 관계를 맺지 않는다.

아. 청소년 사이버상담

1. 사이버상담에서의 정보 관리

가) 운영 특성상, 한명의 내담자가 여러 명의 사이버상담자를 만나게 되는 경우 상담자들 간에 정보를 공유할 수 있음을 내담자에게 알린다.

나) 사이버상담 운영기관에서는 이용자가 다른 사람의 신분을 도용하지 않도록 절차를 마련해야 한다.

2. 사이버상담에서의 책임

가) 사이버상담자는 만약에 있을지 모르는 위기개입 등의 상황을 대비하기 위해서 내담자의 신분을 확인할 방법을 가지고 있어야 한다.

나) 사이버상담이 내담자에게 부적절하다고 간주될 경우, 상담자는 대면상담 연계 등 이에 적합한 서비스 연계를 하여야 한다.

자. 지역사회 참여 및 제도 개선에 대한 책임

1. 지역사회를 돕는 전문가 역할

가) 청소년상담사는 경제적 이득이 없는 경우에도 청소년의 최선의 유익을 위하여 지역사회의 기관, 조직 및 개인과 협력하고 사회공익을 위해 전문적 활동에 헌신함으로써 사회에 공헌하도록 한다.

나) 청소년상담사는 내담자가 다른 정신건강 전문가와 상담을 받고 있음을 알게 되면, 내담자의 동의하에 그 전문가와 긍정적이고 협력적인 관계를 맺도록 노력한다.

2. 제도 개선 노력

가) 청소년상담사는 청소년 및 복지관련 법령, 정책 등의 적용과 개선을 위해 노력한다.

나) 청소년상담사는 자문을 요청한 내담자나 기관의 문제 혹은 잠재된 사회문제를 규명하고 해결하는 데 도움을 준다.

차. 상담기관 설립 및 운영

1. 상담기관 운영자의 역할

가) 청소년 상담 기관을 운영하고자 할 경우, 운영자로서의 전문성 및 역량을 갖추도록 노력해야 한다.

나) 상담기관 운영자는 직원이나 학생, 수련생, 동료 등을 교육, 감독하거나 평가 시에 착취하는 관계를 가져서는 안 된다.

다) 상담기관 운영자는 자신과 현재 종사하고 있는 직원의 전문적 역량 향상에 책임이 있다.

라) 상담비용은 내담자의 재정 상태 등을 고려하여 합리적으로 책정한다.

마) 상담기관 운영자는 직원 채용 시 자격 있는 사람을 채용해야 한다.

2. 상담기관 종사자의 역할

가) 청소년상담사는 자신이 종사하는 기관의 목적과 운영방침을 따라야 하며, 기관의 성장 발전을 위해 노력해야 한다.

나) 청소년상담사는 고용기관에 손해를 끼칠 수 있는 상황이나 기관의 효율성에 제한을 줄 수 있는 상황에 대해 미리 알려주어야 한다.

카. 연구 및 출판

1. 연구 활동

가) 청소년상담사는 청소년 문제 해결을 위해 윤리적 기준에 따라 과학적인 방법으로 연구를 계획하고 수행한다.

나) 청소년상담사는 연구 대상자를 심리적, 신체적, 사회적 불편이나 위험으로부

터 보호하여야 한다.

다) 청소년상담사는 연구 참여자들에게 연구의 본질, 결과 및 결론에 대한 정보를 제공하는 것이 과학적 가치와 인간적 가치를 손상키시지 않는 한, 연구 참여자들이 이에 대한 정보를 얻을 수 있는 기회를 제공한다.

2. 출판 활동

가) 청소년상담사는 연구 결과를 출판할 경우에 자료를 위조하거나 결과를 왜곡해서는 안 된다.

나) 청소년상담사는 투고논문, 학술발표원고, 연구계획서를 심사할 경우 제출자와 제출내용에 대해 비밀을 유지하고 저자의 저작권을 존중한다.

타. 자격취소

1. 청소년상담사는 청소년기본법 제21조의2(자격의 취소)에 해당하는 경우 자격이 취소된다.

가) 청소년기본법 제21조의 결격사유에 해당하게 된 경우

① 미성년자, 피성년후견인 또는 피한정후견인

② 파산선고를 받고 복권되지 아니한 사람

③ 금고 이상의 형을 선고받고 그 집행이 끝나거나 집행을 받지 아니하기로 확정된 후 3년이 지나지 아니한 사람

④ 금고 이상의 형을 선고받고 그 집행유예의 기간이 끝나지 아니한 사람

⑤ 3호 및 4호에도 불구하고 다음 각 목의 어느 하나에 해당하는 죄를 저지른 사람으로서 형 또는 치료감호를 선고받고 확정된 후 그 형 또는 치료감호의 전부 또는 일부의 집행이 끝나거나(집행이 끝난 것으로 보는 경우를 포함한다) 집행이 유예·면제된 날부터 10년이 지나지 아니한 사람

㉠ 「아동복지법」 제71조제1항의 죄

㉡ 「성폭력범죄의 처벌 등에 관한 특례법」 제2조의 성폭력범죄

㉢ 「아동 · 청소년의 성보호에 관한 법률」 제2조제2호의 아동·청소년대상 성범죄

⑥ 법원의 판결 또는 법률에 따라 자격이 상실되거나 정지된 사람

나) 거짓이나 그 밖의 부정한 방법으로 자격을 취득한 경우

다) 자격증을 다른 사람에게 빌려주거나 양도한 경우

파. 청소년상담사 윤리강령 제· 개정 및 해석

1. 한국청소년상담복지개발원은 청소년상담사 윤리강령 교육·보급을 위해 노력해야 한다.
2. 한국청소년상담복지개발원은 청소년상담사 대상 의견 수렴 및 전문가 토론회, 자격검정위원회의 보고 등 자문을 통해 청소년상담사 윤리강령 개정안을 수립한 후 청소년상담사 윤리강령을 개정할 수 있다.
3. 윤리강령과 관련하여 의견이 있거나 공문 등을 통해 윤리적 판단을 요청할 경우, 한국청소년상담복지개발원에서 전문적 해석을 제공할 수 있다.

부칙

1. (시행일) 이 강령은 공표한 날부터 시행한다.

슈퍼비전 평가 척도

1점: 위험이 없는 상태로, 현재의 실천이 적절하여 수정이 필요하지 않은 상태
2점: 약간의 위기 상태로, 현재의 실천은 적절하지만 약간의 수정이 필요한 상태
3점: 중간 정도의 위기가 있는 상태로, 현재의 실천은 문제가 있고 그래서 위기를 최소화하기 위한 수정이 필요한 상태
4점: 높은 위기 상태로 현재의 실천은 심각하게 문제가 있으며 수정이 매우 필요한 상태

슈퍼비전	1	슈퍼바이저는 슈퍼바이지가 고지된 동의를 하도록 정보를 제공하는가	①	②	③	④
	2	슈퍼바이저는 철저한 치료와 개입계획을 발전시키고 실행하려는 슈퍼바이지의 노력을 관찰하는가	①	②	③	④
	3	슈퍼바이저는 정보의 부적절한 노출과 같은 클라이언트와의 모든 접촉에서 슈퍼바이지의 실수를 지적하고 반응하는가	①	②	③	④
	4	슈퍼바이저는 슈퍼바이지의 클라이언트가 언제 다른 곳으로 의뢰되어야 하는지, 치료의 종결은 언제 해야 하는지 등에 관해 알고 있는가	①	②	③	④
	5	슈퍼바이저는 슈퍼바이지가 언제 자문을 구해야 하는지를 알고 있는가	①	②	③	④
	6	슈퍼바이저는 슈퍼바이지의 역량이 부족하고, 잘못을 저지르고, 비합리적 행위를 했다는 것을 슈퍼바이지가 기꺼이 말할 수 있도록 그 능력과 자발성을 모니터링하는가	①	②	③	④
	7	슈퍼바이저는 슈퍼바이지가 자신의 클라이언트와 적절한 관계를 유지하는지 모니터링하는가	①	②	③	④
	8	슈퍼바이저는 신체적인 위험으로부터 제삼자를 보호하는가	①	②	③	④
	9	슈퍼바이저는 필요 이상으로 길게 진행되는 치료와 태만한 치료계획을 감지하거나 중지하는가	①	②	③	④
	10	슈퍼바이저는 특정 클라이언트의 치료를 위해서는 외부 전문가를 활용하는가	①	②	③	④
	11	슈퍼바이저는 슈퍼바이지와 정기적으로 만나는가	①	②	③	④
	12	슈퍼바이저는 슈퍼바이지의 기록, 결정, 행동을 검토하고 인정하는가	①	②	③	④
	13	슈퍼바이저는 슈퍼바이지의 결근에 적절한 반응을 보이는가	①	②	③	④
	14	슈퍼바이저는 슈퍼비전 제공에 대해 문서화하는가	①	②	③	④
	15	슈퍼바이저는 슈퍼바이지와의 관계에서 적절한 경계를 유지하는가	①	②	③	④
	16	슈퍼바이저는 슈퍼바이지에게 시기적절하고 도움이 되는 성과평가와 피드백을 제공하는가	①	②	③	④
	17	슈퍼바이저는 슈퍼비전 동의서를 문서화하는가	①	②	③	④
	18	슈퍼바이저는 슈퍼바이저의 윤리적 관심과 윤리적 쟁점의 민감성을 높이기 위한 슈퍼바이지의 노력에 반응하는가	①	②	③	④
	19	슈퍼바이저는 슈퍼바이지가 그들의 전문적 책임성을 충족시킬 수 있도록 하는 충분한 시간과 적절한 업무량을 제시하는가	①	②	③	④
	20	슈퍼바이저는 적절한 슈퍼비전을 제공하기 위하여 그들의 업무에 있어 충분한 시간을 제공하는가	①	②	③	④

출처: Reamer(2001).

슈퍼비전 만족도 체크리스트

구분	슈퍼비전 내용	매우 만족	만족	불만족	매우 불만족
1. 기관에 대한 정체성	1) 기관사명을 환기시켜 주는 정도				
	2) 개인과 기관사명의 접목에 대한 지도				
	3) 기관 전반에 대한 이해(가치, 공유문화)의 도모				
2. 전문가 가치와 철학	1) 사회복지사의 철학과 윤리				
	2) 전문가로서의 기본자세와 태도				
	3) 책무성에 대한 구체적 적용				
3. 지식과 기술	1) 전문지식과 이론의 적용				
	2) 구체적 실천기술의 제시				
	3) 새로운 관점과 전략적 경영기법				
	4) 프로그램의 개발 평가 관련(효과성과 효율성 관리)				
4. 행정 관련	1) 효율적 시간관리				
	2) 업무의 중요도에 따른 우선순위				
	3) 팀/ 부서 간 상호 협력 조정				
	4) 제반 행정절차와 규정				
	5) 대외 협력을 위한 지원				
	6) 구체적 과업할당과 업무의 명료화				
	7) 목표달성의 구체적 지도				
5. 기본태도	1) 의사결정방법				
	2) 갈등대처방법				
	3) 긍정적인 시각과 대안의 제시				
	4) 위기관리와 상황처리				
	5) 전문인으로서의 자세				
	6) 일관되고 공정한 자세				
6. 지지격려	1) 수행결과에 대한 인정				
	2) 업무 전반에 대한 객관적 배려 (업무집중시기 분배, 소진 시의 격려)				

출처: 반포종합사회복지관.

참고문헌

강수환 (2020). 소년보호사건의 처리상의 문제점과 개선방안, **한국콘텐츠학회 논문지, 20**(11), 323-332.

강철희, 최소연 (2005). 지역사회복지관 사회복지현장실습의 현황과 방향에 관한 연구. **한국사회복지교육, 1**(2), 51-80.

고수현 (2010). **사회복지사업현장론**. 서울: 양서원.

고용노동부, 한국산업인력공단 (2014). **국가직무능력표준개발매뉴얼**. 서울: 고용노동부·한국산업인력공단.

고용노동부, 한국산업인력공단, 한국직업상담협회(2013). 2013 국가직무능력표준 및 활용 패키지.

교육부, 한국연구재단 (2015). NCS(국가직무능력표준) 기반 교육과정 가이드라인.

구본용 외 (2005). **위기(가능) 청소년 지원모델 개발연구**. 청소년위원회.

권일남, 오해섭, 이교봉 (2018). **청소년활동론**. 파주: 공동체.

권현용, 김현미(2011). 질적분석을 통한 위기청소년의 심리사회적 요인. **인문학논총, 26**, 209-240.

기은광 (2021). **청소년육성제도론**. 서울: 동문사.

김광래 (2019). 청소년지도사의 슈퍼비전 실태 및 요구수준에 관한 연구. 명지대학교 대학원 박사학위논문.

김귀분, 이경호 (2000). 청소년의 약물남용경험. **대한간호학회지, 30**(4), 917-931.

김규수 (2003). **정신보건사회사업실천론**. 서울: 형설출판사.

김기봉 (2003). 인터넷 청소년 보호정책의 방향과 과제. **형사정책연구, 14**(4), 115-144.

김남정 (2006). 청소년지도자의 직무만족도에 관한 연구. 중앙대학교 사회개발대학원 석사학위논문.

김도윤 (2020). 소년교도소의 운영과 개선방안에 대한 소고-교정과 양육의 결합시도. **법학연구, 20**(1), 269-289.

김민정, 조화진 (2015). 교육수준, 실무, 수퍼비전 경험과 교육 분석 경험에 따른 상담자 발달수준 비교연구. **상담학연구, 16**(3), 67-84.

김선희, 조휘일 (2000). **사회복지실습**. 파주: 양서원.

김신일 (1990). 청소년건전육성을 위한 지도자의 역할. 힘차고 유능한 청소년. 서울: 체육청소년부.

김영호, 오정옥, 이은경 (2006). **사회복지현장실습의 이해**. 파주: 양서원.

김윤나 (2010). 청소년지도자의 옹호활동 수행에 영향을 미치는 요인 - 인구사회학적, 개인배경, 기관특성 변인을 중심으로-. **청소년시설환경, 8**(4), 63-73.

김윤나 (2010). 청소년지도자의 옹호활동 실태 및 관련요인 분석. **미래청소년학회지, 7**(3), 45-67.

김융일, 양옥경 (2002). **사회복지 수퍼비전론**. 서울: 양서원.

김종성 (2005). 직무만족의 영향요인에 관한 연구: 1999~2003 패널데이터의 실증분석을 중심으로. 중앙대학교 대학원 석사학위논문.

김지연, 정소연, 최수정 (2017). 청소년보호정책 현황분석 및 개선방안 연구. 한국청소년정책 연구원 연구보고서.

김지영 외 (2018). 민영소년원 운영 및 교육프로그램 연구. 한국형사정책연구원 연구총서.

김진숙 (2002). 청소년상담자들의 실무경험과 전문적 발달에 대한 질적 연구. **한국심리학회지: 상담 및 심리치료, 14**(4), 863-886.

김형주, 이종원 (2019). 청소년 근로환경 개선을 위한 지원방안 연구. 한국청소년정책연구원 연구보고서.

배규한 (2014). 미래 청소년보호의 바람직한 방향. **한국청소년연구, 25**(4), 113-136.

백현경 (2012). 청소년지도자의 직무만족도 실태조사. 한남대학교 사회문화대학원 석사학위논문.

심흥섭, 이영희 (1998). 상담자 발달수준 평가에 관한 연구. **한국심리학회지: 상담 및 심리치료, 10**(1), 1-28.

양옥경, 이기연, 최소연, 현진희 (2010). **사회복지지도감독론**. 파주: 양서원.

여성가족부 (2022). 2021 청소년백서.

오경자 외 (2005). 청소년 동반자 프로그램 운영 매뉴얼. 청소년위원회.

오혜경, 하지영 (2009). **사회복지현장실습 매뉴얼**. 파주: 양서원

오효정, 오은경, 김봉환 (2012). 상담자의 경력과 사례개념화수준 간의 관계: 인지적 지혜의 매개효과. **한국심리학회지: 상담 및 심리치료, 24**(2), 255-271.

유영권, 김계현, 김미경, 문영주, 손은정, 손진희, 심흥섭, 연문희, 천성문, 최의헌, 최한나, 최해 (2019). **상담 슈퍼비전의 이론과 실제**. 서울: 학지사.

윤명희, 장아름 (2007). 부산지역 위기(가능)청소년의 생활역량 조사연구. **부산교육학연구, 20**, 55-79.

윤철경 외 (2005). 위기청소년 지원시설과 지원정책 현황 및 사회안전망 구축을 위한 정책방안 연구. 청소년위원회.

이교봉 (2008). 청소년의 역량개발을 위한 청소년활동 프로그램의 발전방안에 관한 연구. 명지대학교 대학원 박사학위논문.

이승현, 박성훈 (2015). 소년분류심사원의 역할강화방안. 형사정책연구원 연구총서.

정혜원 (2016). 국가직무능력표준(NCS)에 기반한 청소년활동지도자의 직무 및 요구분석. 동아대학교 대학원 석사학위논문.

조민식 (2021). 1인 미디어와 음란물에 관한 연구. **글로벌사회복지연구, 11**(1), 57-72.

조민식 외 (2014). **대중을 위한 사회학의 이해**. 파주: 양서원

조현진 (2008). 학교에서의 청소년위기개입 고찰. **청소년복지연구 , 10**(1), 215-236.

최병각 (2014). 소년사법의 방향과 과제. **소년보호연구, 26**, 29-56.

한국청소년개발원 (1994). **집단지도론**. 서울: 삼진기획.

한국청소년상담원 (2002). 청소년상담 슈퍼비전.

한국청소년상담원 (2018). 청소년상담 사례지도 모형개발연구.

한국청소년정책원구원 (2021). 2021년 아동·청소년 인권실태조사.

한인영, 박인선, 김미옥 (2002). **사회복지실습**. 서울: 이화여대출판부

한정수 (2016). 지역사회 청소년지도자 직무역량에 관한 연구, 한국방송통신대학교 대학원 석사학위논문.

한창훈 (2017). 청소년지도자의 직업소명의식이 삶의 만족에 미치는 영향: 직업정체성과 직무몰입의 매개효과. 상지대학교 대학원 박사학위 논문.

허재경, 김지현 (2009). 상담일반: 성찰 중심 수퍼비전을 통한 상담자 발달의 변화과정 탐색연구. **상담학연구, 10**(2), 719-740.

황여정 외 (2015). 청소년 아르바이트 실태조사 및 정책방안 연구Ⅱ. 한국청소년정책

연구원 연구보고서.

황진구, 유민상, 정유진 (2018). 청소년의 노동기본권 보장 방안 연구. 한국청소년정책연구원 연구보고서.

Abrams, L. S. (2000). Social context, gender, and youth development: An exploratory study of sociocultural variations among "at-risk" adolescent girls. Unpublished doctoral dissertation, University of california.

Austin, M. J., & Hopkins, K. M. (2004). *Supervision ad Collaboration in the Human Services: Building a Learning Culture*. SAGE.

Baird, B. N. (1999). *The internship, practicum, and field placement handbook*(2nd ed). NJ: prentice-hall.

Barker, R. L. (1991). *The Social Work Dictionary*. Silver Spring: National Association of Social Workers.

Berger, C., & Mizrahi, T. (2001). An Evolving paradigm of supervision within a changing health care environment. *Social Work in Health Care, 32*(4), 1-18.

Berg-Weger, M., & Birkenmaier, J. (2000). *The Practicum Companion for Social Work: Integrating Class and Field Work*. Boston: Allyn and Bacon.

Carroll, M. (1996). Counselling superuision: theory, skills and practice. Cassell.

Colarelli, S. M., & Bishop, R. C. (1990). Career commitment functions, correlates, and management. *Group & Organization Management, 15*(2), 158-176.

Csikszentmihalyi, M. (1990). *Flow: The psychology of optimal experience*. New York: Harper & Row.

Erikson, E, H. (1956). The problem of ego identity. *Journal of the American Association, 4,* 56-121.

Fleming, J. (1953). The role of supervision in psychiatric training. *Bulletin of the Menninger Clinic, 17*(5), 157-169.

Fortune, A. E. (1994). Field education. In Reamer F. G.(Ed), *The foundation of social work knowledge*. NY: Columbia Univ. Press.

Greene, R. R. Ed. (2002). *Resiliency: An integrated approach to practice, policy, and research*. NASW.

Haynes, R., Corey, G., & Moulton, P. (2003). *Clinical Supervision in the Helping Professions: A Practical Guide*. Pacific Grove, CA: Brookes/Cole—Thomson Learning. p. 328

Hogan, R. A. (1964). Issues and approaches in supervision. P*sychotherapy: Theory, Research & Practice, 1*(3), 139-141.

Horejsi, C. R., & Garthwait, C. L. (1999). *The social work practicum: A Guide and Workbook for Students*. Allyn and Bacon

Howe, N., Jackson, R., & Nakashima, K. (2007). *The Aging of Korea: Demographics and Retirement Policy in the Land of the Morning Calm*. Washington, DC: Center for Strategic and International Studies. www.csis.org.

Kadushin, A. (1992). *Supervision in social work*. NY: Columbia Univ. Press.

Kadushin, A. (2000). **사회복지실천과 수퍼비전**. 조휘일 역. 서울: 학지사.

Khan, W. A. (1990). Psychological condition of personal engagement and disengagement at work. *Academic of Management Journal, 33*(4), 692-724.

Larsen, J. (1980). Competency-based and task-centered practicum instruction. *Journal of Education for Social Work, 16*(1), 87-94.

Lum, D. (2007). *Culturally competent Practice: A Framework for Understanding Diverse Groups and Justice Issues*(3rd ed.). Thomson Brooks/Cole.

Morrow, P. C. (1993). *The theory and measurement of work commitment*. Greenwich: JAI Press.

Remer, F. G. (2000). The Social Work Ethics Audit: A Risk-Management Strategy. *Social Work, 45*(4), 355-366.

Sheafor, B., & Horejsi, C. (1997). *Techniques and Guidelines for Social Work Practice*. Boston: Allyn and Bacon.

Skovholt, T. M., & Ronnestad, M. H. (1992). Themes in therapist and counselor development. *Journal of Counseling & development, 70*(4), 505-515.

Thériault, A., Gazzola, N., & Richardson, B. (2009). Feelings of incompetence in novice therapists: Consequences, coping, and correctives. *Canadian Journal of Counselling and Psychotherapy, 43*(2), 105-119.

Tolson, E. R., & Kopp, J. (1988). The practicum: clients, problems, interventions and influences on student practice. *Journal of Education for Social Work, 24*(2), 123-134

Tryssenaar, J., & Perkins, J. (2001). From student to therapist: Exploring the first year of practice. *The American Journal of Occupational Therapy, 55*(1), 19-27.

Wilson, S. (1981). *Field instruction: techniques for supervisors.* New York: The Free Press.

Woodside, M., Oberman, A. H., Cole, K., & Carruth, E. K. (2007). Learning to be a counselor: A prepracticum point of view. *Counselor Education & Supervision, 47,* 14-28.

Yegadich, T. (1999). Lost in the crucible supportive clinical supervision: Supervision is not therapy. *Journal of Advanced Nursing, 29,* 1265-1275.

〈인터넷 사이트〉

고용노동부 서울지방고용노동청. https://www.moel.go.kr

대한민국법원. https://www.scourt.go.kr

대한민국법원 전자민원센터. 소년보호재판의 개요.
https://www.scourt.go.kr/nm/min_19/min_19_1/index.html

법제처 국가법령정보센터. https://www.law.go.kr

스마일센터. https://resmile.or.kr

한국청소년상담복지개발원. https://www.kyci.or.kr

해맑음센터. http://uri-i.kr/v3

Q-Net 청소년상담사. https://www.q-net.or.kr

찾아보기

저자약력

김윤나

현) 서울사이버대학교 사회복지대학 사회복지전공 부교수
현) 한국시민청소년학회장, 국제사회복지학회 총무이사
현) 고양청소년재단, 판교청소년수련관, 강북청소년센터, 구립도화청소년문화의집, 동작청소년문화의집, 수원청소년문화센터 운영위원
Kaist 문화기술대학원 creative techno leaders program for CEO
고려대학교 정책대학원 최고위정책과정 수료
중앙대학교 학, 석, 박사 졸업
관심분야: 청소년 미래사회 예측, 강점관점의 실천, 인권, 참여, 활동, 문화복지, 기업의 사회공헌, 프로그램 개발 및 평가, 통합적 연구방법, 패널 및 종단 연구, 진로직업 이행 및 전환

김광래

현) 호산대학교 간호학과 초빙조교수
현) 영남사이버대학교, 서울사이버대학교 외래교수
현) 위더스원격평생교육원 운영교수
현) 대구대학교 평생교육·청소년학과 시간강사
현) 한국청소년슈퍼비전연구소 연구소장
현) 대구광역시 청년센터 운영위원
현) (재)한국경제기획연구원 연구원
명지대학교 청소년지도학과 학, 석, 박사 졸업
관심분야: 청소년활동, 청소년지도자 슈퍼비전

김지민

현) 명지전문대학 청소년교육상담과 강의조교수
현) 미래를 여는 청소년학회 운영이사, 한국시민청소년학회 총무이사
전) 명지대학교 청소년지도학과 객원교수
전) 서울시청소년상담복지센터, Wee센터, 아주대학교 부설 아주심리상담센터 전문상담사
중앙대학교 학, 석, 박사 졸업
한국상담심리학회 상담심리사1급, 청소년상담사2급
관심분야: 청소년상담, 상담사 개입, 상담과정, 상담성과, 청소년상담 수퍼비전

조민식

현) 서정대학교 휴먼케어서비스과(구 상담아동청소년과) 조교수
현) 미래를 여는 청소년학회 운영이사, 한국시민청소년학회 편집위원장, 한국융합인문학회 일반이사
현) 경기도동두천양주교육지원청 학교폭력대책심의위원회 위원
현) 인천광역시 공공디자인위원회 위원(CPTED-범죄예방 환경설계)
전) 국립 경찰대학교 외래교수
고려대학교 사회학과 학, 석, 박사 졸업
관심분야: 청소년 일탈 및 범죄, 범죄 이론, 청소년 문화, 사이버문화, 미래 트렌드, 미래연구방법론

청소년지도자론

초판발행 2023년 6월 5일 **1판 1쇄 인쇄** | 2023년 6월 10일 **1판 1쇄 발행**

지은이 김윤나 김광래 김지민 조민식
펴낸이 최용구 | **펴낸곳 도서출판 신정**
주소 (04316) 서울시 용산구 원효로 89길 19 (원효로1가)
전화 02)3211-4782, 0266(영업부), 3211-4783(편집부), 3211-4784(팩스)
이메일 shinjeong72@naver.com | **홈페이지** www.sjbook.co.kr
등록 2001년 5월 11일 제13-702호
기획마케팅 최용구 장만동 최충구 송대용 | **책임편집** 석기은 황가연

ISBN 978-89-5912-840-2 93330
정가 18,000원